[美] 艾伦·卡尔普·波尼洛 Allen Carpé Benello　　迈克尔·范·比玛 Michael van Biema
托比亚斯·E.卡莱尔 Tobias E. Carlisle 著　　肖凤娟 译

CONCENTRATED INVESTING

集中投资

巴菲特和查理·芒格 推崇的投资策略

STRATEGIES OF THE WORLD'S GREATEST
CONCENTRATED VALUE INVESTORS

中国青年出版社
CHINA YOUTH PRESS　中青文传媒

图书在版编目（CIP）数据

集中投资：巴菲特和查理·芒格推崇的投资策略 /（美）艾伦·卡尔普·波尼洛，
（美）迈克尔·范·比玛，（美）托比亚斯·E.卡莱尔著；肖凤娟译.
—北京：中国青年出版社，2017.10
书名原文：Concentrated Investing: Strategies of the World's Greatest
Concentrated Value Investors
ISBN 978-7-5153-4871-1
Ⅰ.①集… Ⅱ.①艾… ②迈… ③托… ④肖… Ⅲ.①股票投资—研究 Ⅳ.①F830.91
中国版本图书馆CIP数据核字（2017）第199572号

集中投资：巴菲特和查理·芒格推崇的投资策略

作　　者：〔美〕艾伦·卡尔普·波尼洛　迈克尔·范·比玛　托比亚斯·E.卡莱尔
译　　者：肖凤娟
责任编辑：肖　佳　于　典
美术编辑：张燕楠
出　　版：中国青年出版社
发　　行：北京中青文文化传媒有限公司
电　　话：010-65511270/65516873
公司网址：www.cyb.com.cn
购书网址：zqwts.tmall.com
印　　刷：大厂回族自治县益利印刷有限公司
版　　次：2017年10月第1版
印　　次：2020年3月第3次印刷
开　　本：787×1092　1/16
字　　数：220千字
印　　张：19.5
京权图字：01-2016-4497
书　　号：ISBN 978-7-5153-4871-1
定　　价：59.00元

C ONCENTRATED
INVESTING

目 录

序
找到瞄准的靶心

　　有一次，迈克尔和我前往会见一位投资经理。在出租车上，我们俩萌生了写这本书的念头。由于开展了母基金（Fund of Funds，缩写为FOF）业务，迈克尔会定期采访一些倾向价值投资的基金经理，在他的职业生涯中，至少已经会见了几百位这样的经理人。这次情况有些特殊，迈克尔让我与他随行，并帮忙评价一位新锐经理人。我同意在自己几个会谈的间隙陪他前往。就像出租车不可能是催生出版计划的地方，我们也同样对多年来在观察投资业务的过程中所遇到的奇怪矛盾感到困惑不解：投资人获取的投资回报与他们分析、理解公司的能力并不总是紧密相关。

　　带着出书的初始念头和几个采访计划，迈克尔和我来到威立出版社，寻求比尔·法隆（Bill Fallon）的帮助。比尔为我们引见了《量化投资》及《反直觉投资》这两本畅销投资书籍的作者，托比亚斯·E. 卡莱尔（Tobias Carlisle）。我们发现这两本书在关于投资的理念上大致相似，特别是与我们计划撰写的书籍的主题——集中投资——也十分契合。我们和卡莱尔一拍即合。他同意加入迈克尔和我，成为合著者。在将采访的原始记录和投资者及其王牌投资与相应的历史和理论背景相匹配的过程中，他提供了重要的帮助。托比亚斯还帮助对投资策略进行量化测试，以鉴别取得超额市场收益的驱动因素：选择正确的股票，还是选择合理的持有量？

我想起了一个人，我们称之为一号投资者。他的投资收益十分可观，但是一旦碰到那些主观性和技巧性比较强的工作，比如鉴别一家公司的营收和管理状况的时候，他就像一个门外汉。他犯过一些明显的错误——有一次，他极力向同事推荐一家纺织品公司，但这家公司不久就破产了。对我以及当时与我进行交流的其他几个人而言，判断出那家公司缺乏吸引力，甚至充满投资风险并不困难。因此，当看到一号投资者管理的基金业绩表现如此辉煌时，我感到十分困惑。看上去，这位投资者有某种方法能让自己避开那些成本高昂的错误。

我们将另一个熟识的投资者称为二号投资者。在讨论一个行业或者一家公司的时候，他表现得富有真知灼见，而且总能凭借针对相关事件的令人羡慕的准确度和渊博知识，抓住投资机会。然而，二号投资者的投资回报却明显黯淡无光。不知出于什么缘故，他无法充分利用自己的远见卓识。而在众人眼中，这种极其具有价值的洞察力，本应该引导他获得极为丰厚的投资回报。

这一矛盾驱使我们开始思考关于证券分析、投资组合构造的相关话题以及它们与投资回报之间的关系。很明显，仅有分析能力并不足以成就一名真正优秀的投资家。

我意识到那些我十分钦佩的投资家们（这种钦佩只有一部分是源于他们取得的惊人成绩）都拥有一个特征——他们都是集中投资者。他们在构造投资组合的时候，都遵循高专注度的原则，只在少数几只股票上进行投资，而不是建立广泛分散的投资组合。我们开始研究学界针对组合所做的数学和统计的文献，并且记录那些从集中投资中获利的投资者的方法和成就。我们的第一个任务是采访卢·辛普森（Lou Simpson）和克里斯蒂安·西姆（Kristian Siem），这两位是十分成功的集中投资者，之前从未同意接受关于他们投资风格及方法的采访。当我们完成这个采访后，就开始汇编关于集中投资组合的相关材料，我们的追踪轨迹最终落定在凯利公式和约翰·梅纳德·凯恩斯。

在《集中投资》一书中，我们介绍并评析了几种这些出色投资家们运用的投资方法，以向读者展示这些方法如何发挥作用，投资家们又如何操作来达成目标收益。然而，我们有必要提出两点非常重要的告诫。第一，集中投资并不适合每一个投资人。正如格伦·格林伯格所说，彼得·林奇（富达麦哲伦基金鼎盛时期的基金经理，在其任期内赚取了令人咋舌的平均年化收益）绝不是一位集中投资者，他管理的基金在数目众多的股票上都建立了仓位。此外，只有那些准备开展大量调研，能仔细分析手头投资机会的人群，才应该采取集中投资的策略。非专业的投资者没有时间来做这些工作，因此更好的选择就是投资指数基金，或者委托一名有能力的投资经理——最好是一名运用集中投资方法的经理人——进行投资。

第二个忠告诉更为重要，并同等地适用于专业投资者和业余投资者（或许对于专业投资者而言更有针对性）。我们将之浓缩在传奇武术家李小龙的一句深刻而又谦逊的语录中，内容如下：

> 目标并不总是意味着必须要实现，很多时候，它只是向我们提供了瞄准的靶心。

这句话出自武术历史上最严格自律的一代传奇之口，很有启发性。与之相似，在本书中，我们的目的不是要让人们遵从伟大投资家们关于投资组合构造的标准范式，而是想向读者提供一些关于怎样成为更好投资者的具体想法。并非每个人都要复制这些伟大投资家们的成就和投资风格，这些介绍更应该作为成功投资之路上的路标。

带着这些忠告，我们相信拥有深度分析能力的一般企业投资者们，能更好地整理他们建仓的股票数目，并重新将他们的资本分配在10至15只股票上。这里，再次引用李小龙的一句名言：

> 成功的勇士也不过是普通人罢了，只是他们有着惊人的专注度。

艾伦·卡尔普·波尼洛

导言
集中投资——
知者甚少的投资策略

> 一丝不苟的工作加上机敏睿智的脑瓜，可以胜过不能清楚认识自己界限的天才大脑。
>
> ——查理·芒格

集中投资是一种知者甚少的投资组合构造方法，它被沃伦·巴菲特、查理·芒格、伯克希尔·哈撒韦公司长期副手卢·辛普森以及本书中介绍的其他一些著名投资家们所采用，并产生了规模庞大的投资回报。尽管在市场沉浮中不时地盛行或落伍，但是作为一项饱含争议的话题，多年以来，集中投资的策略已经被巴菲特和芒格采纳并取得了成功。市场向好时，集中投资很受欢迎，因为它能放大收益；但当市场转坏时，这种策略经常被抛弃——尽管这听上去有点事后诸葛亮——因为它加大了波动。

为了长期取得丰厚的投资回报，人们会控制赌注规模及投资组合专注度，现在是时候重温相关话题了。首先，我们要介绍关于集中投资的一些学术研究，并就其长期投资回报与分散投资进行对比。我们关于集中投资的讨论核心是凯利公式。针对一项投资机会，将给定概率（即盈利与损失的可能性）和风险收益比（即潜在的回报比潜在的损失）作为变量，这一公式可以计算出合理的投资规模，提供一套回报最大化的数理框架。对任何投资者而言，最美妙的事情莫过于拥有盈利可能性大，且潜在收益远超潜在损失的证券。给出有利的参数输入，凯利公式计算出的仓位规模惊人的庞大，远远超出共同基金或者其他激进管理的投资产品的仓位规模。此外，一些学术研究指出，在集中投资的每一笔投资都足够分散（不投资相同行业等）的条件下，投资中持有的股票数量只要超过一个很小的数额，投资优势就会减弱。而且，数目相对较少的股票（10至15只）构成的投资组合，与广泛分散的指数基金相比，产生的投资回报差异巨大。因此，如果投资者想要寻求超越指数表现的投资回报，集中投资有助于实现这一目标，尽管这种投资策略是一把双刃剑。

投资者可以运用基于传统证券分析的价值投资方法来鉴别潜在的投资机会，并通过输入有利的凯利公式参数（高盈利概率，高风险收益比）来确定投资规模，凭借集中度高的投资组合，来最大化超额收益。

我们有一些独到的途径去接触巴菲特内部交际圈的一些投资者。本书将介绍几位长期（至少10至30年）通过运用集中投资的管理方法取得辉煌业绩的极为成功的投资家。这些投资家的一个共同特征就是都拥有不竭的资本来源，这保证了他们能够承受投资回报的巨大波动，并改变了他们的投资行为。很多人都寻求规避波动性，他们将方差的增加视为风险的扩大。而我们考察的投资者，则倾向于寻求波动。与此同时，在他们参与投资的市场中，他们依然能取得亏损程度有限的投资回报。

这本书介绍了八位在集中投资领域风格不同的投资家。这些接受采访的投资家和捐赠基金都处于现代。其中一位投资家，约翰·梅纳德·凯恩斯，在目前看来已经成了历史人物，但他是许多集中投资观念的早期运用者，这些观念也被他的继承者们所采纳。本书的目的是梳理产生惊人投资回报的投资原则。尽管这些投资家们在不同的时代开展投资活动，却都在长期中——我们将"长期"定义为至少20年——使他们的投资组合翻了很多倍。考虑到他们都有不竭或者近乎不竭的资金来源，书中的投资家们在现实中并不常见。我们将不竭的投资来源假设为允许他们践行集中投资理念的一个重要因素。本书同样提出了用于确定投资组合中每笔投资规模的数理框架——凯利公式。从这些伟大的投资家们那里总结的结论，和凯利公式指出的结果不谋而合。

现代资产组合理论告诉我们，市场是有效的，任何击败市场并取得超市场收益的企图都只是蛮干，与其回报相比，代价十分高昂。然而，事实表明，至少有一小部分激进的投资经理的确击败了市场表现，并在长期中取得了丰厚的利润。本书和其中介绍的投资家赞同有效市场理论支持者有以下两个主张：

1. 市场基本是有效的。

2. 如果你是一名查理·芒格所称之的"一无所知"的投资者，就应该把市场视为有效市场。

换句话说，想要取得击败市场的投资回报，需要努力工作和渊博的知识。如果你缺乏这些要素，那你最好还是进行分散化投资或者投资指数基金。然而，如果你拥有必要的知识，能够努力地工作，也拥有本书中描述的一些其他特质，那将你的精力专注在少数几只股票上，对你而言更为有利。集中投资的程度因人而异，本书中的投资家们一般将投资专注在5至20只股票上。投资的股票数目越多，分散投资的好处就越多，投资组合的波动性就越小；但是，在很多情况下，长期的投资回报也越低。在巨额下注和高波动性之间的权衡是投资者自己的选择，但无论是凯利公式，还是书中的投资家们都指出了巨额下注和更高程度集中投资的优势。

读者们可能相当惊讶，下注的规模究竟是怎样计算出来的。这里就再提一次，巨额的下注取决于适当有偏的概率，这些类型的概率分布并不常见，但是数理推导和投资家们都认为，当不寻常的风险收益比出现时，应该巨额下注进行豪赌。有一件重要的事情需要注意，这里的风险指的是资本永久损失的风险，而不是学术研究中常用到的波动性的概念。如果资本永久损失的概率很小，本书中的投资家们在寻找投资机会时，愿意承受短期中暂时的巨额资本损失。也就是说，他们企图寻求有着充分安全边际的投资机会。在这种情况下，公司的资产，或者特许经营权，又或者非杠杆的资产负债表，都能给他们的资本投入提供保护。

书中的投资家们来自不同背景，从英语专业学生到经济学家，不一而足。但不知出于什么缘故，他们最终在投资哲学方面不谋而合。是性格使这些投资家们具有共同之处，并区别于那些在股票市场上碰运气的投资群体。2011年，当被问及对成功的投资家而言，智慧和投资纪律哪个更重要时，巴菲特回答说，性格才是关键：

我可以告诉你们一个好消息，想要成为一个伟大的投资家，你不需要极高的智商。如果你的智商达到了160，可以卖给别人30点智商，因为在投资活动中，你不需要那么多。你真正需要的是正确的性格。你需要能够将自己从别人的观点或看法中抽出身来。

你需要能够看清一家企业，一个行业的真实情况，并且能独立评估一家企业，而不被别人的看法所左右。这对大多数人来说都很难。很多人有时候都会产生羊群心理，特定情况下，这种心理将演化成妄想的行动。在互联网泡沫等事件下，你可以看到这一点。

······

具有优势的投资者是那些颇具性格，能看清一家企业、一个行业，不在意身边人群的看法，不在意自己在报纸上读到了什么报道，不在意自己在电视上看到了什么描述，不听那些把"某事就要发生了"挂在嘴边的人说的话。你需要基于存在的事实，得出自己的结论。如果你缺乏足够的事实达成某一结论，那就忘了它。对下一个投资机会重复这种做法。你还需要有能够远离人们眼中简单事情的意志力。很多人不具备这种能力，我不知道为什么会这样。人们问过我很多次，这种能力是你与生俱来的，还是后天习得的。我不确定我是否知道答案。我知道的是，性格很重要。

芒格对巴菲特的观点进行了如下评价：

当然，巴菲特的看法有些偏激；智商在投资中是很有帮助的。但他讲对了一点，就是性格这种东西无法传授。一丝不苟的工作加上机敏睿智的脑瓜，胜过不能清楚认识自己界限的天才大脑。

在第一章中，我们将介绍卢·辛普森——巴菲特称他为"投资大师之一"。

C ONCENTRATED
INVESTING

第 1 章

卢·辛普森：

战胜市场的自律投资者

> 不用找了，就是这个小伙子了。
>
> ——沃伦·巴菲特

1979年，总部位于华盛顿哥伦比亚特区的政府雇员保险公司（GEICO）开始物色一名新的首席投资官（CIO）。三年前，这家公司面临破产。公司最近的濒死经历、守旧的投资理念以及高度的风险规避倾向使得这次猎头行动困难重重。罗盛咨询（Russell Reynolds）的副主席李·盖茨（Lee Getz）作为这次猎头行动的招聘主管，起初选中了一名应聘者，但由于其妻子拒绝搬到华盛顿，这位应聘者最终还是拒绝了这个空缺的职位。一年多过去了，盖茨还是没能找到合适的人选来填补CIO的职位空缺。苦恼之余，他把这个被麻烦缠身的车险公司的相关情况告诉了好友——卢·辛普森。辛普森当时正担任总部位于加利福尼亚的一家投资公司——西部资产管理公司（Western Asset Management）的首席执行官（CEO）。盖茨询问辛普森对GEICO的CIO职位空缺是否感兴趣，辛普森有些不情愿。西部资产管理公司是一家大型的加利福尼亚银行控股公司的子公司。辛普森很反感银行官僚体制内的玩弄权术，他不想在保险公司再次遭遇这样的经历。另外，他也了解GEICO在3年前差点破产的糟糕经历。

毕竟朋友一场，盖茨请求辛普森和GEICO的主席小约翰·杰克·贝恩见面聊一聊，权当帮自己一个忙。三年前，正是贝恩，几乎凭着一己之力，将GEICO从破产的边缘拉了回来。辛普森表示，如果仅是帮老朋友摆脱困境，自己倒是愿意和贝恩见面谈一下。就这样，辛普森前往华盛顿会见了贝恩。他对贝恩做出的评价是——"一个非常、非常聪明的家伙"，同时也是一个事无巨细、亲力亲为的经理人。与此同时，辛普森发现GEICO空缺的CIO职位很有意思，但也并非魅力十足。作为就职的条件，他要求充分的自治权，而刚刚拯救GEICO的贝恩，却并不想放权。之后，贝恩把辛普森叫回来，想进行第二次会谈。尽管有些疑虑，辛普森还是忠实地返回了华盛顿。在第二次面谈中，贝恩告诉辛普森，"我们的确对你很感兴趣。但是想要出任CIO一职，你必须要过的一关，是和沃伦·巴菲特进行一次会晤。"作为第一大股东，巴菲特通过伯克希尔·哈撒韦公司持有了GEICO将近20%的股份。贝恩说，"沃伦认为我们需要一名新的投资主管。前任投资主管实在难以胜任这个职位。"尽管那时的巴菲特尚未名声大噪，但是对于这位来自内布拉斯加州的刚刚更新所持有的GEICO长期股权的价值投资者，辛普森却早有耳闻。

■ "无法阻挡的"GEICO

从1951年起，作为在哥伦比亚大学学习本杰明·格雷厄姆（Benjamin Graham）价值投资课程的研究生，20岁的巴菲特与GEICO展开了一段长达65年的联系。在伯克希尔公司收购完其尚未持有的GEICO的一半股份之后，巴菲特在1995年致股东的信中，回顾了前45年里他与GEICO之间的联系。那一年，GEICO是美国的第七大汽车保险公司，承保了将近370万辆汽车。（在2015年，GEICO跃居第二大车险公司，生效的保单将近1200万份。）为了能在格雷厄姆的门下学习，1950年至1951年，巴菲特就读于哥伦比亚大学商学院。格雷厄姆作为一名伟大的价值投资者和投资哲学家，彼时正担任哥大商学院的教授。在谋求全面了解偶像的过程中，巴菲特发现格雷厄姆是GEICO的主席。对巴菲特来说，GEICO是一个"陌生行业的未知公司"。一名图书管理员向他推荐了"最佳火险和伤亡险"保险公司名录——一部汇编了各保险公司情况的大部头。正是从这本书中，巴菲特了解到GEICO位于华盛顿哥伦比亚特区。

1951年1月的一个星期六，巴菲特搭乘开往华盛顿的早班列车，前往GEICO位于市中心的总部。不巧的是，大楼周末关闭，巴菲特就一直使劲敲门，直到管理人员出现。巴菲特问那个一脸困惑的看门人，公司办公室现在有没有人能和自己谈谈。这个看门人说他看见六楼的办公室还有一个人在工作——这个人就是洛里默·戴维森（Lorimer Davidson）——时任公司董事长及创始人李奥·古德温（Leo Goodwin）的助手。巴菲特敲开了戴维森办公室的门，并向他做了自我介绍。戴维森在加入GEICO之前，是一个投资银行家，并为GEICO进行了一轮融资。他花了一个下午，向巴菲特介绍保险行业内部错综复杂的种种细节以及助力一个保险公司脱颖而出的一些因素。

戴维森教导巴菲特，前GEICO是注定成功的保险公司的典范。1936年，在大萧条的顶峰，古德温和他的妻子莉莲一起成立了GEICO公司，自诞生之际，这家公司就专注低成本路线。古德温曾经是美国汽车服务协会（USAA, United Services Automobile Association）的一名主管——这是一家致力于为军职人员提供保险的车险公司，也是保险行业直接营销的先驱者。他看过一些数据，这些数据显示，联邦政府雇员及军方士官的经济状况趋于稳定，而且他们还属于驾车出险率低的司机群体。古德温推测，这两个特征意味着这些投保人将及时缴纳保费，而且事故发生导致索赔的频率更低。另外，当时的人们在面临更复杂的商业保险需求时，通常向代理商咨询专业意见。汽车保险虽然需要强制投保，且费用高昂，但是相对简单。大多数消费者很清楚在车险保单中自己需要哪些服务。古德温据此推断，GEICO可以切断代理商和市场之间的联系，直接面向消费者，进而像USAA那样，缩减经销成本。

这两大远见——绕过代理商以获得财务安全保障，定位低出险率投保人为客户群体——使得GEICO在与竞争者相比时，处于一个成本竞争力十足的位置。后来，巴菲特将GEICO的成功描述为"并非晦涩难懂"：它的成功直接源自于其作为保险行业低成本经营者的地位。GEICO的销售手段——直接营销——使得它与那些借助代理商开展业务的竞争者相比，拥有巨大的成本优势。在后者的商业经营中，传统的经销模式根深蒂固，想要放弃这种模式，简直不可能。而对GEICO而言，低成本使得低价格成为可能，低价格吸引并维护了一批优质保单持有人，这一良性循环不断驱动GEICO走向成功。GEICO在古德温的治理下业绩斐然。客户群体不断扩张，同时还保持着极强的盈利能力。1958年，古德温退休时，他指定戴维森，正是在1951年1月的那个星期六与20岁的巴菲特交谈的男人作为他的继任者。这一交接顺利流畅，在戴维森担任首席执行官的岁月里，GEICO繁荣依旧，客户群体继续扩容。到了1964年，公司承保的生效保单超过了100万份。GEICO在1936年至1975年的这些年间，占据了车险市场4%的市场份额，并逐步成长为美国第四大汽车保险公司。在巴菲特看来，这家公司"无法阻挡"。

然而在20世纪70年代，GEICO却祸不单行。首先，戴维森在1970年退休，之后，李奥和莉莲夫妇也相继去世。在缺少掌舵人的情况下，GEICO似乎开始偏离那些成就辉煌的经营理念。1974年，计算机化驾驶记录的实时获取通道在整个美国推行开来，GEICO不再固守传统的政府雇员客户群，开始进军平民保险领域。到了1975年，已经可以很清晰地看到，GEICO在那段艰难的经济衰退中，扩张得太冒进了。此外，精算师在估算GEICO的索赔成本和提取备付金方面，也犯了严重的错误。这些计算错误的成本信息，导致公司对保单定价太低，并损失了一大笔钱。疲软的管理、糟糕的投资决策以及经年累月的迅速扩张，最终招致恶果。1976年，GEICO走到了破产的边缘。

同年，杰克·贝恩被任命为公司的首席执行官，把GEICO从破产的厄运中拯救了出来。贝恩采取了一系列断然的补救措施——他筹划了一个由45个保险公司构成的集团，来接收GEICO四分之一的保单。为了偿付剩余的索赔，他促成GEICO发行新股进行融资。这一做法大幅稀释了原有股东的股份，股价开始暴跌。与股价顶峰相比，缩水幅度甚至超过了95%！巴菲特开始行动了——他坚信贝恩可以拯救GEICO，并认为，尽管麻烦不断，GEICO作为低成本车险公司，依旧保持着核心竞争优势。于是在1976年的下半年，巴菲特投身市场交易，为伯克希尔公司收购了大量GEICO的原始股。贝恩带领公司重新走上只为政府雇员（庞大的潜在受保人群中的优质保单持有人）承保的道路，并改良备付金提取及保单定价的准则。尽管在任期的头几年，公司规模急剧缩水，但是贝恩不断地在合适的时机为GEICO购入资产。到了1979年，公司已经从破产的悬崖边上退了回来，但是规模只有原来的一半。尽管公司一直保持着固有的竞争优势——最低的运作成本，贝恩也重新控制住备付金提取和定价机制，但是很明显，GEICO在投资端需要帮助。物色新的CIO一年多，却迟迟未果，最初那个有望任职的应聘者也最终选择了拒绝，贝恩开始大幅削减起初的CIO候选人群。辛普森是最终保留下来的候选人之一。而就职前的重要一关，就是这场与巴菲特的会晤。

1979年夏天的一个周六上午，辛普森前往奥马哈，造访巴菲特的办公室。在谈话中，巴菲特说，"我认为有一个问题至关重要，就是你个人的投资组合里，都持有哪些证券？"辛普森回答后，巴菲特并没有流露出自己是否感兴趣。这场持续了两三个小时的会谈结束后，巴菲特带着辛普森驱车前往机场，会见了乔·罗森菲尔德（Joe Rosenfield）。罗森菲尔德是巴菲特的好朋友，他也是一个卓绝的投资家——他几乎是单枪匹马地将格林内尔学院的1100万美元捐赠资产运作成了10亿美元，成为美国当时每个学生所获捐赠最多的私立文科院校之一。辛普森和罗森菲尔德发现彼此都是芝加哥小熊棒球队的粉丝，还花了一阵功夫聊起了这支球队（罗森菲尔德还想继续收购这支球队3%的股份，在他70多岁的时候，他发誓除非小熊队赢下世界杯赛，否则自己绝不死去）。在拜访完巴菲特和罗森菲尔德之后，辛普森飞回了洛杉矶。很明显，巴菲特认可了辛普森投资组合中的股票池，面试后，巴菲特直接叫来了贝恩，并告诉他，"不用找了，就是这个小伙子了。"贝恩通知辛普森就职，并提高了辛普森的薪酬。辛普森的妻子对于离开加利福尼亚州显得犹豫不决，辛普森劝说道，"我认为这是一个很有意思的机会，而且，我实在不想在现在的这个地方待下去了。"就这样，辛普森接受了这份工作，举家准备搬往华盛顿。

■ 崭露头角的价值投资者

> 辛普森向来不大张旗鼓地宣扬他的天分。但是我会这么做：简单点说，辛普森就是顶级投资大师之一。
>
> ——沃伦·巴菲特

卢·辛普森，1936年出生于伊利诺伊州的芝加哥。他是家中独子，在芝加哥郊区的海兰帕克长大。1955年，当他在西北大学的大一学年快结束时，他去咨询了学校的辅导员。在对辛普森进行了一系列常规测试之后，辅导员告诉这个18岁的男孩，他在数字和金融领域很有天分。于是，先后研习工程学和医学预科的辛普森，转学到俄亥俄州的卫斯里昂大学学习经济学和会计学的双学位。三年后，他以优异的成绩毕业，并获得了伍德罗威尔逊国家奖学金，前往普林斯顿大学学习劳动经济学。两年后，他从普林斯顿大学取得了文科硕士学位，之后开始深造博士学位，研究工程师市场。虽然辛普森从未学习过金融的正式课程，但他还是收到了经济学全职教员的聘书，教授会计和金融的一些基本课程。在第一次全体教师会议上，院长告诉这些年轻的教员，他们之中只有十分之一的人能继续获得终身教职。当时，辛普森已经结婚并有了第一个孩子，他意识到，获得终身教职的几率之小意味着教书这个工作不可能为家庭提供经济保障。

在担任全职教师的同时，辛普森开始写信、面试，申请投资管理公司和投资银行的工作岗位。他对投资一向饱含兴趣，甚至在青少年的时候，就运作了自己的小型证券投资组合，这在当时相当罕见。芝加哥的一家公司斯坦·罗 & 法罕（Stein Roe & Farnham）——大概是当时纽约、波士顿及西海岸最大的独立投资公司（如今已经消失）——的一位合伙人，也是普林斯顿大学的校友，组织了校园的面试。这位合伙人和辛普森一拍即合，对辛普森而言，接受这份工作的决定性因素是公司愿意提供100美元的月薪，这高于纽约任何其他公司的薪资。就这样，1962年，辛普森退出了在普林斯顿大学的博士学习，返回了芝加哥。那年，他25岁，迎来了第一份全职工作——担任斯坦·罗公司的投资经理。

在公司，辛普森管理着独立的账户。起初只是一些个人账户，后来逐渐转向机构账户。公司当时也开展共同基金的业务，但是辛普森并没有参与其中。可供独立账户进行选择的交易策略被限制得很严格。投资委员会建立投资组合范例，独立账户要做的只是追踪其中的样本标的。辛普森采用了样本投资组合，但是与该组合指示的不同，他倾向于集中账户的资金在若干标的上。在斯坦·罗公司，辛普森待了七年半，并成为公司的合伙人。他注意到，相比于将整体利益做大，公司的合伙人们对个人利益最大化更感兴趣。辛普森告诉来自普林斯顿的一个好朋友，自己想要做出改变。这位朋友介绍他去了洛杉矶的一个共同基金管理公司——股东管理公司（Shareholders Management）。该公司由"基金奇才"弗雷德·卡尔（Fred Carr）领导。在19世纪60年代那段经济繁荣的岁月里，共同基金的骄人业绩受到众人追捧，卡尔也是当时市场的宠儿。股东管理公司是当时最红火的共同基金管理公司之一。在卡尔的带领下，公司的企业基金净值在1967年至1969年的短短两年间，暴涨了159个百分点。该基金的资产也激增了超过50倍，达到17亿美元。卡尔是一个追求高风险、高收益风格的基金经理，他就像市场定时器，在合适的时机，快速买进卖出一些小市值、高成长的公司股票。商业周刊在1969年的一期栏目上如此介绍卡尔——"可能是全美国最棒的投资组合经理"。卡尔为前来的辛普森提供的职位依旧是管理独立账户，而非运作当时炙手可热的共同基金。卡尔开出的待遇是，辛普森的基础工资将被削减，但是会得到丰厚的福利待遇。辛普森表示接受。就这样，1969年，他成了第一个离开斯坦·罗公司的合伙人。

辛普森带着三个孩子搬到了洛杉矶，加盟卡尔的股东管理公司。尽管公司已经连续多年被市场视为"天赋异禀"的投资团队，然而一切并非表面那般光鲜亮丽。卡尔为企业基金买进了许多存信股票——一种未在证券交易委员会注册的股票，不能公开上市，这意味着其流动性极差。在市场一路上扬时，这一策略绩效骄人。但是长期的牛市不久后开始崩溃，卡尔企业基金的投资人纷纷被套，并引发了大规模的基金赎回浪潮。祸不单行，为了满足赎回要求，企业基金需要出售未注册的存信股票，但事实上，当时并没有市场来承接这种交易。辛普森的确时运不济——他在1969年9月公司业务的鼎盛时期加盟，而他来之后的一个月，企业基金损失惨重，卡尔也被迫辞职，并在离开时将其持有的股份套现。尽管辛普森被聘用时主要做管理账户的运营工作，他也被安排企业基金管理的一些任务。很快，辛普森发现自己无法适应公司的企业文化。"我认为自己是个投资家，而他们交易得太频繁了"，辛普森如是说。有一天吃午饭的时候，公司的一位律师问辛普森，"你还没有意识到这个地方有多糟糕吗？他们的所作所为，简直就是在走下坡路！如果你还想保住你的名声，那还不如离开这里。"辛普森不久之后就辞了职。他在股东管理公司只待了短短五个月。那一年他33岁，有3个孩子，一家人刚刚搬到洛杉矶。尽管芝加哥还有些机会，但辛普森决定还是留在西海岸看看有没有什么机遇。

在一番简短的搜索之后，辛普森在加州联合银行（United California Bank）找到了工作，他主要帮助开展一项投资管理的业务，并且成为投资业务方面的副主管。这一新业务后来被剥离出来，成立了一个独立的公司，叫西部资产管理（Western Asset Management）公司，并成为西部银行集团（Western Bank Corporation）的子公司。辛普森在这里做了9年的投资组合管理主管，后来成了调研部的主管。在西部资产管理公司取得成功的同时，辛普森发现，在大银行环境下经营很困难。西部银行集团的主席想提拔辛普森做西部资产管理公司的CEO，但前提是辛普森得承诺自己将在公司留任。就这样，主席迫使时任的CEO辞职，将辛普森任命为西部资产管理公司的新任CEO。尽管辛普森的确继续留任了三年，但是他发现自己与管理的角色格格不入。他渴望做一些企业家的工作。一些朋友想和他合伙创立投资管理公司，辛普森犹豫不决。在股东管理公司的经历颠覆了他的价值观，也完全改变了他对投资的看法，让他懂得了商业风险的重要性，使他走上了价值投资之路。在西部资产管理公司任职的日子里，辛普森立足于公司和个人两个基础，思考并发展了他的投资哲学，开始皈依价值投资之道。在他主管调研部的期间，其投资哲学快速形成，并转向了集中度更高的价值投资道路。就在这时，GEICO向他抛来了橄榄枝。

■ 子弹有限，谨慎射击

20世纪70年代，大多数保险公司持有的证券投资组合中，都包含着品种丰富的各式债券和少量股票，目的是通过分散化，将风险控制到最低。他们的投资组合中，同样包含着很高比例的政府公债，在20世纪70年代高通胀的那段时间里，这些投资组合大多数损失惨重。在辛普森1979年前来任职前，GEICO也不例外。他大刀阔斧地调整了GEICO的投资路线。之前和贝恩达成的协议允许这位新任的CIO将GEICO的资产组合中的股票份额比例提高到三成。而那时候，大多数财产险、人身险保险公司将资产组合中的股票份额占比限制在一成左右。上述协议同样允许辛普森将仓位集中起来。就这样，辛普森一上任就迅速投入到工作中，他大幅削减公司持有的债券份额，并在有限的几只股票的基础上，重新构建了股票投资组合。

考虑到贝恩在企业的微观管理方面享有盛誉，辛普森事先声明，要求自己单独负责管理GEICO的投资事务。"做决定的人越多，想要做好就越困难。因为在这种情况下，你必须使每个人都满意。"他要求巴菲特和贝恩都不得干涉他的投资组合。

辛普森对贝恩的直觉是正确的。在来到GEICO履职一年多以后，有一次，辛普森外出一周度假。贝恩趁机为辛普森的投资组合买进了一些股票。辛普森回来后，立即卖出了贝恩建立的仓位。贝恩问，"你为什么这么做？这些可都是好股票！"

辛普森回复道，"如果要我对整个投资组合负责，那所有的决策都要由我来决定。"从那以后，辛普森就基本上独自制定所有的投资决策。2004年，巴菲特写下了下面这段话来描述这种状况。

你们可能会感到惊讶，辛普森没必要告诉我他正在干什么。当查理和我将这份责任交给他时，我们也就真正地交出了指挥棒——正如我们对待其他业务经理一样。因此，我通常会在每个月末之后的十天左右，了解一下卢的交易情况。这里需要补充一句，有时候，我并不完全赞同他的决定，但他经常是对的。

然而，辛普森还是定期地和巴菲特讨论他的投资哲学。巴菲特对商业、数字的渊博知识以及他庞大的社交关系网给辛普森留下了深刻的印象。除了巴菲特在投资方面的看法，对于一些他认为巴菲特会有所了解的公司，辛普森也常向其请教。久而久之，两人形成了惯例。要么巴菲特访问辛普森，要么就是辛普森拜访巴菲特。最开始可能一周几次，后来可能一个月或者两个月谈一次，但是两人始终保持着定期的联系。尽管都独立地开展业务，GEICO和伯克希尔有时在一些相同的股票上建仓。他们尽量避免仓位重叠，因为GEICO有着巨大的规模优势。巴菲特需要用超过10亿美元的投入，来产生相对于数十亿美元的投资组合而言有意义的投资回报，而GEICO只需要持有更轻的仓位，因为其投资组合规模更小。有几次，辛普森筛选出一些很棒的投资机会，想为GEICO买进。但是如果他得知伯克希尔也正在买进相应股票，辛普森就会放弃计划，好让伯克希尔完成其购买。

第一次来到GEICO的时候，辛普森发现有一群投资人不认同他的投资方法，但是认为他会试着和他们一起工作一阵子。辛普森请巴菲特每年来GEICO两次，花一个小时和投资团队谈一谈。在其中一次的谈话中，巴菲特讲了一个故事，给辛普森留下了深刻的印象。巴菲特说，"假如有人给你一张卡，可以打卡20次。你每做出一项投资，都需要打一次卡。一旦你打完20次卡，你就要永远地持有你手上的投资组合。"

这个故事在辛普森的脑海中挥之不去，帮助他避免频繁交易，并致力于构筑长期投资的理念。辛普森说，"我从不频繁交易，但是这个故事确实强调了你必须对自己正在做的事拥有坚定信仰。因为你只有这么多的子弹，你最好对自己的每一次射击都充满信心。"在参考巴菲特的建议之后，辛普森逐渐将越来越多的钱，集中到少数几个公司的股票上。1982年，GEICO在33个公司上持有价值大约2.8亿美元的普通股。辛普森将公司的数量削减到20个，然后15个。最后，公司的数量被控制在8到15之间。1995年年末，在伯克希尔收购GEICO，从而结束保险公司投资组合的独立披露之前，辛普森在仅仅10只股票身上投资了11亿美元。辛普森很乐意将筹码集中到单一行业内。GEICO一度拥有五六家电气公用事业领域公司的股票，辛普森在它们身上下了重注。20世纪80年代早期，GEICO在三家"小贝尔"公司身上进行豪赌。这些"小贝尔"公司是在司法部于1974年提出反托拉斯诉讼后，从美国电话电报公司中拆分出来的独立地方电话公司的绰号。辛普森将这些持有的股份整体视为一份仓位。之所以在这些股票上重仓，是因为辛普森评估后认为，"小贝尔"公司提供了非常低的风险/回报比率。对于辛普森的这次豪赌，贝恩赞不绝口，"这是巨额资金取得的巨大成功"。

辛普森只会在认为有胜算把握时才进行豪赌。他把在联邦住宅贷款抵押公司，即"房地美"身上进行的投资视为自己在GEICO的最大的一次成功。房地美是为了发展抵押贷款二级市场，而在1970年由政府资助发起成立的一家企业。它在二级市场上买进抵押贷款，然后集中打包，最后把这些资产以贷款抵押证券的形式，出售给公开市场上的投资者。房地美和联邦全国抵押协会，即众所周知的"房利美"，联手打造了一个双头垄断市场。当GEICO买进房地美股票的时候，后者还不是一个上市公司。当时房利美已经上市，而房地美只是一个准上市公司——后者的小部分股权在市场上进行交易，但是大部分股权掌握在储蓄和贷款协会手中。辛普森发现流通的股票价格非常便宜，市盈率仅介于3到4之间。

除了明显的低价，吸引辛普森的还有房地美的特许经营权。正是凭借着该特权，公司才有了与房利美一起成为垄断双巨头的地位。巴菲特购进的股权已经达到份额限制。由于伯克希尔公司旗下拥有一家储蓄银行，韦斯科公司，因此相关法规限制巴菲特继续买进。辛普森认为房地美是他所遇见的最佳的投资机会之一，在20世纪80年代中期至晚期，他为GEICO巨额买进房地美的股票。2004年至2005年期间，就在房地美陷入麻烦的前三年，辛普森抛售了这些股票。GEICO清空这些股票，并非是因为辛普森认为房地美的股价"高得吓人"，而是他觉得其业务"风险越来越大，杠杆越来越高。华尔街分析师们臆断房地美的收入应该能保持年均15%的增长水平。为了达成这一目标，公司买进了质量越来越差的抵押贷款"。辛普森后来说，尽管GEICO抛售房地美的原因之后被证明是正确的，但他也没想到房地美会崩溃得如此彻底。（2008年，联邦住房金融局接管了房地美和房利美，对私企而言，这就等同于破产。这一行动被描述为"数十年来，政府对私人金融市场进行的最大规模干预"。截至本文著作时，这两家公司仍处于政府接管下。）对GEICO而言，在房地美身上的投资无疑是一次巨大的成功。"在我们买进之后，"辛普森说，"股票增值得很快，我们的收益达到了初始投资的10至15倍。"

辛普森同样为GEICO开展了一系列并购套利交易。在这种交易策略中，投资者通常同时买进和卖出两家将要合并的公司的股票，以期在它们真正合并的时候盈利。然而，辛普森通常只选择在这些交易中做多，因为他觉得自己这样做的话，可以充分赚取套利空间的利润。他后来回忆道，伴随着竞争性合并收购的火爆，20世纪80年代成了并购套利的黄金时期。GEICO在几家食品公司宣布收购之后，对它们进行了投资，以期有其他投标者提供更高报价。市场氛围高涨时，他们经常这么做。在并购套利市场上，GEICO获利颇丰，其收益与投资组合相比，至少持平，甚至还要更高一些。然而，随着时间流逝，辛普森越来越担心并购市场实在太过火热，他不知道市场能否保持这份高涨的势头。后来，辛普森相信，自己在GEICO遭遇大祸前宣告胜利，急流勇退，实在是幸运之至。在他退出并购套利上的投资后，许多并购失败的案例相继发生，直至1987年经济大危机。"我们没有进行那些劣质的交易，这简直是太幸运了。"在他否认自己有预测宏观要素的能力的同时，辛普森始终看重市场整体的估值水平。1987年经济危机前，辛普森同样将GEICO持有的投资组合套现了50%，因为他觉得，市场的估值实在是"令人吃惊"。辛普森后来说，庞大的现金占比"暂时拯救了我们，之后又伤害了我们"，因为"我们在重返市场方面，可能做得不够及时"。

■ 辛普森在GEICO的成就

> 我们尽力效法泰德·威廉斯的击球原则。在他的著作《击球的科学》中，泰德解释说，他将击球区划分为77个小单元，每一个单元只有棒球大小。他很清楚，只在球进入"最佳"单元时去击球，安打率才能达到0.400，而在球进入"最糟糕的"单元，即击球区的外侧底部角落时去击球，安打率会下降至0.230。也就是说，耐心等待好打的慢球，会铺就通往名人堂之路；无差别地击打来球，意味着走向平庸。
>
> ——沃伦·巴菲特

1980年，是辛普森在GEICO负责管理投资组合的第一年，其收益率达到23.7%。这几乎在任何一年看来都是巨大的收益，但当年这一收益略低于市场平均收益水平——32.3%。然而，在接下来的两年里，辛普森的收益水平完全把市场甩在身后。1983年，他的投资回报率达到45%，完胜市场21%的平均表现。截至那个时候，GEICO投资组合的三分之一都投向了股票，远高于辛普森刚来时的12%。贝恩后来指出，"我们给了辛普森广阔的、自由的工作空间，允许他将罕见比例的公司资产投资在股票市场。他也不负众望，为我们取得了非凡的成果。"从1979年履职直到2010年以74岁高龄从公司退休，辛普森在GEICO担任了31年的投资主管。退休时，他已经成为GEICO公司的主席和共同执行官。在这漫长的岁月里，辛普森的成就卓越非凡——他击败了市场的平均收益水平和大多数投资经理。辛普森这样总结自己在GEICO的时光："历经多年，我们做出了很棒的业绩记录。我们的业务一度运转得很好，我想有那么5到8年的时间，我们平均每年跑赢大盘15个百分点。但是，伯克希尔报告中指出，综合这25年来看，我们年均只跑赢大盘6.8个百分点。"

巴菲特在1982年向伯克希尔股东递交公开信时，第一次提到辛普森，并将他描述为"财产保险行业里最棒的投资经理"。自那之后，随着时间流逝，巴菲特对辛普森愈加不吝赞美之词。在2004年的报告中，巴菲特详细列举了辛普森的投资记录，并写道，"看一看首页，你就明白为什么卢能够轻而易举地走进投资名人堂。"在大标题"自律投资者辛普森简介"下，巴菲特列出了辛普森独到的投资记录，详见表1.1。

2010年，巴菲特开玩笑说自己曾经遗漏更新辛普森的投资记录，仅仅是因为其业绩表现让巴菲特的投资组合看起来黯淡无光——"谁还需要看我的投资记录呢？"就辛普森自己而言，他从不吹嘘自己在GEICO的投资表现，只是说"那的确很棒"。

在辛普森任职GEICO几年后，他和公司起初签订的合约给他带来了丰厚的回报。1996年，巴菲特详细说明了他和贝恩一起与辛普森立下的合约。他写道，"在卢负责的GEICO投资业务方面，我们将其薪酬与之每四年的投资业绩表现挂钩，而不是和公司的保险营收或者公司整体的业绩表现挂钩。我们认为，对一家保险公司来说，将某一部门的奖金红利与公司整体的经营结果挂钩是十分愚蠢的。在这种情况下，保险经营或者投资经营两大部门中，业绩表现好的一方的经营成果，显然会被表现差的一方的业绩中和。在伯克希尔，如果你的安打率是0.350，那么即使团队剩下的人只有0.200，你仍将获得相称的报酬。"按照此约定，如果辛普森管理下的GEICO投资业务在持续的一段时间里，表现优于标普500指数，那么他将获得一大笔奖金。事实上，辛普森在GEICO任职的期间，这种事时有发生。很明显，巴菲特对于这项约定十分满意。当伯克希尔完成对GEICO剩下一半股权的收购后，巴菲特让辛普森继续在原来的职位上进行着其投资交易。尽管薪资福利对辛普森而言十分丰厚，巴菲特却指出，辛普森可以"在很久之前就离开我们，去在薪资更丰厚的项目上运作更大规模的资金。如果仅仅是为了钱，那显然他早就这么做了。但是辛普森从来没有考虑过要离开我们。"

合伙人说，辛普森从巴菲特对他的认同那里，获得了巨大的满足。巴菲特将他描述为"保险投资经理领域的标杆"。辛普森也被邀请加入"巴菲特朋友圈"—— 一个大约50人组成的内部交流圈，他们每隔一年都会聚集在一起，针对价值投资等话题进行数日的交流。戴维卡尔是橡树价值资本管理公司的主席，同时也是伯克希尔公司的股东。他讲道，"辛普森是德高望重的投资大师之一，他理解并践行着价值投资。"巴菲特曾这样描述辛普森的投资收益——这些收益"不仅是极佳的数字，同样重要的是，它们是以正确的方式实现的。卢始终都投资那些被低估的普通股，这些投资分开来看，是不可能给他带来永久性损失的，合起来看，更是近乎零风险。"

表1.1 "自律投资者辛普森简介"出自巴菲特2004年
伯克希尔·哈撒韦致股东信

年份	GEICO股票 投资收益	标普收益	相对结果
1980	23.7%	32.3%	−8.6%
1981	5.4%	−5.0%	10.4%
1982	45.8%	21.4%	·24.4%
1983	36.0%	22.4%	13.6%
1984	21.8%	6.1%	15.7%
1985	45.8%	31.6%	14.2%
1986	38.7%	18.6%	20.1%
1987	−10%	5.1%	−15.1%
1988	30.0%	16.6%	13.4%
1989	36.1%	31.7%	4.4%
1990	−9.9%	−3.1%	−6.8%
1991	56.5%	30.5%	26.0%
1992	10.8%	7.6%	3.2%
1993	4.6%	10.1%	−5.5%
1994	13.4%	1.3%	12.1%
1995	39.8%	37.6%	2.2%
1996	29.2%	23.0%	6.2%
1997	24.6%	33.4%	−8.8%
1998	18.6%	28.6%	−10.0%
1999	7.2%	21.0%	−13.8%
2000	20.9%	−9.1%	30.0%
2001	5.2%	−11.9%	17.1%
2002	−8.1%	−22.1%	14.0%
2003	38.3%	28.7%	9.6%
2004	16.9%	10.9%	6.0%
年均所得 1980—2004	20.3%	13.5%	6.8%

■ 辛普森的投资哲学

我们的投资哲学

1. 独立思考

我们尽力对传统的知识进行质疑，并努力避开周期性席卷华尔街的非理性行为和情绪。这种行为经常导致虚高的价格，最终带来永久性资本损失。我们不忽视冷门的公司。恰恰相反，它们往往提供了绝佳的投资机会。

2. 投资那些为股东带来高收益的公司

长期来看，股价的上升与股东投资所得的公司盈利具有最直接的联系。由于比账面盈余更难操纵，因此现金流是另一个很有效的准绳。那些不能带来正的净现金流（扣除资本支出和营运资本需求之后的现金流）的公司，会逐渐消耗股东的权益资本，并被迫不断地募集新的资本。我们尽力鉴别出那些能稳定地保持高于平均水平盈利能力的公司。由于竞争的存在，大多数公司难以做到这一点。许多执行官将扩张公司帝国作为优先处理的事务，而非为股东最大化企业的价值。在评估企业的管理层时，我们会考虑下列问题：1. 管理层与公司的股份是否有实质的利害关系？2. 管理层在与股东打交道时，是否正直坦率？（我们寻找那些在业务上能将我们视为伙伴，并坦诚地告知我们问题和好消息的管理层）3. 管理层是否愿意剥离非盈利业务？4. 管理层是否会用超额现金回购股份？

最后一点也许是最重要的。运作着盈利业务的管理层，经常将超额现金投入到盈利能力差的事业中。在诸多情形中，回购股份是对额外资源的一种更具优势的使用途径。

3. 只支付合理的价格，即使面对的是优质企业

即使要买进一个明显出众的企业的股权，我们仍试图在支付价格时恪守纪律。如果价格太高，即使世界上最好的企业也不再是一个好的投资标的。市盈率及其倒数、收益率和价格与净现金流比率一样，都是衡量公司价值的有效计量器。一个有益的比较是公司收益率与无风险的美国长期国债收益率之间的对比。

4. 进行长期投资

如果试图猜测个股的短期波动，股票市场或者经济面都不可能产生一贯的可观收益。短期发展实在难以预测。另外，为股东利益而运转的优质公司的股票，代表着能够长期提供高于市场平均水平回报的绝佳机会。而且，频繁买进卖出股票有两个大幅削减投资收益的主要劣势：交易成本和税收。不频繁交易，对佣金和减税的干扰就会少，资本就能更快地积累起来。

5. 不要过度分散投资组合

如果在市场上买进一大篮子跨行业股票，投资者不可能获得出众的收益——即使在最好的情况下，投资组合越分散，其收益表现也仅仅越倾向于市场平均收益。我们将投资集中在满足投资标准的几家公司身上，坚信只要我们在风险收益比对我们有利时，明智地承担风险，我们就有机会获取高额的回报。优秀的投资标的，

也就是满足我们投资标准的公司，这当然很难找到。一旦我们认为自己发现了一个这样的公司时，我们就会大额买进。

来源：卢·辛普森的个人档案文件（约1983年）

巴菲特曾将辛普森描述为"性格与智慧的罕见结合，并由此带来杰出的长期投资收益。"巴菲特尤其欣赏辛普森投资那些风险低于平均水平，却能产生保险行业最佳回报的股票的能力，这也正是巴菲特的标志之一。辛普森为GEICO所做的投资与巴菲特在伯克希尔公司进行的努力并驾齐驱。崇尚巴菲特投资风格的学生也能意识到他对辛普森的影响：寻找有可靠跟踪记录、强效管理层、大概率持续稳定增长、有定价权、有财务优势、有回报股东的记录的低估值企业。"他有这项非凡的能力，可以很好地搞清楚谁将是一家好企业"，辛普森多年的老朋友格伦·格林伯格如是说。后者现在是勇士资本管理公司的管理合伙人。（辛普森将格伦视为伟大的投资家。过去的30年里，二人多次持有相同的股票。）"而且辛普森的投资很集中，因为优秀的企业并不多。"

辛普森态度谦逊，让人感觉很轻松。他社交圈广泛，这有助于他加深对所调研的公司或者行业的洞察。辛普森在表述方面也倾向于谨慎保守，以至于只有在讨论结束很久后，别人才理解他言论的重点。恰如其人，辛普森的办公室也很简洁——它位于佛罗里达州那不勒斯一栋平凡、低调的大楼里，离家只有八到十分钟的车程。大楼里面十分安静，甚至可以说是寂静。辛普森说自己总是尽量隔绝一切噪声。办公室里没有干扰，没有响铃的电话，也没有彭博机——辛普森将它放在门口，和办公室隔开。这样，如果辛普森想查询什么东西，就必须起身离开桌子。"如果我一直开着彭博机，我发现我会一直盯着市场的表现"，他说。"我想成为分析信息的人，而不是收集一大堆无关紧要的信息的人。"他的桌子和办公室其他区域、厨房、会议室等一样，都很整洁。

辛普森的工作生活同样低调。他会很有规律地在工作前进行一会儿锻炼，并且在开市前，早早地到达办公室。对于自己感兴趣的公司，辛普森会阅读一切可以找到的关于公司的材料。他从不根据别人的分析报告，或者卖方研究员的言论来寻找投资机会。"华尔街的那些人通常口才一流，受过高等教育，聪明机智，说服力也很强"，辛普森说。"最好的对策就是离他们远一点。"辛普森在履职的前12年里，一直在位于华盛顿的GEICO办公室工作，而不是离华尔街更近的办公场所。"我一直觉得，如果自己能多多少少地避开市场中赌博的气氛，那么我能更好地为投资带来增值。"在GEICO，辛普森和只有一至三名分析师的小团队在一起工作。他们也会以个人的名义去参观考察GEICO投资的公司。有一次，辛普森秘密派遣一名助手前往万宝盛华的临时办事处，学习他们的培训方法。

辛普森认为，投资组合应当由一系列已经合理估值的公司构成，并且投资者应当有信心地认为，这些公司在三至五年后，规模会变得更大，盈利能力会更强。他将自己描述为"自下而上的择股人"，一个对行业或部门分散化的不可知论者。当自己深信某些投资有价值基础时，辛普森才会做出投资决定。他回忆道，20世纪80年代GEICO持有的投资组合中，有时候4成仓位都是食品类股票，或者其他消费产品公司的股票。原因很简单——自己评估认为这些公司提供了优秀的风险收益比。"辛普森比我认识的任何人都更有远见,"格林伯格说,"这就像是你问毕加索如何做到这一切的,他解释给你听,但是你还是无法在帆布上像他那样作画。"

尽管辛普森从不遵循任何神奇的投资公式,认为投资者应当对估值抱以开放的态度,但他自己仍然有偏爱的度量标准,就是每股的价格/净现金流。他找出那些自己认为估值合理的公司,这些公司继续有增长的顶峰和低谷表现,但是公司的估值向上增值的可能比向下缩水的可能更大。尽管偏爱净现金流,辛普森却不喜欢局限于任何单一的度量标准。他坚持着自己长期以来精炼的一些交易原则——在公司内在价值基础上折价投资,公司品质要高,管理层质量要高。在评估管理层时,辛普森会考察他们的资本分配记录,诚信与否,企业是否在为股东运转,或者被雇佣的经理们是否只是在为自己挣钱。这一特质,会在公司股票被低估时,主执行官是否愿意回购股票中体现出来。

辛普森认为公司应当在合适的时机回购股票,比如公司股票被低估时。他希望自己的投资组合能享有双重利益——部分来源于基础增长,部分来源于回购股票——后者将带来每股估值的增长。在辛普森任职GEICO的早期,巴菲特对他说,如果自己和CEO谈论股票回购及其对内在价值的影响,而这些人不能在两分钟内弄明白,那么他们永远不会弄明白了。辛普森发现,巴菲特的话是对的。无论是在自己担任外部主管的公司,还是自己是一名股东的公司,如果管理层不能迅速搞懂股票回购对于每股内在价值的重要影响,那他们永远都不会再明白。而有些公司宣布将回购股票,以期提振股价,但是之后,他们却不会付诸行动,买进自家股票。这一点让辛普森很恼火。在他履职GEICO期间,公司前后回购了超过一半的已发行股份。这些回购规模如此庞大，以至于推动伯克希尔公司持有的股份比例达到了临界点。在巴菲特收购未持有的GEICO剩余股份前，伯克希尔的持股比例由最初的1/3，增长到50%出头。辛普森建议巴菲特将部分股份通过荷兰式拍卖出售给投标人。GEICO建议巴菲特相应地卖出伯克希尔的部分股份。巴菲特犹豫不决，但是又很喜欢GEICO回购股票这个主意，于是同意按比例进行招标，出售部分控股股份。在所有自己担任外部主管的公司里以及在GEICO任职的时候，辛普森都要求有长期的授权，准许回购公司10%的外部流通普通股。也就是说，如果公司股价跌到一定程度，使得股票回购成为明智之举时，前面的授权将会得到批准，并得以迅速推行。

辛普森试图规避有政治风险的企业，而偏好公众关注范围下的、独立于政府决策的平常企业。同巴菲特一样，辛普森也倾向于避开科技企业。"科技的问题在于，当商业模式发生变化时，很难搞清楚它将如何影响企业。"这种情况下，他会选择退却，并说，"我不明白。"辛普森以美国捷运公司作为遭受科技变迁影响的典型案例，他认为越来越少的人会继续使用信用卡，人们会倾向于通过移动设备进行金融交易。美国捷运拥有很庞大的用户群，但是一旦用户群规模持续缩减，企业的经营"就会变得很艰难"。企业拥有特许经营权，辛普森也相信CEO干得不错，但是科技变化太迅速了。辛普森引用的另一个遭受科技和政治风险的例子是美国的有线电视企业。当股价低迷时，辛普森认为企业并没有在为非控股股东良性运作，他也搞不清楚这两大风险将会带来何种影响。科技的变迁日新月异。新的竞争正从网飞、亚马逊、苹果等流媒体服务企业中不断浮现。而且，政治风险还存在于政府可能会进行干预，"在一定程度上，政府已经进行了这样的尝试"。尽管政府的行动尚未成功，但他们可能继续尝试，而干预的结果无法预料。"由于政治风险的存在，尽管经济的大体面貌很吸引人，它终归无法预知。"

他将美国捷运和总部靠近俄勒冈州比佛顿的运动鞋、服饰及装备制造商耐克做了对比。辛普森说自己和耐克渊源很深，并且通过投资耐克，"在一段时间内为GEICO赚了很多钱"。为了GEICO，辛普森买进耐克股份，然后卖掉。买回更多，再次卖掉。最后前所未有地大笔买进。他不相信耐克的产品正在过时，他认为耐克将不断地卖出更多的鞋子和服饰。能有多少呢？辛普森已经弄明白了并指出，耐克现在"甚至还没有发掘印度市场——这一市场有潜力发展得像中国市场一样庞大。此外，耐克在中国市场的业务依旧庞大，而且发展速度简直疯狂"。耐克的产品有时候比较便宜，因为在世界的其他地方，比如欧洲、美国这些更成熟的市场上，耐克还在艰难地对抗竞争。

辛普森在20世纪90年代早期调研耐克的竞争对手——锐步，他在这时注意到了耐克公司。辛普森为GEICO买进锐步股份的时候，锐步的规模和耐克差不多，或者比耐克稍微大一点。他去了几次波士顿并会见将锐步引入美国的保罗·法尔曼。辛普森认为法尔曼目标涣散，将锐步作为时尚标签来经营。之后，辛普森开始阅览更多资料，对运动商品、运动鞋领域等做了田野调查。对他来说，耐克显然拥有更好的产品，而且通过将体育运动、业绩表现和迈克尔·乔丹进行关联，因而在市场的定位也更佳。辛普森相信，耐克有着"超级公司的专注力"，而且公司处在巨大的国际化市场中。辛普森后来认识了菲尔·耐特，耐克的创始人，后来两人甚至成了朋友。尽管辛普森觉得，耐克公司出于财务上的考虑，经营得比较谨慎，自己曾经也本可以买进更多的耐克公司股份，但让他感到慰藉的是，耐克公司没有卷入一系列愚蠢的收购案之中。

在运动鞋市场上，耐克没有统治的一个领域是足球鞋。足球是世界第一大运动，因而也是一个巨大的市场。那时候，阿迪达斯在足球鞋市场力压耐克。现在，辛普森相信耐克在这一市场上稍稍领先阿迪达斯，而且耐克也签了一些更好的赞助合约。辛普森回想起几年前，巴菲特曾经在太阳谷问他，"哪个公司有更好的经营控制权，耐克还是可口可乐？"

"耐克。"辛普森回应道。

"你为什么这么说？"巴菲特问。

"耐克发展的前景更加无限。可口可乐在全世界都已经很有影响力了，而耐克在美国之外的海外市场刚刚起步。可口可乐的产品销售已经不像耐克那样增长迅速了，而且它的主要产品也不是很健康。可口可乐有着很好的经营控制权，但是耐克有着更好的成长机遇。耐克可以收紧它的财务，可以做到更加自律，可以回购公司股份，或者增加股息红利，它也不需要开展很多并购。而且，在服装这一综合看来比鞋类市场更大的领域之中，耐克虽然市场份额不高，但是名声斐然。我的意思是，如今对耐克而言，中国是一个很庞大而且增长迅速的市场。它在拉美的业务开展得也很好。此外，正如我提到的那样，耐克还没有开拓印度市场。"

辛普森指出，耐克的估值从来没有很低，但是也没有高得骇人。从净现金流的角度看，其息率保持在7%至7.5%。当辛普森买进耐克股份时，净现金流息率达到了8%。他很喜欢耐克发展的机遇以及耐克品牌享誉全球的现实。

当你观看法网公开赛的时候，你会看到卓越的网球选手，比如费德勒和纳达尔。耐克的标志在他们身上到处都是。这就是世界上最好的广告。

尽管曾交易过很多股票，辛普森却将买进的耐克股份视为长期持有的资产，但是也准备围绕一定的关键位置进行买卖。当耐克股价高昂，市盈率达到20，同时又有较为便宜的替代选择时，辛普森就会卖出一部分GEICO持有的耐克股份。但辛普森从来不清空全部的耐克股份，因为即使股价高昂，他还是对公司的持续增长抱有信心，他感觉耐克的股份适合长期持有。当股价下跌，市盈率达到13时，辛普森会再买进一些耐克的股份。将近20年的时间里，GEICO从来没有清空耐克的股份，有时候甚至持有的比重很大。在辛普森任职GEICO的尾声，耐克股份占比达到了GEICO持有的投资组合的16%，能达到这一比重也是因为耐克股价有所升值。辛普森注意到，对一般的公司来说，一个问题在于，随着公司规模越来越大，想要保持跟之前一样的增长速度越来越难，但是他将耐克公司视为能在长期中稳定增长的特例。辛普森继续将耐克保留在购买池中，但是对于买进价格依旧保持投资纪律。"随着时间的展开，"辛普森说，"关于一个好企业的好消息就是，它变得越来越值钱，所以你需要不断地评估你的目标。"在这一点上，他十分赞同巴菲特的观点——最重要的事情就是搞清楚一个企业未来的经济状况。这样可以得到近似的未来现金流价值的折现值。基于过往的记录进行估值很简单，弄清楚企业未来的经济状况就不那么容易了。但是对于一些企业而言，展望未来经济状况比其他企业更容易。比如，相较于那些受制于政府法规的公司来说，可口可乐公司的未来状况就更容易预期。虽然这些政府法规不会伤害企业，对于那些在海外具有很强的商业存在的公司来说更是如此，但是它们于事无益，对市场总体估值也非幸事。

辛普森有一个经验法则——当所投资公司的资本总额小于投资人管理的资产规模时，投资就会变得很困难。他同样认为，在上市公司董事会任职的经历，使自己成为了一个更好的投资家。辛普森在来到GEICO之后不久，就在一家当地银行的董事会任职。他发现这个职位很有趣，但也果断认为这个组织运转不良，之后就辞职离开了董事会。四年后，这家银行就倒闭了。自那之后，辛普森先后在超过20家公司的董事会任过职。有一些是大的上市公司，比如美国电话电报公司、康卡斯特公司等，有些是比较小的上市公司，还有一些公司的董事会很有趣。所罗门兄弟公司上市的最后五六年里，辛普森在其董事会任职，并一直担任着其审计委员会的主席。这一经历相当于使他学习了财务复杂公司会计的研究生课程。董事会就职的经历帮助辛普森更好地理解了一个公司实际上是如何运作的。他也曾数次担任过伯克希尔公司的代表。有一次，巴菲特让辛普森作为伯克希尔公司的代表，在鲍里储蓄银行董事会任职。辛普森回应说，"我可以这么做，但是你必须按照你买进的价格，将你持有的部分鲍里股份出让给我，因为我想切身成为利益共同体的一部分。"

在初次来到GEICO后，辛普森学到了很多关于企业经营的知识，也参与了他所描述的"经营监管基础"。他并不认为自己是保险行业的专家，但是另外又说，作为任职的结果，自己"理解了铸就成功的主要因素"。

就任外部董事给了辛普森新的思维角度。他意识到，在许多公司里，都存在着分析师们忽略的功能失调，因为这些分析师们没有真正地理解一个企业的经营流程。许多企业都会有倾向性地讲故事。经营企业的经历使辛普森认识到许多外部董事"相当没有效果"。

在今天，任职董事十分挣钱。如果这些薪酬对你十分重要，那么你需要感谢CEO，因为总的来说，是他负责选举你进入董事会并留任董事会。现在这种情况多少发生了一些变化，董事会变得越来越独立，股东们也变得越来越活跃，当事情开展得不顺利的时候，他们开始积极介入，但是，外部董事仍然倾向于支持管理层。

就像巴菲特一样，辛普森似乎也相信商人身份和投资人身份相辅相成，互相助力。

■ 找到自己信心十足的证券

巴菲特将辛普森的投资策略描述为"保守而集中"——和巴菲特自己在伯克希尔公司采取的策略如出一辙。辛普森能集中GEICO的投资组合，是因为保险浮存金提供了稳定的资本基础。浮存金是不属于保险公司所有，但由公司所持，能够进行投资，收益归保险公司的一笔资金。保单持有人预付保险费，而在之后的某个时间里才进行索赔。损失索赔必须先和保险公司进行沟通交涉，花费一段时间之后，索赔案件才能得以解决。在收讫保险费和支付索赔损失之间，保险公司持有大笔资金，这些资金可以用来投资，收益归公司所有。尽管个人的投保及索赔情况时有变动，但是相比庞大的保费体量，车险公司持有的保险浮存金数额通常保持稳定。在斯坦·罗公司和西部资产管理公司任职的时候，辛普森已经展现出集中投资的倾向，而到了GEICO，集中投资成了辛普森的日常。受巴菲特影响，并鉴于GEICO稳定的资本基础提供的灵活度，辛普森开始专注于手中的投资组合，将自己绝佳的投资想法付诸实施。

托尼·奈斯利经营下的GEICO业务强劲，这给了辛普森很大的选择空间，可以将总资产的很大一部分比例用来投资股票，在当时的保险公司之中，这可不多见。与竞争对手相比的话，GEICO有着保守的经营杠杆——保单收入比总资产，但有着激进的投资杠杆——投资组合中的普通股持有量。当大多数其他的财产意外险保险公司仅将10%至15%，甚至更小比例的投资组合投向股票市场时，辛普森管理下的GEICO投资部门却将投资组合的35%至45%投向股票市场，而且这些投资还相当集中。这样高的集中度意味着GEICO的投资组合与其竞争对手的投资组合看起来颇有不同。保险公司在进行投资时，必须遵守"谨慎人"原则——这一法定原则排除了一些特定的投资种类，而且规定投资需要坚持应有的勤勉和分散化。大多数保险公司将这一规则解读为将投资组合尽量分散化。但是GEICO另辟蹊径，将之解读为尽量少分散投资，而是尽量集中投资。当评级机构对其做法进行询问时，辛普森回应道，"目前，我们的投资组合运转得很好，而且，它很有希望继续良好地运转下去。"尽管评级机构对GEICO投资组合中投资股票的比重以及投资的集中度感到多少有点不安，但是公司稳健的经营杠杆又让他们有所释怀。

20世纪70年代，让GEICO陷入困境的不是公司的投资杠杆，而是保险浮存金的成本。1951年，洛里默·戴维森告诉年轻的沃伦·巴菲特，对一个保险公司而言，最重要的指标，第一是它的保险浮存金，第二是浮存金的成本。就像巴菲特数次在致股东信中解释的那样，通常情况下，保险费并不能完全覆盖保险公司必须支付的索赔损失和开销费用。这一赤字被称为"承保损失"，这一损失就是浮存金的成本。如果保险费确实超过了索赔损失和开销费用的总额，那么差额就构成了"承保收益"，将增加浮存金带来的投资收益。如果保险公司能在大多数年份里保持承保收益，它就可以自由地运用闲置的浮存金——并因此取得投资收益——但这种事并不常见。巴菲特解释说，保险公司都企图实现承保收益，结果却带来激烈的竞争。大多数年份里，这种竞争都十分尖锐，最终造成整个保险行业都担负了承保损失。这一损失是保险公司持有浮存金需要付出的代价。

在一段时间内，如果浮存金的成本低于公司获取资金的成本，那么保险公司将会受益，但如果浮存金的成本高于市场利率，保险公司将蒙受损失。大部分的年份里，保险行业的保费都不足以覆盖索赔损失和开销费用。结果，保险行业在有形证券上投资的综合回报，远低于美国其他行业实现的平均回报，巴菲特相信这一消极现象肯定会持续下去。如果保费和浮存金的投资收益不足以覆盖索赔损失和开销费用，那么保险公司将蒙受失败的风险。正如巴菲特在2004年致股东信中解释的那样，大多数美国企业都有"制度性强制力"来阻止交易量的不断下降。CEO不想向股东报告说，企业交易量不仅去年下滑，而且将来可能继续下滑。在保险公司，力促签订保单的现象也很严重，因为定价失策的保单所带来的后果在一段时间里并非显而易见。如果一家保险公司对其储备很乐观，账面收益就会夸大其词，需要好几年的时间才能揭露出真正的损失成本。正是巴菲特描述的这种"自欺欺人"差点在20世纪70年代摧毁了

GEICO。

辛普森认为，对投资人而言，在考虑主动管理前，要关注的基础是被动指数基金，比如标普500指数基金，整个市场的指数基金，或者世界范围的指数基金。这些基础的指数基金使得投资人能比较容易地获取市场收益。所以，除非主动管理型的基金经理能使得投资回报高于市场回报，否则的话，投资人投资被动型的指数基金收益更好。对主动管理型基金经理而言，投资是一个零和博弈，交易费用和交易成本一般更低，所以大多数主动管理型基金经理的投资表现不如市场，因为他们就是市场。由于幸存者偏见，学术研究总是倾向于夸大主动管理型基金经理的表现，这意味着，表现差的基金经理都被淘汰了，主动管理型基金经理的业绩表现不被统计。那么，基金经理怎样获得打败市场的超额收益呢？在辛普森看来，"隐秘的指数跟踪人"—— 他们密切跟踪指数成分股，以期获取与指数相一致的收益，却不透露自己做法的那些投资者——以及那些在指数成分股上做变动，"这里改一点，那里改一点，每个地方都改一点"的投资者，都很难打败市场获取超额收益。在扣除交易费用后，广泛分散的投资组合的投资收益很可能跑输市场。

辛普森总结到，跑赢大盘的方法，就是找到自己信心十足的证券，然后将资金集中投资在它们身上，他是在贯彻常识，阅览学术文献，受芒格和巴菲特影响的三重作用下，得出了这样的结论。正如他一贯轻描淡写自己的成就那样，辛普森说，"集中投资可能是我唯一能够给投资带来增值的方法了。"他同样怀疑，在一个很长的时间跨度中，是否有投资者能通过频繁交易获得资产增值。例如，辛普森不相信简单地买卖交易所交易基金（ETF, exchange traded fund）可以帮助到大多数投资者，因为大多数的投资者都会交易ETF，而且有高买低卖的趋势。相反的，辛普森很赞同约翰·博格尔的做法。相比ETF，约翰更偏爱指数型基金，不是因为指数型基金更便宜——尽管指数型基金的费用可能会多几个百分点，而是因为投资者们更可能买进并持有这种基金，而不太可能进行频繁交易。ETF的一个巨大优势——可以全天候进行交易——对投资者，包括专业投资者来说可能是个坏消息，因为这会使投资者们为了几个百分点而频繁交易ETF，这种交易在长期中并不能给投资者带来效益。

辛普森对于集中投资理念的偏爱，意味着他对投资组合调整得很少。辛普森管理下的GEICO投资组合与其竞争者相比，尤其突出的一点就是低调整率。他说自己在完全投资的时候往往做得很好——发现一个好主意，卖出自己最没有信心的股票，用新主意来代替。他还争论说，一旦投入了全部资金，一年只有一两个，或三个好点子就足够了。如果一年之中，能有两个好的投资主意，辛普森表示自己就已经十分开心了，因为他可以在个股上构建相当大的仓位。他相信有足够的记录表明投资者没有买进的和自己买进的往往是一致的。"我们和许多投资者恰恰相反。"辛普森说，"我们思考的多，行动的少。许多投资者行动的多，思考的少。"如果投资者不做蠢事，他们就能脱颖而出。辛普森将这定义为在一个人的能力范围之内进行投资。这都是他尝试又失败后习得的教训，并被巴菲特强化。辛普森指出了自己在航空股上面的错误。他认为自己已经形成了一种倾向，不碰任何航空股。他同样远离俄罗斯的合资企业以及大部分的俄罗斯股票。大多数投资者并没有这些考虑。辛普森指出，当交易市场化的证券时，投资者有如此多的选择，可以通过ETF参与到全世界的市场中去，但是规避某些市场是有好处的。市场已经变得越来越广泛，越来越多的外国股票已经可以在本土市场进行交易。如今，辛普森的投资组合中持有12家公司的股票，其中5家公司的正式驻地是在美国以外。辛普森觉得自己对于中国、印度、巴西、墨西哥等国家缺乏专业了解，但是只要理解当地的财务报告和政府标准，他就愿意投资。

辛普森认为，有些人或者擅长挑选股票，或者对市场感知敏锐，或者在一段时间内，不是一年或两三年，而是在合理的一段时间内，能够实现投资增值。辛普森选择一家新的公司进行投资的前提假设是，这家公司很有可能提供超越市场的回报。至于投资能够增值多少，需要靠一点运气。如果辛普森新投资的公司能够打出一记全垒打，他就知道这笔投资会很棒，但是也认识到不是事事都会如意。辛普森希望通过发掘一些确定的成功机会，避免那些确定的失败机会，以此实现一个还不错的安打率。他在GEICO的投资记录显示，辛普森确实比市场做得要好。

在下一章，我们将考察由经济学家约翰·梅纳德·凯恩斯发展并实践的集中投资哲学。此人才智超群，同样为人熟知的，还有他的自我意识。

CONCENTRATED
INVESTING

第 2 章

约翰·梅纳德·凯恩斯：
投资哲学家

> 我越来越坚信，正确的投资之道是将大笔资金投入你认为自己有所了解，并且对其管理信心十足的企业中。指望广泛投资那些你不甚了解，也没有理由抱有信心的企业，借此把控风险，是一个错误。
>
> ——约翰·梅纳德·凯恩斯

自1929年9月3日收盘价的最高处开始，道琼斯工业平均指数开始了一段愈演愈烈的下滑，并开启了20世纪最严重的一次金融危机。在第一次世界大战结束之后的那段时间中，乐观的情绪弥漫。在随后持续了将近10年的"兴旺20年代"里，投机浪潮高涨，道琼斯指数大约涨了10倍——这是当时记录中的最长牛市。危机的信号在1929年10月开始显现，当时一阵突发的抛售使得股票市场向下重挫14.7%。虽然在随后的一周里，市场反弹回高位，但是从10月11日开始，股市又开始下滑。市场在经历来来回回、上上下下的拉锯战之后，于10月24日，著名的"黑色星期四"这一天，坚定地开始了跳水，股市再次下挫6%。尽管股市距离顶点已经深跌了21.6%，但在接下来的几天中，市场依旧加速下滑。10月28日，黑色星期一，股市狂泻12.8%；10月29日，黑色星期二，股市继续暴跌11.8%。恐慌的情绪跨越了大西洋，之后扩散至整个世界，伦敦证券交易所与纽约那边一起开始崩溃。最终，1929年11月13日，市场看上去好像已经触底，此时距离9月的高位，股市已经下跌了47.8%。然而事实并非如此。在之后的一年中，虽然市场有了一些小的反弹，但是从1930年末的几个月开始，股市再次开始疲软不振。1931年年初，股市自峰值重挫55.4%，而到了年末，股市自峰值重挫了79.4%。1932年7月8日，美股市场才真正见底。在这2年零10个月的跨度中，股市较1929年9月的巅峰，跌幅达到了惊人的89.2%（见图2.1）。

在这期间，约翰·梅纳德·凯恩斯，这个构筑了所谓的凯恩斯经济学基础的英国经济学家，正管理着自己的资金、两个保险公司、朋友的几个投资组合以及母校剑桥大学国王学院的资产。1929年商品市场渐显颓势之前，凯恩斯一直在橡胶、小麦、棉花和锡等期货标的上进行投机交易。正如他一贯的傲慢自大，凯恩斯相信，自己拥有的关于经济周期的"卓绝认知"——他将之描述为"领先普通大众而先行预见经济未来的方法"——会让他领先其他的市场参与者。然而，当他持有的商品资产开始缩水时，凯恩斯开始意识到自己进行了错误的交易。与此同时，凯恩斯关于"风险对冲"的观点——资产组合中某一部分的损失，总是会被其他部分的收益所抵消——也遭遇了失败，当他布局在股市中的投机性股票头寸一路崩溃时，本应该保护他的商品头寸同样溃败。凯恩斯坚信市

图2.1　道琼斯工业平均指数（DJIA）注释图（1921—1955年）

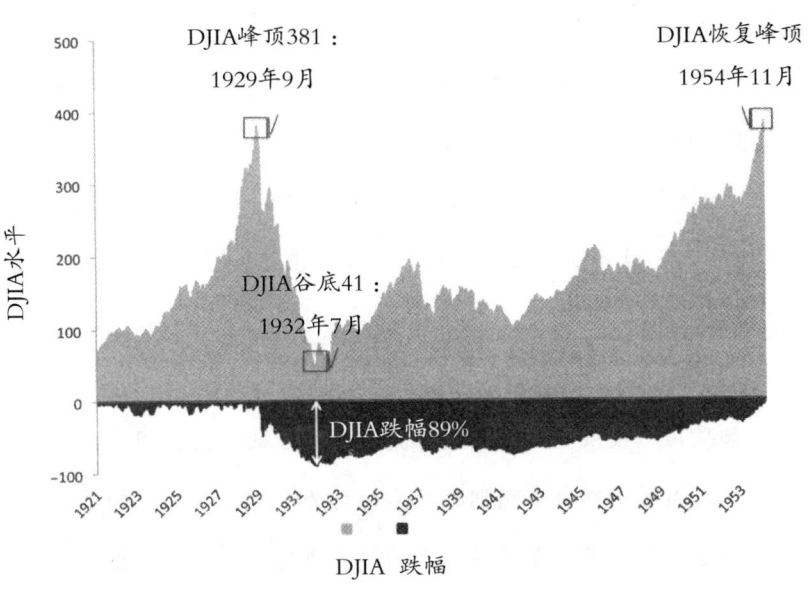

DJIA 跌幅

场的暴跌只是导致短期经济衰退的一般性商业周期的尾声，并坚持做多。到了下一个年代的初期，当形势渐渐明朗——这次暴跌不是普通的经济衰退时，凯恩斯所有的商品头寸已经损失殆尽。20世纪20年代早期，凯恩斯曾经身心俱疲。这回，他第二次筋疲力尽。从峰顶到谷底，凯恩斯的资本缩水了80%。资产组合中唯一让他保留颜面的是巨额持有的分红的公共事业股票。这次大崩盘带来了矫正性的影响。凯恩斯开始变得谦逊，研究课题逐渐脱离自上而下的宏观经济预测和市场择时。截至1932年，凯恩斯在预测货币市场和商品市场上先大赚一笔，后大赔一笔。他最终转型研究价值投资哲学，并将余生致力于此。

　　和伟大的价值投资者和价值哲学家本杰明·格雷厄姆一样，凯恩斯也不得不对付其投资生涯的几次市场灾难，包括第一次世界大战后期、大崩盘、大萧条和第二次世界大战。很明显，凯恩斯没有留意格雷厄姆的伟大著作《证券分析》，在大卫·多德（David Dodd）的协助下，这本书于1934年出版。与格雷厄姆不同，凯恩斯最终转向了基础投资风格，通过内在价值——依靠未来现金流测算出来的数值——来度量证券的市场价格。和格雷厄姆一样，凯恩斯也泾渭分明地区分了投机和投资，在1936年出版的旷世著作《就业、利息与货币通论》里面，凯恩斯将投资称为"投资企业"。

　　如果用"投机"一词描述预测市场心理的行为，用"投资企业"一词描述预测资产预期收益率的行为，那么，投机的结果不可能永远优于投资。在世界著名的投资市场——纽约，投机的影响力十分巨大。甚至在金融领域之外，美国人也过分地热衷于追踪大众的观点；这一国民弱点在股票市场遭遇到应得的惩罚。和许多英国人目前正在做的一样，对美国人而言，投资很少是为了"收入"；除非抱有资本升值的希望，否则他们不会乐意进行一项投资。换句话说，当进行一项投资时，美国人将其希望寄托在基于传统估值基础的资产价格升值上，而非预期收益率。按照上面的定义，他是一名投机客。

　　这些定义——投资是指"对一项投入的整个存续期间的可能收益率进行预测"，投机是指企图"稍微领先于公众，而预见基于传统基础的估值变化"——与格雷厄姆给出的定义十分贴近。格雷厄姆忠告说，"经营一项投资，是在经过透彻的分析后，恪守安全的原则，并能带来可观的回报。不满足这些条件的操作，都是投机。"他后来在关于投机的简介中做了精辟的阐述，"基于价格变动进行的操作，就是投机。"

凯恩斯独立地发展了自己的观点——证券的价格有别于其内在价值。格雷厄姆在《证券分析》一书中也有相同看法。而且，凯恩斯似乎拓展并超越了格雷厄姆的观点，并发展了自己对价值投资的独到理解。正是由于其投资哲学，凯恩斯被描述为"史上最具创新意识的投资家之一，影响了从沃伦·巴菲特到罗伯特·席勒（Robert Shiller）一代的投资者和经济思想家。"包括巴菲特、乔治·索罗斯和大卫·史文森（David Swensen）等在内的许多投资者，都认为在自己的投资的过程中受到了凯恩斯的影响。巴菲特对凯恩斯的投资哲学尤为推崇，他在伯克希尔·哈撒韦公司的致股东信中详细介绍了自己从青涩的价值投资者，到掌握类似凯恩斯价值投资战略的整个发展史。1991年，在引用凯恩斯的一封信之前，巴菲特将他描述为一个"实践中的才华与思考中的智慧相匹配的人"。引用的这封信，是凯恩斯于1934年8月15日写给其商业合伙人，省际保险公司的主席弗朗西斯·斯科特的。努力阐释自己投资哲学的巴菲特，认为凯恩斯的信"将自己的想法全都说出来了"：

　　随着时间流逝，我越来越坚信，正确的投资之道是将大笔资金投入到你认为自己有所了解，并且对其管理信心十足的企业中。指望广泛投资那些你不甚了解，也没有理由抱有信心的企业，借此把控风险，是一个错误……一个人的知识和经历无疑是有限的，而那种能让我在任何给定的时间下，都对之抱有十足信心的企业，很少能超过2至3家。

1938年，第二次世界大战前夕，一次严重经济衰退开始考验凯恩斯的投资哲学，他写道，他提倡"仔细地挑选一些投资机会……那些与往年相比更便宜，更具有潜在内在价值的机会"。1988年，巴菲特指出，凯恩斯起初是"市场择机者（倾向于商业及信用周期理论）。在深思熟虑之后，转向为价值投资"。此外，凯恩斯选择的价值投资之路，其风格在于长期持有那些能不断成长的公司的股票，这一点和巴菲特如出一辙。自1932年开始，凯恩斯已经成为一名坚定的集中投资家。在经历过1938年第三次严重的经济衰退之后，凯恩斯弥补了资产的亏损，在他去世的时候，还留下了价值约44万英镑的证券资产——这些证券在2015年价值3000万美元，此外他还收藏了大量的艺术作品和罕见手稿。1946年，这些艺术作品在进行遗产估值时，作价3万英镑；当1988年重新估值时，价值达到了惊人的1700万英镑（约6800万美元）。这一章我们将考察凯恩斯作为一名投资家的进化历程以及他对集中投资理论的贡献。

■ 声名显赫的经济学家

> 即使面前是浩渺的苍穹，我也未曾感觉过任何的卑微。
>
> ——凯恩斯

第一勋爵凯恩斯，英国科学院院士，于1883年6月5日出生于英格兰剑桥。父亲约翰·内维尔·凯恩斯（John Neville Keynes）是剑桥大学的一名教师，教授经济学和道德科学。母亲弗洛伦斯·艾达·凯恩斯（Florence Ada Keynes）是一名社会改革家。当时英国正处于维多利亚女王统治下的

"维多利亚时代"，这是一个固守道德观念，享有强权和平，社会普遍繁荣的年代。与此同时，美利坚合众国正在享受其"镀金时代"，而欧洲也正处于其"美好年代"。作为三个孩子中的长兄，凯恩斯成长为一名出类拔萃的好学生。他获得了伊顿公学奖学金，来到这所私立寄宿制男校学习。由于培养了诸多皇室成员，英国首相及其他名人，伊顿公学被冠以"英格兰政治家的摇篮"的美誉。1902年，在出色地完成了数学、古典文学及历史等课程后，凯恩斯从伊顿公学毕业，并拿到了剑桥大学国王学院的奖学金。在这里，凯恩斯依旧保持着作为学生的聪慧，并于1904年5月被授予数学类的一等文学硕士。虽然还没计划好毕业后做什么，但是凯恩斯对自己的未来信心满满，1905年，他在给朋友林顿·斯特雷奇（Lytton Strachey）的信中写道：

> 我想管理一个铁路公司，或者筹备一只信托财产，至少也要能"骗取"一笔公共投资；掌握这些事情的原理，如此简单而且极其有趣。

1906年，凯恩斯参加了英国文官考试——一门英国官僚体制选拔人事的竞争考试。凯恩斯很失望自己只考了第二名，虽然这已经是惊人的成绩了。之后，他来到伦敦，在主管英属印度的印度事务部任职。凯恩斯很快对这一角色感到厌倦，两年之后，他重新回到剑桥大学学习概率论，参与到由其父亲和经济学家亚瑟·庇古（Arthur Pigou）共同资助的项目中。1909年，凯恩斯在《经济学人》上发表了第一篇学术论文，之后被正式邀请到剑桥大学担任经济学讲师，其讲授课程由伟大的经济学家阿尔弗雷德·马歇尔（Alfred Marshall）资助——马歇尔是当时那个时代最具影响力的经济学家之一，也是当时英格兰主流经济学教材的作者。1914年，第一次世界大战爆发，凯恩斯被英国财政部征召，协助调拨战时财政资金。在这个职位上，他一直待到了1919年5月才离开。在接下来的两个月里，也就是在英格兰的夏天，凯恩斯写下了《和平的经济意义》。书中严厉批评了凡尔赛和约——由协约国及战败国德国共同协商缔结——该和约对德国提出了压榨性的赔偿要求。凯恩斯在书中预测，凡尔赛和约里过度严苛的赔偿条款会给德国带来灾难性的经济动荡，潜在里甚至会在20年内引发另一次世界大战。这本书畅销全球，使凯恩斯成为了具有深远影响的人文经济学家。等到凯恩斯的论断最终被证明是正确的时候，他已经成了享誉世界的天才和名人。

■ 非理性市场

> 市场的非理性会比你持续得更久，而我仍然有办法应付。
>
> ——凯恩斯

凯恩斯作为经济学家和学术人员的公众生活被完整地记录了下来。而他作为投资家的生活，则描述得远远不够。财经记者约翰·F. 沃斯克深入研究之后，在其书《凯恩斯的财富之路》中，介绍了凯恩斯的投资成就。沃斯克阅览了大量材料，他甚至从剑桥大学国王学院的图书馆找来了100年前凯恩斯的讲义，以考证凯恩斯在四分之一个世纪里的投资记录。他在研究报告中指出，凯恩斯在1919年一战尾声的时候，开始在股票、债券、货币及商品上进行投机交易。青年时，凯恩斯曾在投资方面有所涉猎。到了1919年，他开始用自己的初始资本进行投机交易。直到1921年，38岁的凯恩斯才开始担任投资经理这一正式角色。1910年，凯恩斯在剑桥大学教授关于股票市场的课程，他将之描述为"实践性很强的一门课程，无法通过书本或者讲义真正地贯通"。1911年，凯恩斯第一次获得了管理资金的经历——他被委任入选了国王学院的资产委员会，该委员会的任务就是管理学院财产和基金。当时，委员会将国王学院的大部分动产以现金方式持有。凯恩斯力推将这些钱投资出去。在当时，这种投资意味着买进、持有债券，股票市场不在考虑范围之内。那个时候，股票被认为是个人投资者投资的领域，普通股不被视为机构适合持有的资产。

凯恩斯没有继承什么遗产，作为低级职员，薪水也不丰厚。他开始通过办讲座和兼职家教来挣钱。此外，《和平的经济意义》出版后带来的版权费，出席演讲、发表经济论断的收入等，给他带来了一笔充足的资金——4000英镑，大约相当于今天的30万美元。凯恩斯的经纪商允许他以10倍的杠杆开展交易，就这样，凯恩斯利用这笔不多的资金，开始在货币市场上进行投机交易。凯恩斯相信，自己在财政部的经历、为写《和平的经济意义》所做的研究、在概率论方面的成果和教授经济学课程的经验将给他提供"超群的知识"，助他在新生的货币市场上取得成功。一战爆发之前固定的外汇汇率现在已经开始自由浮动，而且变得很不稳定。凯恩斯利用自己在货币市场的交易行为，来表达他对国内战后观点的宏观经济评价。他预期通货膨胀将会摧毁法郎、德国马克、意大利里拉以及它们相应的经济体。与其观点相一致的，凯恩斯开始做空这些货币——因为预期货币贬值，他先抛售这些货币并买进美元，以期将来在更低的价格上重新买进这些货币并借此获利。到了1920年的复活节，凯恩斯账户上的资本已经增值到14000英镑（约合90.5万美元）。

凯恩斯在独立投资公司的创办计划书中概述了自己的宏观经济投资哲学。这家投资公司是他和别人共同创办的一个投资载体，并于1924年在伦敦证券交易所上市。凯恩斯将自己进行市场择时的投资方法称为信贷周期投资理论。在之后对这种理论进行解释的时候，凯恩斯写道，"信贷周期的实践含义就是，需要在熊市中卖出市场龙头，而在牛市中买进它们。考虑到交易费用以及损失的利息，投资人需要凭借卓绝的投资技巧在市场中大赚一笔才行。"凯恩斯在管理国王学院的资产和其他两个早期投资载体的时候，将这种投资方法付诸实践。1920年，凯恩斯和一位在英国财政部认识的股票经纪人朋友——"狡猾的"奥斯瓦德·托因比·福克（Oswald Toynbee Falk），合伙设立了一家非正式的财团。财团管理着他们自己的以及来自布卢姆茨伯里文化圈（Bloomsbury Set）的几个朋友的资本，以进行外汇市场投机。（布卢姆茨伯里文化圈是一个非正式的社交圈，成员主要有著名的英国作家、知识分子、艺术家等，甚至包括弗吉尼亚·伍尔芙、爱德华·摩根·福斯特、里敦·斯特拉奇等。他们都在伦敦布卢姆茨伯里附近生活、工作或者学习。）这一财团类似于现代的避险基金，在当时很罕见。财团的机构投资经理们偏好投资债券和房地产，其交易过程十分简明。财团在设立之后的几个月内，迅速取得了收益。然而好景不长，1920年5月，"对德国的一阵突发的乐观情绪"驱使萎靡的欧洲货币开始提振。杠杆过高的财团以及过度自信的凯恩斯无奈爆仓。凯恩斯的保证金账户峰值资金达到14000英镑，如今却亏损13125英镑（850000美元）。经纪商要求凯恩斯追加7000英镑（450000美元）的保证金。凯恩斯却无力支付：他现在已经囊中羞涩到需要父亲来接济他的日常开销。面对外汇市场的突发反转，凯恩斯没有屈服。这个极度自信的37岁男子请求著名金融家欧内斯特·卡塞尔（Sir Ernest Cassel）支持他的投机交易。凯恩斯告诉卡塞尔，"我有很大的把握，只要你敢于冒这次险，也许几个月之后，就会获得极其丰厚的回报。"卡塞尔是当时一位十分著名的商业银行家。就像伯纳德·巴鲁克（Bernard Baruch）发表过的那番著名断言，卡塞尔"年轻未成名而取得成功时，人们叫他赌徒；当他的生意范围扩大时，人们叫他投机家；当其业务领域继续扩张时，人们叫他银行家。事实上，一直以来他都在做着同样的事情"。尽管凯恩斯自己也承认，"我并未将任何资本置于风险下，可依旧损失殆尽"，卡塞尔还是选择支持他。凯恩斯带着卡塞尔贷给他的5000英镑以及从出版商那里预支的1500英镑，再次杀回货币市场。虽然年初的时候，空头的立场让他惨遭爆仓，可这次凯恩斯还是坚定地继续做空欧洲货币。他对于长期经济表现的预测终于被印证了——通货膨胀横扫了战后的欧洲，有几种货币甚至贬值到穷途末路。在偿清卡塞尔的贷款后，凯恩斯的资本从1920年年中的负净值，达到了1922年的22558英镑——大约相当于今天的180万美元。

1921年7月，第一个财团破产之后，凯恩斯建立了第二个投资载体，A.D.信托投资有限责任公司。这家信托投资公司主要从事大宗商品交易，也进行部分股票交易，企图通过买卖绳索、金属、石油、食品、棉花等重建战后欧洲所必须的物资来进行获利。在凯恩斯看来，商品市场目前缺乏效率，而且供求失衡导致定价偏差。他还认为投机客们很好地履行了"风险承担者"的职责，当寻求避险的商品生产者们推动价格失衡时，这些投机客就开始出手建仓。因此，凯恩斯"只通过经营风险并将某个季节的收益与其他季节的收益进行均衡，就可以赚取丰厚的回报。就像保险公司一样，对于一幢房子着火的概率，公司不需要比投保人了解得更细致，但是公司依旧可以赚取收益"。与此同时，凯恩斯建立的这家信托投资有限公司也交易股票、债券、房地产和黄金。凯恩斯利用商品市场上的头寸，来为股票市场上的头寸套保避险，他将此称之为"对冲风险"。凯恩斯认为，通过把对冲性的资产——如果其他资产价格下跌，这种资产价格会上涨——纳入投资组合，他可以使投资组合规避已知的那些风险。根据"风险对冲"的理念，凯恩斯在买进一家公司的股票后，为了规避公司生产所需的核心原材料价格上涨带来的股价下跌，他需要在商品市场立即买进这种原材料。例如，在买进汽车制造商的股票后——凯恩斯非常喜欢的一类科技行业——他需要在商品市场上买进用来生产汽车电池的铅，以此进行套保。如果铅的价格下跌，汽车制造商的股票股价将会上涨。如果铅的价格上升，凯恩斯持有的股票头寸的损失将被其持有的商品合约的收益对冲。尽管其投资策略是投机性的，但是凯恩斯关于"对冲风险"的见地，或多或少地与后来现代资产组合理论的发展不谋而合，后者正是通过分散投资互不相关的资产来达到降低投资风险的目的。直到1927年11月前，凯恩斯一直担任着信托投资有限公司的董事，退休时，他卖光了自己所有的股份。公司在1923年至1927年间一直运转得很好，每年分红达到了10%的收益率水平。辞职时，凯恩斯的个人净财富已经膨胀至39550英镑——大约相当于今天的360万美元。

尽管已经从A.D.信托投资有限公司辞职，凯恩斯仍然通过个人账户在商品市场进行投机交易。长久以来，凯恩斯一直同时持有商品市场和股票市场的头寸，而"大崩溃"来临的时候，"对冲风险"理念的缺陷被残酷地揭示了。一般说来，商品市场和股票市场的盈亏会向着相反的方向变动，但恐慌蔓延下的无差别抛售，使得凯恩斯持有的两种资产的价格同时开始下跌。由于投资了保证金账户，在合约中嵌入杠杆交易，凯恩斯第二次被市场击溃。与凯恩斯已经没有联系的A.D.信托投资有限公司也在这次大崩溃中破产倒闭。这次打击，让凯恩斯威风扫地，锐气尽失。

■ 投资家

除了投机交易固有的不稳定性，人的天性中也包含着不稳定性——我们很大一部分的积极行动都取决于一种自发的乐观情绪，而不是基于数理的预期。无论道德行为、享乐行为，还是经济行为，都是如此。我们许多积极行动的决定，其完全的结果将在之后的数天中逐渐呈现。这些决定，只能被理解为动物精神的结果——一种自发的想要有所行动而非保持沉默的迫切欲望，而不能被解释为量化收益与量化概率叠加的加权平均的结果。企业无论显得多么真诚和坦率，都只是假装受自己的招股章程中的条款驱动。比远征南极还要难做到的，就是在准确计算未来收益的情况下进行投资。因此一旦动物精神开始黯淡，自发的乐观开始减弱，留下我们凭借基于数理的期望开展投资，那么企业将会衰退并破产——尽管与之前的获利期望相比，这种对蒙受损失的惧怕并没有一个更合理的基础。

——凯恩斯

1929年的"大崩溃"促使凯恩斯由宏观经济投机家向基础投资者转变，但这一过程似乎在早些时候就已经开始了。和之前A.D.信托投资有限公司的合伙人福克一起，凯恩斯在1923年又建立了一家投资载体，叫作P.R.金融公司。尽管凯恩斯只负责管理其中三分之一的资本，但是P.R.金融公司持有的许多头寸都和之前的A.D.信托投资有限公司一样，而且在1928年也遭遇了相似的命运，被彻底摧毁。但是在破产清算前，P.R.金融公司挣扎着熬到了20世纪30年代中期。P.R.金融公司在20年代初期主要投机于商品市场和货币市场，后于30年代初期转向投机于股票市场。在这一点上，它与凯恩斯持有的投资组合相比并无特殊之处。真正让P.R.金融公司变得有趣的是，它存续了足够长的时间来呈现凯恩斯崭新的投资策略。在持有的商品市场头寸表现萎靡不振的同时，P.R.金融公司持有了一些美国公用事业公司的股票。这些股票带来了股息分红，而且没有20世纪20年代末期的商品合约那样崩盘。直到1936年破产清算前，P.R.金融公司持有的商品合约亏损不断扩大，然而在股票市场头寸的支撑下，整个证券组合的净值于1929年开始触底回升，那个时候，股票头寸已经占据了投资组合的绝大部分。到了破产清算时，持有的资产价格已经回升到面值附近——就是投资者最开始为股票支付的价钱——因此P.R.金融公司的投资者们差不多收回了投资成本，这在当时那个年代实属难得。沃斯克对此评论说："P.R.金融公司诞生之初，看上去像一个激进的套保基金，最终看上去却像一个保守的、倾向股息分红的共同基金。"

凯恩斯开始怀疑自己无法利用他所拥有的关于经济周期的"超群知识"来进行投资获利。当他回顾自己作为宏观经济投机客，利用自己的信贷周期投资理论进行投机的业绩表现时，凯恩斯指出，"我们没有证明在交易周期的不同阶段，借助市场整体的系统运动买卖股票可以在总体上进行盈利。"到了1930年，可以清楚地看到凯恩斯转变了其投资哲学。当时，P.R.金融公司的其他董事打算在最低价清空持有的股票头寸，凯恩斯坚持说，"如果现在退出，我们这个错误的想法将成为现实，等到我们重返市场时，一切都将太晚。市场一旦复苏，我们必将被远远甩在身后。我们继续持有这些股票的话，即使市场没有回暖，那也没什么，我们不会蒙受更多损失。"

到了1934年8月，凯恩斯已经完全改变了自己的投资方法。凯恩斯在1934年8月15日写给斯科特的一封信，充分显示了他的价值投资观念，其内容得到了巴菲特的赞同和支持。在信中，凯恩斯写道，"随着时间的流逝，我越来越坚信，正确的投资之道是将大笔资金投到你认为自己有所了解，并且对其管理信心十足的企业中。"他将自己之后在管理国王学院财产方面所取得的成绩，归功于新的投资决定——找到那些相对于内在价值被低估的股票，集中资金买进，耐心持有数年。尽管1934年的时候，凯恩斯和斯科特有过通信联系——大约在1934年格雷厄姆的《证券分析》出版的时候——也不排除他读过格雷厄姆和多德著作的可能，但是凯恩斯似乎是在没有和格雷厄姆进行联系，且没有读过《证券分析》的情况下，自主转向了内在价值投资道路。1925年，凯恩斯在论文中引用了1924年出版的一本书，E.L.史密斯（E.L.Smith）的《普通股的长期投资》，书中倡导人们买进美国企业的股票，以分享"工业增长的剩余索取权"。凯恩斯认为英国的一些公司同样能"提供高于债券的溢价回报和收入，提供真实价值的投资机会。"

2015年，剑桥法官商学院教授大卫·钱伯斯（David Chambers）、伦敦商学院荣誉退休教授埃尔罗伊·迪姆森（Elroy Dimson）和剑桥大学博士后研究生贾斯汀·富（Justin Foo）共同发布了一项关于凯恩斯投资记录的研究，三位作者基于档案证据和统计证据指出，凯恩斯转变投资风格的关键一年是1932年。在1932年之前，凯恩斯倾向于买进相对市场来说涨了太多的股票，这种股票往往在他买进后就趋于下跌。尽管这些股票在合适的时机被卖出——凯恩斯卖出后，这些股票就呈现出下跌走势——但是持有期间的损失还是让凯恩斯饱受打击。

凯恩斯的投资收益情况在1932年之后显著改善，这时候，他已经基本上改变了投资方法。1932年之后，凯恩斯依然买入相对市场已经上涨的股票，但是这种上涨比以前更温和。在买进之后，这些头寸不断地带来了可观的收益。当凯恩斯卖掉这些股票时，它们仍然在缓慢地上涨。钱伯斯等人总结道，凯恩斯缺乏作为一名市场择机者的技能。但是之后，这个起初依靠自己"超群知识"预测宏观经济景气状况的自上而下的投机客，表现得更像一个自下而上的基础投资家——寻求买进基础稳固，支付股息红利，长期前景向好的公司的股票。通过重仓那些拥有自己能理解的财务报表并且出售自己能客观评价的产品或服务的公司的股票，凯恩斯获得了不菲的收益。1936年，在《就业、利息与货币通论》的序言中，凯恩斯写道，"困难不在于想出新主意，而在于摆脱旧观念。"这时的他，最终完全摒弃了市场择时投机客的身份和宏观经济信贷周期理论。

■ 凯恩斯式的内在价值

> 当拥有的信息发生改变时，我就相应调整我的结论。先生，你们会怎么做呢？
>
> ——凯恩斯

　　1919—1938年及1923—1946年，凯恩斯分别在国家共同人寿保险协会和省际保险公司担任投资职务。而只有在国王学院的时候，他才享有完全的自由决定权。1911年，凯恩斯返回剑桥大学作讲师，两年之后，他被邀请加入国王学院财产委员会。1919年11月，完成英国财政部的履职之后，凯恩斯再次返回了剑桥大学。这次，他被任命为财务副主管。当时的财务主管负责国王学院的财务管理工作，包括学费征收到资产管理等各种大小事宜，副主管的任务就是协助一把手。受制于受托人法案及其他相应法规，剑桥大学只能将资产投资于优质的固定收益证券。

　　到了20世纪20年代中期，凯恩斯成功劝说学院从捐赠资产中抽出一部分，设立一个规避法规限制的独立投资组合。新的投资组合将包含普通股、货币及商品期货。尽管凯恩斯将部分资本从长期政府债券中抽离出来，学院的捐赠资产依旧保持着原有的收益水平，这一点很重要，因为这些捐赠资产的收益没有再进行组合投资，而是直接用于开支。1921—1929年，国王学院的股权投资组合股息收益率均值达到6%，超过同期英国股票市场的股息收益率均值5.2%，超过政府债券的收益率4.6%；1930—1939年，凯恩斯自主决定的投资组合的股息收益率均值达到5.9%，再次超过英国股票市场的股息收益率均值4.4%和政府债券收益率3.4%；

1940—1946年，学院持有的自主决定的投资组合的股息收益率均值达到5.8%，又一次超过英国股票市场的股息收益率均值4%和政府债券收益率3%。凯恩斯同样青睐于出售国王学院持有的房地产，并将出售所得投资于股票市场。这一举动遭到了许多学院同僚的强烈反对，在他们看来，股票市场交易是一种"投机行为"。凯恩斯反驳说，他宁愿在一个拥有每日报价，流动性充足以便进行买卖的市场上进行"投机"，也不愿意"投资"于一种价格常常无法预知的资产。

国王学院捐赠资产管理者的身份使凯恩斯获得了资金管理者的名声。1924年，当凯恩斯被任命为国王学院的财务主管时，他将学院捐赠资产中剥离出来的自主投资组合——他在1920年建立的独立投资组合，和另一个叫作切斯特基金（The Chest）的自主投资组合合成一体。作为财务主管，所有的自主投资组合的最终投资决策都要由凯恩斯决定，包括更激进的切斯特基金和受限于法规的限制性投资组合。和剑桥大学长久以来的联系——凯恩斯的父亲是剑桥大学的教师，凯恩斯自己在那里完成了本科学业，从1911年起自己在剑桥大学断断续续地多次任教以及明显的对于学院的关心，使得凯恩斯在管理剑桥大学的投资时，比管理自己的个人投资要更加小心谨慎。在管理前者的过程中，凯恩斯规避了保证金账户交易以及大部分货币、商品期货等自己在进行个人投资时经常配置的资产。在管理剑桥投资的时候，凯恩斯也没有完全放弃货币投机，只是相较于管理的投资规模，他配置在这方面的资产比重越来越小。到1933年，这部分几乎可以忽略不计。1933—1945年的12年里，只有4年之中切斯特基金在货币投机方面的盈亏超过了1000英镑（10万美元）。而在整个时间段内，货币投机的累积损失只有339英镑（21500美元）。凯恩斯为国王学院开展的股权投资反映了他自身的投资理念。在1921年至1945年期间，每年年末的12月，凯恩斯个人投资头寸中价值占比81%的部分，或者数量占比65%的部分，都同样为国王学院的投资头寸所持有。

掌管自主投资组合期间，凯恩斯激进地选择投资普通股份，也就是英国的所谓普通股。1922—1929财年，他将自主投资组合75%的资金投资于普通股；1930—1939年，这一比重是46%；1940—1946年，这一比重是69%。20世纪30年代，凯恩斯同样为自主投资组合买进了美国普通股及优先股。算上美国普通股的话，1930—1939年，自主投资组合总共持有的普通股比重达到57%；1940—1946年，这一比重达到73%。自主投资组合同样买进了英国和美国的优先股。从1922—1929年，该投资组合中有12%的部分是优先股；1930—1939年，投资组合22%的资金投向了英美的优先股；1940—1946年，这一比重是20%。

就像50年后美国的卢·辛普森一样，凯恩斯改革了英国保险公司的投资管理方式。在凯恩斯之前，机构进行投资意味着买入并持有债券和房地产。1920年，英国的机构投资者们只将3%的资产投资于股票市场，直到1937年，这一比重也只有10%。尽管与国王学院相比，凯恩斯在两个英国保险公司中只有很少的决策权，但是同在国王学院一样，他推动这两家公司转向投资股票市场。他主张机构在管理投资组合时，将资产的75%配置于股票市场，这一比例远高于当时任何一家保险公司愿意在股票市场中投入的比重，也高于凯恩斯自己在管理投资组合时的实际配置比重。

凯恩斯青睐于集中投资，他将过半的投资组合资金集中在5只股票上。对于那些他认为即将急剧走俏的行业，凯恩斯喜欢在它们身上进行豪赌。钱伯斯等人发现，凯恩斯持有的英国股票头寸主要集中在两个部门——

工商业和金属矿床开采企业。整个投资存续期间，在这两大部门的投资分别占到了凯恩斯买进的英国股票头寸的三分之一。在金属矿床开采行业中，根据其宏观经济观点，20世纪20年代中期，凯恩斯偏好锡矿开采企业；20世纪30年代早期，凯恩斯偏好金矿开采企业。他认为，缺乏弹性的供给和不断增长的需求，将成为刺激锡价爆涨的双重力量。

与之看法相一致的是，凯恩斯利用个人账户中买进了锡金属期货，并为学院投资组合做了较保守的选择——买进低成本的马来西亚锡矿开采企业的股票。尽管在1924年《货币改革》一书中将黄金视为"野蛮的遗物"，凯恩斯依旧大手笔地做多黄金开采企业股票，1933年的时候，甚至将投资组合三分之二的资金配置于南非金矿开采企业。凯恩斯猜测，南非货币兰特的贬值，会使南非金矿开采企业的收入增加。当配置在南非金矿开采企业股票上的巨额头寸被证明是正确的之后，凯恩斯便不惧在任何自己能发现廉价股票的管辖区域内进行投资了。他的投资组合中充斥着海外企业的股票以及股息收益率很高的中小资本规模企业的股票。这在凯恩斯所处的年代并不常见，当时即使是前100强企业的股票都被认为是风险投资。凯恩斯还把投资组合聚焦于科技型企业的股票，在20世纪30年代，这些企业主要是指汽车及飞机制造企业，发电厂及电力工程企业，还有化学、制药部门。凯恩斯特别规避那些火爆的首次公开发行的科技企业——这是英国对首次公开发行，即IPO的称谓——而是在市场情绪更加消沉的时候买进这些股票。1930—1934年期间，他巨额持有的两大汽车制造企业股份——奥斯丁汽车公司和利兰汽车有限公司，占比达到整个投资组合的四分之一到三分之一。

尽管买进金属矿床开采企业的股票在很大程度上是出于对宏观经济

的考量，凯恩斯也正不断地向基础投资者进行演变。在与弗兰西斯·C.斯科特（Francis C. Scott）往来的信件中——这是巴菲特在后来的致股东信中引用了的一部分——凯恩斯扼要地介绍了自己买进南非金矿开采企业联合公司的股票的理论依据。联合公司是凯恩斯曾巨额持有股份的一家企业，1933—1946年，其平均持股占比达到了凯恩斯持有的全部金矿开采企业股份头寸的一半以上。1934年6月21日，凯恩斯在给斯科特写的一封信中指出，自己买进联合公司股票的最主要原因是，这是一场"价值投资"，而且他还高度评价了联合公司的管理层。听起来有些类似格雷厄姆，凯恩斯写道，联合公司三分之一的"内在价值"——本杰明·格雷厄姆在《证券分析》中也曾使用这个术语，用以区分一家企业的真实价值和股票市场给它认定的价值——可以从它持有的现金及政府债券中得出。之后，这些股票在凯恩斯估测的内在价值的基础上，按照三分之一的折价率进行了交易。凯恩斯在奥斯丁汽车公司上进行的投资让我们对其价值投资之路有了更深刻的了解。凯恩斯利用股息收益率和每股市值来对奥斯丁汽车公司的股票进行估值——股息收益率是一个大家更熟悉的指标，市盈率的倒数。根据自己在1933年10月的计算，凯恩斯将奥斯丁汽车公司按照三分之二的折价率进行交易这件事上归咎于摩根大通。

和格雷厄姆一样，凯恩斯认为股票的市价与内在价值发生背离是有可能的，后者可以通过仔细审阅财务报表而得以确定。就像格雷厄姆做的那样，凯恩斯计算企业的内在价值，并将之作为私企所有者在谈判出售的过程中能索取得到的价值。尽管估算的结果可能偏离企业真正的内在价值，但是它可以作为股票市场上现行市价的一道约束，在市价严重背离内在价值的时候，估算的结果就能派上用场了。在《通论》一书中，凯恩斯用下面的这段话，简明扼要地阐释了自己的观点：

> 然而，针对老式私企进行的投资决策很难改变，对整个投资人群或者个别投资者来说都是如此。随着如今盛行的所有权和管理权的分离以及有组织的投资市场的发展，一个促进投资，但是有时大幅增加系统不稳定性的新的重要因素出现了。如果没有证券市场，我们在企图对自己进行的投资开展重估时，就缺乏对照的客体。但是证券交易所每天都对大量投资进行重估，而这些重估经常给个人投资者（尽管不是针对投资人群整体）修正其投资的机会。就像农民一样，每天早餐后看一下晴雨表，就能决定要不要在早上10点到11点之间，把资金从种植行业中抽出来，并在周中晚些时候再考虑要不要把资金重新配置回去。尽管证券交易所每天开展的重估起初是为了促进已发生的投资在个人投资者之间周转，但它不可避免地对现时投资的价格产生了影响。因为如果现存一个可以收购的相似企业，花费更高的成本来建立一个新的企业就没有意义了。同时，如果一个企业能够在证券交易所上市并迅速带来收益，即使它已经被过度高估，还是会诱使人们进行投资。因此一些特定种类的投资是由在股市上进行交易的人们的平均期望——表现为每股价格——所操控，而不是由专业企业家的正确期望所引导。那么这些每天甚至每小时都在发生的，对现有投资的十分重要的重估，在实践中如何发生呢？

凯恩斯将他喜欢的股票描述为自己的"宠物"，撇开错误的交易不谈，他看上去似乎不愿意抛弃曾经买进的股票。在《通论》中，他打趣说，他将坚定持有买进的股票，使之像"婚姻"一样持久。

现代投资市场的现状有时候会让我得出如下结论：除非死亡或者其他一些重要的原因，像婚姻那样坚定不移地长期持有买进的投资，也许是对我们当代投资损失的一个有效补救。因为这种做法会迫使投资者将精力只集中在长期的前景上。但是这种权宜之计也会将我们带入一种两难的境地，并向我们揭示投资市场的流动性怎样促进新的投资的出现（尽管这种流动性有时候会阻碍新的投资的出现）。每一个个人投资者通常都自我麻痹地认为自己的投资富有流动性（尽管对于全体投资者而言，这种情况是不可能的），以此让自己冷静下来，并使得自己愿意承担更大的风险。如果个人投资者参与的投资缺乏流动性了，只要对他们而言存在可行的替代方案来葆有积蓄，这种情况就可能严重地抑制新的投资的发生。这就是所谓的两难境地。只要对个人投资者而言，他们可以储藏或者贷出货币，那么购买实体资本资产的备选方案就不能号称足够有吸引力（对那些关于资本资产知之甚少而又疏于管理的人来说，尤为如此）——除非在有组织的市场中，这些资产能轻易地变现。

凯恩斯最终成为一名少有的长期投资者，曾经持有一笔股票达到5年多之久。华尔街日报"聪明的投资者"专栏的专栏作家杰森·茨威格（Jason Zweig）指出，通过比较，如今美国的股票基金持股平均时间仅有15个月。钱伯斯等人发现，凯恩斯在1932年投资思想转变之后，较之更早时期，成了一个更好的中长期投资者。在1933—1946年，凯恩斯持有的中期仓位（持有期达12个月），出售时的收益高出市场平均收益14.1个百分点。与此相反，早些时候，在1921—1932年，凯恩斯持有的中期仓位在出售时，收益低于市场平均收益8.7个百分点。凯恩斯持有的长期仓位（持有期超过12个月）在买进12个月后——这是研究期间的最后时刻了——收益也高于市场平均收益3.4个百分点，而他在1921—1932年持有的长期仓位，在买进12个月后的收益低于市场平均收益6.8个百分点。凯恩斯一直以来都不是一名优秀的市场择时者。如果说有什么不同的话，那就是他在后期选择的售股时机更加失败。在1933—1946年，在凯恩斯出售自己的长期仓位后，这些股票继续上涨，12个月间的上涨幅度高出市场平均收益水平4.5个百分点。

钱伯斯等人总结道，凯恩斯在1932年之后的持股表现进一步巩固了一个观点，那就是——凯恩斯表现得更擅长挑选个股，而且在那之后成了一个更好的投资家。尽管早期买进股票的时候，凯恩斯难以确定最佳的买进时机，但是通过"美元成本平均法"，他经常不断地买进那些跌破其划定的成本基础的股票。由于买进那些股价经历过暴跌的股票，凯恩斯同样被视为一名特立独行的投资家。钱伯斯等人引用了一个例子——在1939年的第二次世界大战初期，凯恩斯收购了那些由于经历过大幅股价下跌而出现价值低估的航空制造业和军工企业。接下来，我们将以剑桥大学的自主型投资组合为代表，考察集冷门投资、集中投资、长期价值投资于一身的凯恩斯的投资收益情况。

■ 盘点凯恩斯的投资收益

> 我现在相信，成功的投资取决于……无论多么艰难，都坚定且巨额地持有这些股票，也许持有很多年，直到实现了预期的收益，或者很明显当初买入是一个错误；以及平衡好投资仓位……虽然很不幸，但是千真万确的一点是，相比于持有其他形式财富的人们，现代资本市场的组织构架要求公开报价权益工具的持有者们拥有更多的勇气、耐心和坚毅。
>
> ——凯恩斯

在我们的记录中，凯恩斯作为投资经理人运作的最长久的投资，发生于他管理国王学院的自主型投资组合时。他在国王学院投资基金的投资记录被视为"凯恩斯对于机构投资的观点及技巧的最纯粹表达"。1921年8月，凯恩斯开始管理分离账户，并在1946年辞世前，一直持续地管理着国王学院的捐赠基金。两个学术团队查验了凯恩斯作为财富管理人的业绩表现。第一个研究由金融研究专家杰斯·蔡（Jess Chua）和理查德·伍德沃德（Richard Woodward）于1983年展开，研究的是凯恩斯在1928—1946年管理国王学院的切斯特基金所取得的投资回报。蔡和伍德沃德发现凯恩斯是一名卓越非凡、技巧高超的投资家。尽管在管理切斯特基金期间发生了1929年股市大崩溃、经济大萧条以及第二次世界大战，但是凯恩斯还是让基金资本翻了将近5倍。与之形成对比的是，同一期间，英国股市下跌了将近15%，美国股市下跌了将近21%。表2.1列出了切斯特基金和英国股市的年化收益等统计数据。

表2.1 切斯特基金收益率和统计量（1927—1945年）

年份	切斯特基金指数	切斯特基金收益率	英国市场收益率	国库券收益率	切斯特基金风险溢价	英国指数风险溢价
1927	100.					
1928	96.6	−3.4%	7.9%	4.2%	−7.6%	3.7%
1929	97.4	0.8%	6.4%	5.3%	−4.5%	1.1%
1930	65.8	−32.4%	−20.3%	2.5%	−34.9%	−22.8%
1931	49.6	−24.6%	−25.0%	3.6%	−28.2%	−28.6%
1932	71.8	44.8%	−5.8%	1.5%	43.3%	−7.3%
1933	97.0	35.1%	21.5%	0.6%	34.5%	20.9%
1934	129.1	33.1%	−0.7%	0.7%	32.4%	−1.4%
1935	186.3	44.3%	5.3%	0.5%	43.8%	4.8%
1936	290.6	56.0%	10.2%	0.6%	55.4%	9.6%
1937	315.4	8.5%	−0.5%	0.6%	7.9%	−1.1%
1938	188.9	−40.1%	−16.1%	0.6%	−40.7%	−16.7%
1939	213.2	12.9%	−7.2%	1.3%	11.6%	−8.5%
1940	179.9	−15.6%	−12.9%	1.0%	−16.6%	−13.9%
1941	240.2	33.5%	12.5%	1.0%	32.5%	11.5%
1942	238.0	−0.9%	0.8%	1.0%	−1.9%	−0.2%
1943	366.2	53.9%	15.6%	1.0%	52.9%	14.6%
1944	419.2	14.5%	5.4%	1.0%	13.5%	4.4%
1945	480.3	14.6%	0.8%	1.0%	13.6%	−0.2%
算数平均		13.06%	−0.11%	1.56%	11.50%	−1.66%
几何平均		9.12%	−0.89%		7.36%	−2.50%
标准差		29.28%	12.55%		29.87%	12.88%
贝塔					1.78	
夏普比率		0.385	−0.129			

　　蔡和伍德沃德注意到，尽管切斯特基金也没能躲过1929年股市大崩溃的冲击——它在1930年下跌了32.4%，1931年下跌了24.6%，同一期间中，市场分别下跌了20.3%和25%——但是这一基金的收益表现"明显优

于市场的收益水平"。两人进一步发现，切斯特基金恢复得也比市场要快得多。当市场根本没有从下跌中恢复过来时，切斯特基金已经连续五年取得了资本升值，每年的收益率介于33%到56%之间。1938年，切斯特基金遭遇了最严重的一次业绩下滑，暴跌了40.1%，同期市场仅下跌了16.1%。但是该基金再次先于市场恢复了元气——市场还在低迷不振时，切斯特基金已经重回正轨。在18年的时间里，切斯特基金的年均年化收益率达到了13.06%，复利年化收益率则达到了9.12%，总资本增长了4.8倍。同一期间内，市场整体下跌了将近15%。然而，伴随着凯恩斯高额投资回报的，是"巨大的投资组合风险"——其收益标准差达到了29%，高出了市场的2倍。

第二个研究由钱伯斯等人于2013年展开，研究的同样是凯恩斯作为投机客和投资家的收益情况。研究人员查验了凯恩斯从20世纪20年代至担任国王学院捐赠基金首席财务主管期间的全部投资组合。在研究过程中，钱伯斯等人获得了国王学院捐赠基金的年度投资记录，包括国王学院档案中保存的1921—1946年每一财年（于8月起止）的持股清单（仅遗失了1926年的投资报告）。尽管自1447年建立以来，国王学院捐赠基金一直持有大量不动产，但是研究人员将这些不动产从分析中排除出去，因为直到凯恩斯辞世以后，才开展了对这些不动产的估价。从1921年8月到1933年，凯恩斯能自主决策的投资组合——这些组合不受法规约束——由切斯特基金（该基金正是蔡和伍德沃德的研究对象）和其他一些资产组成。1933年，凯恩斯掌管下的自主型投资组合进一步扩张，吸纳了混合资产池——"Fund B"。由于这些账户的管理很相似，钱伯斯等人把"Fund B"的收益情况也纳入了分析之中。

钱伯斯等人注意到，20世纪20年代中，凯恩斯的自上而下宏观投资方法取得的投资回报让人失望。通过统计测试，找不到证据能表明凯恩斯拥有市场择时能力。在这令人沮丧的开局之后，钱伯斯和同事们开始量化凯恩斯在转投基础价值投资策略后，其投资收益是如何提高的——之后的这段时间里，凯恩斯持有的股份的收益水平——在买进一年后，与市场收益水平做对比——得到了极大的提高。钱伯斯等人发现，从1922年8月到1946年8月的这段时间中，凯恩斯能自主决策的投资组合年均收益率达到了16%，超过了同等权重英国股市10.4%的年均收益率达5.6个百分点。而受限的投资组合仅取得6.8%的年均收益率，略微低于英国政府债券7.1%的年均收益率。从钱伯斯等人研究成果中摘录的表2.2记录了凯恩斯管理国王学院捐赠基金的收益情况的年化收益等统计资料，包括他全部的自主型投资组合、受限投资组合、全部的基金，但剔除了不动产。

在25个财年里，只有6年，自主型投资组合的收益劣于市场。这6年中，有4年分别是1923年、1926年、1927年以及1928年，期间英国股市却异常强劲。尽管对于宏观经济有着"卓绝认知"，凯恩斯还是没能预见到始于1929年10月的股市暴跌，在1930年也未能避免14.2%的资产缩水。自初始至1930年，凯恩斯掌管的资产组合收益累计落后于同等权重的英国股市基准达12.6%，在期间的最后五年中，累计落后达40.3%。在这之后，自主型投资组合只在1938年财年中表现严重劣于市场，并且再也没有连续三年或五年落后于英国股市基准。

钱伯斯等人记录显示，1921年国王学院捐赠基金价值达到285000英镑（2010万美元）。经过获取投资收益以及现金流入，到1946年，全部证券

表2.2　国王学院的收益率和统计量（1922—1946年）

财年	自主投资组合（1）	受限组合（2）	全部基金剔除不动产（3）	英国股权指数（4）	英国政府债券指数（5）	相应业绩（1）-（4）
1922	35.33	16.80	18.17	31.40	26.40	3.94
1923	9.55	9.41	9.43	30.66	4.59	−21.11
1924	15.68	5.59	6.47	0.69	2.26	14.99
1925	41.32	4.70	9.62	11.46	3.10	29.87
1926	6.29	5.42	5.61	10.81	2.65	−4.53
1927	1.42	2.70	2.48	26.30	3.08	−24.88
1928	2.96	7.95	6.99	18.78	8.12	−15.82
1929	6.36	3.64	4.14	5.99	−0.31	0.37
1930	−14.21	0.36	−2.19	−18.74	9.13	4.53
1931	−11.53	−6.34	−7.16	−30.89	8.03	19.37
1932	32.65	5.82	9.40	26.15	29.40	6.50
1933	51.43	30.9.	34.40	32.13	5.87	19.30
1934	26.60	13.39	17.50	11.38	12.92	15.21
1935	34.02	7.77	17.27	7.21	6.71	26.81
1936	39.57	11.77	23.40	22.83	4.39	16.74
1937	11.30	−1.00	4.26	1.67	−10.15	9.63
1938	−22.58	−8.55	−15.01	−8.71	4.93	−13.87
1939	8.92	−3.93	1.36	−5.57	−10.01	14.50
1940	−5.85	5.83	0.41	−18.84	16.61	13.00
1941	30.45	23.74	26.60	28.52	15.01	1.93
1942	8.39	9.04	8.77	10.85	4.43	−2.46
1943	39.74	7.82	22.04	27.86	−0.49	11.88
1944	15.60	5.24	10.70	12.06	2.87	3.54
1945	13.29	4.42	9.67	5.59	12.33	7.70
1946	22.48	7.84	17.36	19.66	14.58	2.83
均值	15.97	6.81	9.67	10.37	7.06	5.60
标准差	19.08	8.48	10.85	17.11	9.06	13.87
夏普比率	0.73	0.57	0.71	0.49	0.56	n/a

的价值达到了1222000英镑（7400万美元）。在1946年前的四分之一个世纪里，凯恩斯拥有自主决策权的无限制投资组合在剔除了不动产的国王学院捐赠基金中，所占权重从8%增长到68%。钱伯斯等人发现，随着时间的流逝，凯恩斯对于自主型投资组合的周转率越来越低。这里的周转率被定义为给定财年里，买入额、卖出额的平均值除以当年英国证券价值的平均值。在1921—1929年，其每年周转率达到55%。在1930—1939之间，周转率降低到当年投资组合价值的30%。在1940—1946年，周转率进一步降低到14%。

对于凯恩斯在整个期间内——也就是能找到其投资回报的25年，即1921年8月至1946年8月的100个季度——表现最佳和最差的证券，钱伯斯等人开展了一项统计分析。他们发现，尽管上述期间内表现最佳的五只股票和表现最差的五只股票之间存在着巨大的收益差距，但是凯恩斯没有能通过"决定给表现最好的股票配置合适的资金额度"给投资组合带来大量的价值增值。表2.3同样来自于钱伯斯等人的研究成果，该表列出了按照季度总收益排序的，每个季度之初持有的上市公司股票的相关情况（不包括持股比重小于0.01%的股票）。A组显示了1921年至—1946年整个期间的平均年化收益，以及三个子时间段的收益。它列出了表现最佳的五只股票的毛收益、市场调整收益、五只股票的权重总和（VW），和其他股票权重相同条件下的五只股票的权重总和（EW），以及VW和EW条件下它们市场调整收益的贡献总和。B组对表现最差的五只股票重复了相同的分析。

表2.3　表现最优和表现最差的五只股票（1921—1940年）

%	毛收益	市场调整收益	权重		市场调整权重	
			VW	EW	VW	EW
A：表现最优的五只股票						
1921—1946	28.5	25.4	16.5	15.6	3	3.3
1921—1929	16.3	12.9	27.6	25.1	3	2.7
1930—1939	37	34.9	13.7	12.4	3.8	4.4
1940—1946	30.9	26.6	7	8.9	1.7	2.4
B：表现最差的五只股票						
1921—1946	−19.2	−21.3	11.7	15.6	−2.1	−3.1
1921—1929	−14.8	−17.6	20.4	25.1	−3.0	−4.1
1930—1939	−25.0	−25.9	6.1	12.4	−2.1	−3.3
1940—1946	−16.0	−18.9	6.1	8.9	−1.1	−1.7

　　就20世纪20年代和30年代的平均情况来看，凯恩斯只是略微在表现最好的五只股票上增加了资金配置，并在20世纪40年代对它们进行了减仓。在减持表现最差的五只股票方面，凯恩斯的处理稍微好一些，并通过这种做法在3个子时间段增加了投资组合价值。这表明，尽管凯恩斯是一位集中投资者，但是他缺乏辨别哪笔投资能超额表现的能力，或者说，如果他拥有这种能力，却没有把精力集中在这些投资上。接下来，我们将考察凯恩斯最重要的贡献——集中投资的哲学。

■ 凯恩斯关于集中投资的研究

　　应该说，很少有投资者，能比我更早地摒弃了获取资本利得的企图。我将自己置于争议和讨论之下，因为总的来讲，我开始尝试看向更远的未来，并且准备忽视短期的波动……我的目的是

> 买进那些我对其资产质量和盈利能力都很满意的企业的股票，同时也要求这些股票的市价相对于其企业资产质量和盈利能力而言看起来很便宜。
>
> ——凯恩斯

凯恩斯在《通论》中写道，成功的价值投资"在如今已经难到几乎不可能施行"。

企图开展价值投资的投资者，与那些企图比其他人更准确地猜测人群行为的投资者相比，必须过着更辛劳的日子，承担着更大的风险，并且在其他条件相同的情况下，可能犯下更严重的错误。和"抢跑行为"（指通过猜测人群的行为并提前行动）相比，开展价值投资要求有更出众的智慧，来击败时间以及我们对于未来的忽视。此外，生命并非足够长久——人的本性是渴望速效，对快速赚钱有一种特别的热情，而遥远的收入会被普通人以很高的比率折现。对完全消除赌博本性的人来说，专业投资游戏无聊透顶而又过于严苛；而拥有赌博本性的人又必须为这个习性付出一定代价。

凯恩斯写道，其原因就在于——尽管现有投资收益的每日波动明显短暂且不甚重要的，但是它们合起来却对市场产生了过度的甚至是荒诞的影响。能够忽视这些日间波动的投资者相比那些从这些波动中寻求收益的投资者拥有巨大的优势。将精力集中在长期投资上的一个必然结果是要承担短期内收益劣于市场的风险。钱伯斯等人在报告中指出凯恩斯投资组合的追踪误差——其收益偏离市场收益的程度——达到了13.9%，差不多是今天一家机构基金代表的4倍。当追踪误差为正时，经理人就打败了市场；而当追踪误差为负时，尽管经理人肯定能偶尔取得超过市场的收益，但总的来说，经理人的投资收益劣于市场。凯恩斯写道，无论哪种情况发生，在常人眼中，这种人都将被视为"古怪，非常规，而且轻率鲁莽"。

> 如果他成功了，那仅证实了大家对其轻率鲁莽的看法。如果短期内没能取得成功（这很有可能发生），他也得不到任何同情。世俗的经验告诉人们，对于名誉而言，循规蹈矩的失败比推陈出新的成功要好。

凯恩斯很清楚自己在说些什么。他在两家投资机构董事会的任职和管理投资组合是两段非常不同的经历。这些经历展现出来了对于准备逆流而上的投资者而言的机会以及相应的风险，也表明了投资者做好"无论有多艰难都坚定持股"的准备的重要性。

国王学院的行政任命允许凯恩斯进行长期投资并经受任何时期内的市场波动，他从这项任命中受益良多。为了给国王学院捐赠基金带来收益，他可以自由地做出投资决定，在必要时甚至可以改变投资方法，建立高度集中的投资组合。这允许凯恩斯可以在投资组合中建立极不寻常的仓位。钱伯斯等人认为凯恩斯能按照自己的意愿进行投资的这种权威是他作为一个投资家的最大优势。1938年，国王学院捐赠基金中的自主型投资组合遭遇了最严重的单次下跌——暴跌了22.6%，市场却仅下跌了8.7%。但是学院允许凯恩斯以不受打扰的姿态继续担任投资管理人的角色。自主型投资组合很快从损失中恢复过来，在之后的几年里，尽管1940年该投资组合再次经历了下跌，它却再也没有触及1938年的低点。1941年末，它超越了1937年的顶点，并在之后的5年里完成了翻倍。直到1946年与世长辞，凯恩斯一直都在管理着这一投资组合。

从1938年的低点算起，凯恩斯管理的国王学院自主型投资组合每年取得了13%的复利收益率。（即使是曾经暴跌40.1%的切斯特基金——自主型投资组合中一个更具波动性的子投资组合——到了1943年的时候也超越了其1937年的顶点。和自主型投资组合中的其他子组合一样，该基金再也没有重蹈覆辙，自1938年低点始，它取得了12.4%的年化复利收益率。）同一期间，市场的波动虽然更为轻微，但是直到1940年触底，市场才止住了下跌的势头，而且直到1942年才重回1937年的高位。从低点算起，市场的年化复利收益率只有6.5%，是凯恩斯管理自主型投资组合的收益的一半。

国王学院宽松的环境氛围对凯恩斯获取长期投资回报大有裨益，这与凯恩斯担任投资经理时的经历迥然不同。凯恩斯曾在国立共同人寿保险公司（National Mutual Life Assurance Society）担任过主席一职。1919年，经任命，他进入了这家古老机构的董事会。凯恩斯被推选为这家保险公司的主席，并从1921年起开始帮助管理其投资组合。1937年，该投资组合遭遇了巨额的损失，合计达641000英镑（6100万美元）。当凯恩斯正在从心脏病发作中逐渐恢复时，保险公司的代理主席，F. N. 柯曾（Curzon），声称要凯恩斯为损失负责。柯曾和董事会批评了凯恩斯在市场下跌中仍然坚定持有的投资策略。1938年3月，在给柯曾的回复中，凯恩斯写道：

1. 我不认为在很低的价格出售股票是对错失高位出售时机的一种补救……当股价已经跌破了内在价值和长期中股价大概率水平的合理估计值时，就不需要再做无用功了。想弥补之前策略中的错误已经来不及了，正确的做法是接受现实，安于现状。

2. 在市场底部来临时仍然坚定持有股票，对此我并没有感到任何羞愧和内疚。我认为，对一个机构投资者或者其他严谨的投资者而言，总是考虑在下跌的市场中是否应该减持或者继续持有股份，或者对自己管理的投资组合的贬值感到备受谴责，实在没有必要，更远非责任所系……对一位投资家而言，最根本的是聚焦于，或者说应该聚焦于长期回报，并应当只根据这些来单独做出判断……在市场跌入深谷时清仓股票谋求套现的这种观点不仅荒诞，甚至对整个系统来说，都是一种破坏。

3. 我不认为我们的所作所为特别糟糕……如果我们从事证券交易，出现巨幅波动本身就是不可避免的。

当世界濒临第二次世界大战的边缘时，董事会希望凯恩斯出售股票，并将组合中的投资调整为更安全的资产，比如黄金或者政府债券。凯恩斯拒绝屈服，1938年10月，他饱含厌恶地辞去了主席一职。凯恩斯在一家较小的家族式保险公司——弗朗西斯·斯科特管理的省际保险公司中的经历和在国王学院中的经历有些相似。1923年，他被任命为董事，并在1946年辞世前，一直担任此职。通过与斯科特之间频繁的书信往来，凯恩斯使他信服了"在经济衰退中继续持股的优势"。

尽管伦敦遭遇了轰炸，美国看上去也对参战犹豫不决，凯恩斯还是坚定地继续持有其投资组合。他坚信英国必将战胜德国。沃斯克指出，凯恩斯的这种想法在1940年看来，实在是太过乐观：当时法国军队已经被击溃，英国派往敦刻尔克的远征军也被迫撤退，德国潜艇击沉的英国舰船吨数累计达150万吨。凯恩斯将之与1929年的情况做了对比，他说，就像市场崩溃之后又逐渐恢复一样，即使英国在第二次世界大战中不能胜出也没什么大不了的。他的一封早期信件对之做出了恰如其分的表述——"和世界末日一样让我茫然不解的正是无法确定的风险，而对这些东西发愁是毫无用处的。"当我们的眼光再向前看时就会发现，尽管不得不承受期间让人揪心的暴跌，但是凯恩斯的私人投资组合以及他在国王学院管理的自主型投资组合，最终都从暴跌后的低位恢复过来了。凯恩斯对1938年私人投资组合遭遇的那次暴跌感受颇深，该组合的资本从1936年年末的506222英镑（约合5200万美元）重挫三分之二，到1938年年末跌至181244英镑（约合1800万美元）。凯恩斯再也没能使之重返1936年的高位：1946年辞世时，凯恩斯的私人投资组合资本恢复至440000英镑（约合3000万美元）。

1938年5月——在寄给柯曾信件的两个月之后——凯恩斯在致国王学院资产委员会的备忘录中扼要地叙述了他的投资策略。国王学院的自主型投资组合，特别是切斯特基金，已经蒙受了巨大的损失——自主型投资组合当年损失达22.6%，切斯特基金的损失达到了惊人的40.1%，这分别是两者史上最差的业绩表现。相较于致柯曾的信中的强硬姿态，凯恩斯在备忘录中的口气要缓和得多，这也许是他在两种情况下得到不同回复的原因所在，但是他在备忘录中概述的投资原则依然不容协商。在备忘录中，凯恩斯对长期集中价值投资的基本原理进行了十分清晰的描述。就如他在20世纪30年代早期与P.R.金融公司董事会的争论所表明的，凯恩斯一开头就解释自己为什么不再相信他自己的信贷周期理论支撑的市场择时投资策略：

> 我们无法证实在交易周期的不同阶段，投资者能借助一般系统性波动来买进和卖出普通股。信贷周期理论在实践中意味着：在下跌的市场中卖出市场龙头股，在上升的市场中再买进它们。考虑到交易费用和损失的利息，这种交易策略需要投资者有高超的投资技巧才能赚取大笔利润。
>
> ……
>
> 有了这些投资经历，我很明白的一点就是，有很多原因都表明，大规模移仓既不可行也不划算。那些认为买进太晚或卖出太晚而且总认为操作太少的投资者们，大多数都承受了沉重的成本，而且变得愈发犹疑不决和胡思乱想。这种情况一旦弥漫开来，就会产生巨大的弊端，加剧波动的程度。

在随信寄给学生理查德·卡恩（Richard Kahn）的一份笔记中，凯恩斯对基于信贷周期理论的市场择时投资策略的失败深表痛惜。他写道，"在将近20年的时间里，我在5个不同的工作组中尝试了这种投资策略，却从未取得过一次成功。"在致国王学院的信中，凯恩斯继续从三大原则的角度，阐释他的投资哲学核心。他相信，这三大原则会带来可靠有效的投资回报。凯恩斯写道：

1. 仔细地挑选一些投资机会（或者一些类型的投资）。选择标准就是：这些股票相较于若干年后其可能的实际内在价值或者潜在内在价值，以及相对于当时市场上的其他备选投资机会，已经显得很便宜。

2. 重仓买进这些股票，无论发生什么情况，坚定地持有。持有期也许会是很多年，直到实现了预期的收益，或者有明显证据表明当初的投资是错误的。

3. 注意平衡仓位，即，尽管每只股票的投资规模很大，但是依然存在各种风险，如果可能的话，对冲这些风险。

最终，凯恩斯说，"理想的投资组合"介于买进真正安全的未来收益（这种情况下，未来的升值或者贬值将取决于利率水平），和买进你认为能大幅发展以至于足以抵消相当多的黑天鹅事件影响的公司的股票之间（这需要世上的最佳投资技巧）。这是一个十分有创造力的想法，是凯恩斯从其将近20年的投资管理生涯中——包括了1929年股市大崩溃、经济大萧条——艰难凝练所得。这个想法还提前10多年预示了格雷厄姆在《聪明的投资者》一书中概述的比较哲学。

凯恩斯回避了后来发展为现代投资组合理论的极端分散化的投资思想，并在所持的核心股份上巨额集中投资。根据现代投资组合理论，只有一个投资组合包括了在股市中的每一家上市公司的股票（或者从纯粹学术的角度来说，包括了地球上的每一种资产），它才能被视为充分分散化。另一个极端就是，只有当一个投资组合仅包含一种资产时，才被视为集中投资。投资者们在建立投资组合时，必须在通过集中投资使收益最大化和通过分散投资使风险最小化之间作出权衡取舍，投资者倾向于哪一方取决于许多考虑因素。随着时间流逝，价值投资者的投资收益表现取决于投资者鉴别，尤其是坚定持有低估股票的能力，格雷厄姆认为这些低估股票具有最宽阔的安全边际。当投资组合中股票种类增多时，每一支额外增加的股票的低估程度和其安全边际都会减小。孤立来看，这也许意味着，最佳的投资组合应该只包含一只股票——低估程度最大的那一只——但这样做的话，会使投资者的整个投资组合都暴露在那只股票的风险之下。投资者们因而必须平衡通过单一持有低估程度最深的股票来实现收益最大化的期望和最小化任意一只股票的风险的期望。那么，一个投资组合中的最佳持股数量是多少只呢？答案取决于投资者的投资技巧。

技艺超群的投资者可以通过最大化投资组合中每一笔投资的安全边际来实现长期收益最大化，这就是说，将资金集中投资在最佳的机会上。想要"技艺超群"，投资者必须能够鉴别出哪些股票比其他股票的低估程度更深，并进而建立一个只包含低估程度最深的那只股票的投资组合。这样做的话，投资者需要承受巨大的风险——无法预见的某一事件导致所持股票内在价值发生无法弥补的损失，这种事件可能是财务困境，也可能是财务欺诈等。这种内在价值无法弥补的损失，在价值投资著作中，被称为资本的永久损失。它是价值投资者最需要考虑的一个问题。需要注意的是，价值投资者们试图规避投资组合中所持股票的永久资本损失，但是他们也承认，投资组合中所持股票的市场价格围绕内在价值的波动是无法预见也无法控制的。因此价值投资者需要能够单单依靠股价的下跌（要么被忽视，要么能被予以利用），而不管下跌的程度，来区分企业的根本价值是部分还是完全缩水——这是价值投资者们需要考虑的一种风险。整个投资组合的价值受其中某一笔遭遇永久资本损失的投资所影响的程度，取决于这单笔投资占整体投资组合的权重——权重越大，对整体投资组合的影响越大。因此投资者越倾向于集中投资，整个投资组合受单笔投资不利事件的影响也就越深。凯恩斯这样描述他眼中的风险：

> 我对于风险的看法是，重仓买进你坚信的股票，好过将资金分散在你缺乏同样信心的领域。但是也有一种可能，你基于错觉建仓，以为自己拥有了最好的投资机会。

凯恩斯继续写道，他相信，对于那些缺乏价值投资技巧的投资者来说，更适宜的选择还是完全分散的投资策略：

> 如果假设一名投资者完全缺乏相应的知识，将投资分散在尽可能多的领域可能是最明智的投资计划。而这很可能就是一种更安全的假设。

凯恩斯相信，缺乏专业技巧的投资者可以通过控制囊括各种单笔投资的投资组合的风险水平，来实现长期收益最大化。在今天，他们可以通过市场指数追踪基金达成这一目标，不仅可以将投资分散于市场中的各种资产，还能使得成本最小化。技艺超群的投资者则可以评估组合中每单笔投资发生财务困境或者财务欺诈的风险，以此来控制资本永久损失的风险，并相应地确定投资的规模。

　　一种与投资组合遭受永久性资本损失的风险相区别的风险，是投资组合随组合内证券价格变化而波动的风险，不管是绝对意义上的还是相对于市场来说的。绝对变动，或者说股价涨跌，叫作波动，而与市场表现的偏离被称为追踪误差。凯恩斯的股票组合就有很高的追踪误差和高于可比较的市场组合的波动率。这使得他可以施展技巧超越市场，代价则是一定时期的较差表现和投资组合的波动性。在国王学院任职的时候，这不是什么问题，但是在国立共同人寿保险公司任职的时候，这种投资方法直接导致了凯恩斯的辞职。投资者们需要考虑他们能忍受这些风险的程度。投资的集中度越高，投资组合的波动性就越大，收益偏离市场收益表现的程度也就越大。完全分散的投资能带来市场收益，并使得追踪风险最小化。仅由一只股票组成的集中投资组合，将整个组合的收益完全寄托在该只股票的收益表现上，其追踪风险也最大。现代投资组合理论认为，投资者最佳的选择是广泛分散的投资组合，也许是基于市场指数构建的投资组合。价值投资理论认为，错误定价的确存在，能鉴别出这些错误定价的证券的投资者们可以通过在组合中多配置些低估的股票，少配置些高估的股票，据此可以击败市场，取得超过市场平均收益的回报。

　　凯恩斯给人印象最深的特征是，他有能够从自己的错误中吸取教训，并调整投资哲学的能力。钱伯斯等人的研究表明，凯恩斯在国王学院的投资表现并非总是一流。他在投资之路上并非一帆风顺。但值得称道的是，凯恩斯在看到令人失望的投资回报之后，最终摒弃了自己由上而下宏观经济的市场择时投机策略。钱伯斯等人进行的统计测试也证实了凯恩斯的观点——他确实缺乏市场择时的技能。由于凯恩斯的名声和他作为经济学家的投资技巧紧密相连，上述的投资风格转变一定特别困难。他不得不半公开地承认，自己的宏观经济思想没有给他提供任何"卓绝认知"。在1932年投资思想发生转变后，凯恩斯的投资收益开始改善。钱伯斯等人注意到，这种后续的收益改善起因于"他再也不用做自上而下的资产配置决策。以前正是这种决策，破坏了凯恩斯的择股本能。"他现在可以将更多的精力放在决定何时买进他喜欢的那些股票上。整个20世纪30年代，凯恩斯为国王学院管理的投资组合，业绩基本上都超过了市场水平——除了1938年，在这一年里，凯恩斯损失了三分之二的财富。但是损失很快又被弥补。向长期"买入并持有"型的价值投资策略的转变，使得凯恩斯能在1938年市场暴跌时（凯恩斯面临的最后一次考验），仍继续保持其仓位。通过此番做法，他提供了一个绝佳的范例，展示了聚焦于长期投资，并能在经济和金融市场衰退时特立独行的投资者所拥有的天然优势。

在凯恩斯就任国王学院首席财务主管期间——这段时间包括了1929年股市崩溃、经济大萧条以及第二次世界大战——凭借着凯恩斯高超的投资技巧以及现金流入，国王学院的自主型投资组合从2万英镑出头增长到82万英镑。在1946年之前的四分之一个世纪里，凯恩斯为国王学院管理的自主型投资组合取得了16%的年化收益率，每年超出可比较的英国证券市场收益5.6个百分点。取得如此成就的同时，相较于英国证券指数，凯恩斯也面临着很高的追踪误差，差不多是当时美国大学捐赠基金的追踪误差的4倍。鉴于还有其他的事情占据了不少时间和精力——包括学者的身份和在公共服务领域的工作——凯恩斯在国王学院取得的投资记录是卓越非凡的。当凯恩斯将投资组合进行集中时，他采取了一些很特别的方式。钱伯斯等人发现凯恩斯缺乏鉴别那些定价错误更严重的股票的能力，也不善于通过在那些股票上集中投资来实现资本积累。在下一章里，我们将考察凯恩斯的直觉的数理拓展以及一位提出并运用这个构思的投资大家。

CONCENTRATED
INVESTING

第 3 章

凯利、香农和索普：

量化投资者

我继续买进艾默生电气公司的股票。经纪人问我，"如果明天你的账户继续下跌，我要怎么做？"这个问题让我开始动摇。我现在已经损失了1500美元。未来它还能跌多少呢？

1958年年初，艾默生电气公司的股价开始上涨，我把股票卖出后挣了500美元。一年之后，艾默生电气公司股价增长了三倍。错过的巨额利润和股价的剧烈波动让我十分懊恼。

——索普、卡索夫

在1983年，一位曾研究数学的教授用可转换套利领域的罕见方法完成了纽约证券交易所有史以来规模最大的美元计价股票拍卖交易，交易的标的是美国历史上最大的公司的股份。奇怪的是，在这价值10亿美元的交易中，他用了三分之二的部分——3.3亿美元做多Ma Bell（即AT＆T，美国电话电报公司），3.325亿美元做空待发行的Baby Bell（即AT＆T的子公司）——却只获取了微不足道的250万美元的收益。更为奇怪的是，他的基金只有1500万美元的资产，这样一个小型的基金怎么有胆量参与到这样的大宗交易中来呢？或者说，为什么这样小型的基金都能被允许参与这样的交易？Ma Bell是AT＆T的绰号，该公司于1877年在发明家亚历山大·格雷厄姆·贝尔的专利基础上成立，但当时即将破产。美国司法部曾在1974年根据谢尔曼反托拉斯法案判定AT＆T存在反竞争行为，并责令整改。直到1982年，AT＆T都一直在为此抗辩，但最终它选择了屈服并达成一份承诺协议：拆分旗下的22家本地交换局服务公司。本地交换局服务公司被分为七个独立运营的公司——就是所谓的Baby Bell——并于1983年被分配给Ma Bell的股东。贝尔实验室，西部电气公司，及其长途业务上的利润仍归Ma Bell所有。每一个Ma Bell的老股东都将获得包含新Ma Bell和七个Baby Bell股权的一揽子证券。虽然老Ma Bell和这些新公司拥有一样的业务，但投资者对Baby Bells的巨大兴趣还是让Ma Bell的股票价格上涨了0.76%，即每100美元上涨76美分。对于大多数投资者来说，这点上涨幅度不值得大加关注。但对于依靠灵活套利谋生的爱德华·O. 索普（Edward O. Thorp）来说，这是一个难得的机遇。为了赚取有意义的回报，他需要在这微小的上涨幅度上进行大笔的投资。他投入了6.625亿美元，却只用来赚取250万美元。他怎样解释为了如此微不足道的回报，冒险投入这么大笔的资金？索普有自己的秘密。他运用了一个鲜为人知的公式来寻找最佳仓位规模，这个公式有一个神秘的名字——凯利准则。无论他在交易的细节中怎样运用这一准则，结果都是不可避免的：孤注一掷。

■ 克劳德·香农和爱德华·索普

1960年11月，作为博士后研究员的爱德华·索普在麻省理工学院工作。在美国数学学会的年度会议上，他提交了一份讲话的摘要，《财富公式：二十一点的游戏》。这份摘要描述了在二十一点游戏中打败对手的方法，但是选拔委员会准备将这篇摘要拒之门外。因为每年美国数学学会都会收到"无数异想天开的人"的报告，他们都宣称自己解决了不可能完成的数学谜团。他们很喜欢提交关于"如何在长期看来会赔钱的负值期望的赌博系统中获胜"的方法理论。要不是该委员会的成员，数论学家约翰·塞尔弗里奇（John Selfridge）求情，索普的报告就已经和其余这类报告一样被该协会的评选委员会拒绝了。塞尔弗里奇极力说服怀疑者们，声称自己了解加州大学洛杉矶分校的索普，他自己也是在那里获得数学博士学位的。塞尔弗里奇告诉这些人，索普没有说胡话。委员会纠正了错误，随后，索普于1961年1月在美国数学学会上发表了他的报告。这份报告就是《打败庄家》一书的雏形，众多书籍和数以百计的技术文章从这本书中获得了灵感，该书现在被视为赌博著作领域的经典。

在自己那本精彩的著作《财富公式》中，威廉·庞德斯通（William Poundstone）重述了索普的主要观点——赌场里玩的二十一点只使用一副纸牌，而且没有经过洗牌。在像索普这样的数学家看来，这意味着二十一点的上下家的牌之间不是彼此"独立"的。没洗牌的情况下，上家牌的信息可以用于推测下家的手牌。所以，赌客们需要做的是跟踪那些已经废弃的牌，并在心中做好记录。当记录指出将发的牌是有利抑或是不利的时候，玩家据此调整他们的下注。玩家需要耐心等待，直到记录表明将发的牌对其有利时，就大手笔下注。当然，这种情况也会有上下波动，但在经过多轮之后，妥善利用这种优势，将有很大的可能性战胜对手。但当玩家持有优势时应该下多大的赌注？牌面对玩家不利时又该如何下注？

索普与麻省理工学院的同事克劳德·香农（Claude Shannon）讨论了他对于二十一点游戏的发现。克劳德·香农是杰出的数学家，他那篇1948年的硕士论文一手创立了信息理论，并迎来了数字电路和计算机的时代。香农的论文解决的是如何在有噪声干扰的情况下传输信号。问题是，增强信号的同时也增强了噪声。那么，怎样才能在传输消息时，即使听错或者没有听到信号，也不会丢失它的信息？为了解决这个问题，香农的论文提出了使用二进制数字，或者称作比特，来作为信息的基本单元。这篇论文被描述为"可能是20世纪最重要的，也是最有名的的硕士论文"。一个比特只有两个值：0或者1，这可以解释为真或假、是或否、开或闭，从而允许在布尔代数中进行应用，以解决任何逻辑关系。香农的论文的一个内在含义是，电气开关可以执行逻辑功能，从而奠定了所有的数字电路和计算机科学的实用基础。在学术工作之外，香农会参与一些不寻常的消遣活动，包括杂耍、独轮车和摆弄电气装置。对于任何吸引了他的注意的东西，香农都会用异常旺盛的精力去研究它，直到对它了解透彻，然后去寻找下一个目标。1960年，当索普和他讨论二十一点游戏中的赌注大小调整问题时，香农对此很感兴趣，并像往常一样竭尽全力解决问题。他回忆起了一篇5年前的文章，文章是贝尔实验室的同事参考其1948年的硕士论文写的，正好是关于这个问题的。

在20世纪50年代后期，香农就已经开始深入地研究股市。他想知道他的信息理论是否会帮助他解析市场的随机变化。为了开展研究，他浏览了众多书籍（多到能装满3个图书馆书架），包括亚当·斯密的《国富论》、冯·诺依曼与奥斯卡·摩根施特恩合著的《博弈论与经济行为》、保罗·萨缪尔森的《经济学》和弗瑞德·史瓦德（Fred Schwed）的《客户的游艇在哪里》。在一个笔记本上，香农记录了众多思想家的名单，包括法国数学家路易斯巴施里叶（Louis Bachelier）、本杰明·格雷厄姆和本华·曼德博（Benoit Mandelbrot）。他把有关保证金交易、卖空、止损指令、市场恐慌的影响、资本收益税和交易成本的情况都记录了下来。香农唯一保存下来的研究文件是1956年他在麻省理工学院春季学期一个名为"信息理论研讨会"的课上演讲时的油印讲义。根据讲义，这个名为"投资组合问题"的演讲，涵盖了"64000美元问题"，关于赌马提示的有线服务以及凯利准则。遗憾的是，除了这些没有任何其他资料留下来。

演讲的题目、有关"64000美元问题"的内容以及有线服务，使得这个演讲听上去很有可能是关于赌注大小的。"64000美元问题"是1955—1958年在美国播出的一档游戏节目。在这个节目中，选手回答他们选择的自己精通领域的问题。如果答对了问题他们就会赢到钱。第一个问题答对时，选手将得到1美元的奖励。答对了第二个问题，选手能得到双倍的奖励即2美元，第三个问题的奖励再翻一倍到4美元，以此类推，答对问题的奖励分别为16美元、32美元直到64000美元的最终大奖。一个参赛者可以在已经赢得了512美元或者更多奖励的情况下拿着他们的奖金退出比赛。不过，如果他们选择继续答题，他们就有可能失去他们之前赢得的所有奖金。每个接下来的问题都会比上一个更难。错误的答案意味着损失所有奖金，但是如果参赛选手已经赢得了512美元，那么依旧会给他一个安慰奖——512美元，这样一来，选手最终将只获得这么多奖金。如果选手已经赢得了4000美元，那么他们可以得到一辆凯迪拉克。这档节目取得了巨大的成功，当它播出时，竟然有高达85%的收视率。"64000美元问题"是连本带利赌博策略的代表——每一轮下注，投注者将所有的钱都押上，如果赢了就意味着获得根据赔率计算的奖励（在"64000美元问题"中赔率是1：1）；如果输了就意味着失去所有的钱经。

约翰·凯利是和香农一起在贝尔实验室工作的物理学家。凯利是得克萨斯人，喜欢射击，而且酷爱吸烟。他发现了节目中隐匿的骗局。这档节目在纽约拍摄，并且在东海岸现场直播，三小时后，节目在西海岸重播。西海岸的一个赌客能够通过电话得知获奖者的人选，并于节目在西海岸播出之前将赌注押到结果上。凯利对西海岸赌客这种针对内幕信息进行下注的行为的获利概率很感兴趣。他想知道赌客在这种情况下会下多少赌注。这种情况诱惑赌客赌上一切，但凯利经验老道，他知道在现实中"确定的事情"有时并不那么千真万确，并且一个赌客赌上一切就会有失去一切的风险。一个小的赌注将避免灾难性的损失，但也会失去利用难得的优势获得大量回报的机会。使得赌客回报最大化的最佳下注规模是多少呢？凯利想知道是否可以利用香农的信息理论来解决这个问题。在和香农讨论完这个问题后，香农劝他将研究成果发表出来。1956年，凯利的论文在《贝尔系统技术》杂志上发表，论文的题目很普通：《信息率的一种新解释》。凯利本来想给论文起名《信息理论与赌博》，但一些AT&T公司的高管担心这个标题和关于"私人电话"的讨论，会让读者联想到公司曾经将电话出租给犯罪团伙——这些人利用电话通信设施将赛马结果报告给赌注登记经纪人。在AT&T公司的压力下，凯利更改了题目。

在他的论文中，凯利举的例子是赌客投注棒球比赛——而不是赛马，就像经常报道的那样——通过"无噪声"私人电报，这些赌客在比赛结果公开之前得到完全准确的比赛结果。如果球队旗鼓相当，赌客就能够获得赌注——赔率是1：1——即使他知道游戏的结局。在这个假设的例子中，赌客获得了完美的信息，那么他可以赢得多少就只取决于他选择下多大赌注。他将会下多少赌注呢？如果他赌上他的一切，其资本就会呈指数型增长，n次投注后，他拥有的资金就是原有资金的2n倍。举个例子，如果他开始有100美元，然后就会增加一倍达到200美元，接着就是400美元、800美元、1600美元、3200美元，以此类推。10轮下注之后，原有的赌注就会有100×210美元，即102400美元。要注意的是，在经济学中，资本的指数增长并不少见。凯利认为赌客的资本如果按周衡量，就相当于一个按周计算复利且每周收益率为百分之百的投资。这让他得出一个关于数量G的方程，凯利把G叫作赌客资金的指数增长率。

现在凯利假想有一个"嘈杂"的私人电报线路，并用它来给赌客传递棒球比赛的结果。传递的信息错误的概率为p，正确的概率为q。现在，如果赌客仍然每次都把他的所有资金全部下注，那么同样的公式仍然会使其资本的预期值最大化，但他也很有可能会破产。在传输过程中的任何错误都将会导致破产，并且，如果他总是用电报来搜集信息，那么他肯定会收到错误的传输结果。现在凯利考虑的是，如果赌客只将他资金的一小部分下注，结果又会怎样呢？他应该下多少注？最佳的赌注规模应该能够让赌客资金的指数增长率G最大。凯利采用香农信息论论文里的传输速度定律，将之简化如下：

$$f^* = \frac{bp - q}{b} = \frac{p(b+1) - 1}{b}$$

其中：f^* 是当前资金用来下注的比例；

b 为下注净赚到的钱（形式为 "b 比 1"）；也就是说下 1 美元的赌注可以赢得 b 美元（并且返还你的 1 美元的赌注）；

p 是获胜的概率；

q 是失败的概率，也就是 $1-p$。

也许这个方程显得比较复杂，它可以进一步简化成 "预期获益/赔率"，这是在实际中可以凭经验直观得到的。如果凯利赌客参与一个胜负概率均等且不具备预期收益的赌博——例如抛硬币，投注者不管怎么下注，他可能得到双倍赌注，或者失去赌注——那么，最佳赌注是零。在没有任何优势的情况下，凯利公式不会让赌客参与赌局。如果结果是确定的，凯利公式就会建议把所有资金都压上。考虑到可控的因素，公式根据所提供的赔率、优势以及赢的概率发生变化。拥有更有利的赔率或更大的优势时就增加赌注规模。当赔率较为不利或者优势较小时就减小赌注规模。"凯利" 式赌客遵循着与传统赌客不同的标准。每一次赌博中，假定是重复投注的话，"凯利" 式赌客寻求资本对数期望值——复利回报——最大化。在他的论文中，凯利认为这个模型也可以适用于某些其他的经济状况。此时，公式只需要知道利润再投资的概率和当事人变更投资或下注的资金数量的能力。

让我们套用凯利公式计算我们需要下注的规模。有一个势均力敌的赌局，赔率为 1∶1，获胜的概率为 51%。凯利公式建议的的最佳赌注大小为2%，或者说有100美元就下注2美元。

$$f = (bp - q)/b$$

$$f = (1 \times 0.51 - 0.49)/1$$

$$f = 0.02或2\%$$

我们也可以重新利用凯利公式，来确定"64000美元问题"中的选手继续回答后续问题所需的自信程度。如果我们被迫把所有资金都押在势均力敌的赌局中，凯利的理论指出，我们需要确保必胜，才能进行下注。如果下注次数足够多，只要赢的机会小于100％，选手最终总会输掉全部资金。在这种情况下，"64000美元问题"的参赛选手确实需要掂量好自己的能力。有趣的是，当选手已经赢取了至少512美元后，安慰奖显著地改变了赔率。把这些因素都考虑到公式中，将导致游戏的玩法发生显著的变化。奖金额度达到512美元之后的每个后续问题都是真正意义上的势均力敌的赌局。当奖金正好为512美元时，下一个问题将提供毫无损失风险的机会，使得资金可以从512美元增加一倍到1024美元。凯利公式建议选手参与这个赌注。下一个赌局中，选手冒着损失1024美元中的512美元（1024－512）的风险，来赢取976美元（2000－1024），如果参赛者估计她或他有67%或者更高的答对的概率，也就是说，如果他们认为三次机会中会有两次猜对，那么凯利公式建议选手参与这个赌局。再接下来的一个赌局中，选手冒着损失2000美元中的1488美元（2000－512）的风险，来赢取2000美元（4000－2000）。但同时它也在接下来的问题中给选手提供了一个机会：如果他/她继续回答问题正确，就一共赢取了8000美元，如果答错了，也可以获取价值约4000美元价值的凯迪拉克。后续问题中的这个机会极大提高了本次赌局中对他们有利的几率。剔除赢取凯迪拉克或者8000美元的机会，凯利公式建议选手只有在认为自己有85％或更高的概率回答对问题时继续参与问答。而将赢取凯迪拉克或8000美元的机会考虑进来后，这个概率则会被小幅下调到81％或者略高，大概相当于5题答对4题即可。这需要选手的自信，而不是十足的把握，以及改变游戏的动态机制使之足以鼓励参赛者继续往下答题，这使得游戏变得更精彩。

在他的有生之年中，凯利晦涩的论文没有得到承认。1965年，他在人行道上突发中风，医治无效死亡，年仅41岁。他从来没有用自己的公式参与赌局，不得不说，这是个传奇。然而，他一定已经知道，凯利公式正被应用于赌博之中——不是棒球比赛或者赛马，而是二十一点。1960年，索普想出了如何结合他的纸牌记录系统和凯利公式来击败庄家的方法——不只击败一个庄家，而是许多庄家。他和香农去了赌场，有时为了避免被发现，他们会戴上假胡须或者太阳镜，然后不断地参与二十一点的游戏。庞德斯通说，索普在拉斯维加斯成绩斐然，以至于赌场开始采取"反制措施"对付他，这些措施包括增加纸牌数量，更加频繁地洗牌，选用能通过操纵纸牌进行作假的庄家，对索普进行人身威胁，最后直接粗暴地禁止他进入赌场。很快，索普发现二十一点趣味不再，也难以盈利，他开始专注于股票市场。索普把二十一点游戏看作资本市场的效率的典范，他写道，"那些拥有最好的信息或有最高超技巧的人总能够最大限度地利用资源。"为了验证这个重要理论是正确的，他开始投身于股票市场。

对于索普来说，将相同的赌博准则应用于确定投资规模而非赌注大小是很轻松的。毕竟，凯利是使用计算复利的公式推导出了他的公式，这就为该公式应用于其他经济情形留下了可能性。在这里，运用凯利准则的唯一要求是，允许利润再投资和投资的金额可变。埃尔温·伯莱坎普（Elwyn Berlekamp）是加州大学伯克利分校的数学教授，曾经在1960年和1962年担任凯利研究助理，并且和香农在1967年合作写下有关信息理论的最后一篇论文。2005年，他写下了关于凯利公式应用于投资的情况：

> 在理想化的模型中，投资组合经理拥有所有潜在投资项目各项资产未来收益情况的精确概率分布。凯利的方法提供了关于在各个备选资产上配置多大规模资金的定量规范。意料之中的是，投资者的投资组合中，投资预期回报率为负的资产的那部分，资金配置将会变为零。大多数有正的预期回报率的资产，才值得成为投资组合的一部分。在期望收益率类似的资产中，回报比较稳定的资产将比那些未来收益有重大损失风险的资产占有更大权重，即使这些风险投资也有机会获得大的收益。

当索普开始他在股市的调查研究时，他又一次找香农进行了探讨。香农在20世纪60年代中期已成为其在20世纪50年代末深入研究的学科领域的大师。香农在股市第一次取得的成功是投资了一家麻省理工学院和贝尔实验室共同领导的刚起步的高科技公司。他的第一个巨大成功源于投资了哈里森实验室公司（Harrison Laboratories, Inc）的股权，该公司于1954年由贝尔实验室的前任科学家查尔斯·威廉·哈里斯（Charles William "Bill" Harrison）和他的妻子格温（Gwen）共同创建。公司生产的零部件用于制造彩色电视摄像头这一新兴领域。当惠普在1962年收购这家公司时，香农在并购中收到部分股权，并且被收益的规模所震惊。香农还投资了达因公司（Teledyne, Inc.），这个公司是由他在麻省理工研究生院的好朋友亨利·辛格尔顿（Henry Singleton）创建的。香农于1960年以1美元的首次公开招股价买进该公司的部分股权。到1967年，股票成交价是24美元一股。不是别人，正是巴菲特后来形容辛格尔顿是"管理巨星"，并称他创造了"美国商业最好的运营和资本配置记录"。香农继续留任达因公司的董事会，并在辛格尔顿的领导下，对潜在的并购提供技术和业务运作指导。1963年，香农开始支持来自麻省理工学院的另一个科技公司，科德斯公司（Codex Corporation）——这是一家制造调制解调器的公司。公司最终发展成了摩托罗拉，这是他的另一个取得巨大成功的投资。香农还投资了施乐公司（Xerox）的股权，但卖出太早，只赚取了很少的利润。

和凯恩斯一样，香农起初是一个市场择时者。与他不拘一格的做事方式相吻合，香农制造了一个电子设备，用于模拟资金进出股市的流动情况。设备显示股市会在1963年或者1964年下跌，香农转向防守，但牛市一直持续到1966年。1966年，道琼斯工业平均指数全面回调25%，回到了1963年的水平，香农明显感觉设备没有预料到这个时间点和回调的幅度，所以停止使用它了。随后，在热点技术IPO上的投资让他赚了点钱。庞德斯通讲述了索普上门拜访香农和他的妻子的故事，他在香农书房的黑板上看到符号 211=2048。当他询问香农这是什么意思时，香农顿了顿，然后解释说，一直以来他的钱都是一个月翻一番，他想知道每笔初始资金经过11次倍增后将是多少。在其整个30多年的投资生涯中，香农没有保持这样高的增长率，但他也确实创造了令人瞩目的记录。从20世纪50年代到1986年，香农的投资组合达到了28％的复利收益。具体来说，30年的时间里，以每年28％的复利收益取得的回报相当于初始投资的1645倍，尽管和香农在他的黑板上写的数字不太一样，但增长速度仍然令人难以置信。

作为一名投资者，香农声名远扬，因此成了股市上的抢手讲师。在20世纪60年代中期，他开始在麻省理工学院发表关于科学投资的主题演讲。科学的投资并不意味着技术分析。香农曾在20上世纪60年代早期在技术图表上花了很多功夫，但最终选择了放弃。他说，技术人员使用的价格走势图是"重要数据非常杂乱的再现"。香农讲授的是从股票的随机波动中获利的统计方法。其中的一个方法是庞德斯通命名的"香农的恶魔"。这一方法是建立现金和股票占相同比例的投资组合，并定期重新平衡以利用股票的随机价格波动。"香农的恶魔"工作原理是这样的：比方说，我们一开始就有一个价值10000美元的投资组合，那么我们就会手持5000美元的现金，中午的时候，用另外5000美元投资一只股票。在第二天中午，该投资组合需要重新平衡。如果股票下跌了，打个比方，跌了一半，那么投资组合现在价值7500美元（5000美元的现金和2500美元的股票），那么1250美元的现金就会被用于购买更多的股票使投资组合恢复平衡。重新平衡后，投资组合现在是3750美元的现金和3750美元的股票。在次日中午，该股票股价上升了一倍，那么投资组合现在价值11250美元，即7500美元的股票和3750美元的现金。两次交易后，虽然刚开始的股票没有起到任何作用（它的价格先减半，然后翻倍，回到它的初始价格），但是投资组合获利1250美元。图3.1显示了80天中"香农的恶魔"投资组合及股票价格的进展情况。

图3.1 "香农的恶魔"投资组合与股票价格

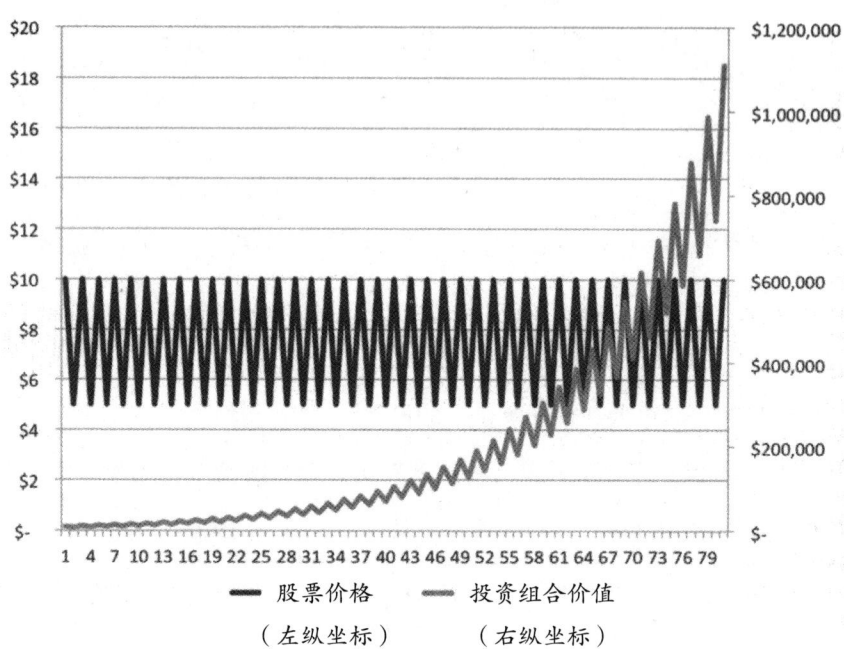

股票价格 投资组合价值
（左纵坐标） （右纵坐标）

如果我们每天都对投资组合进行重新平衡，股价日复一日地减半和翻倍，80天结束时，投资组合的价值将超过110万美元。这种情况是在股票市价实质上没有变化的情况下发生的——最终其市价仍然是它的初始价格，执行买入并持有的投资者将无法获利。这到底是如何发生的呢？"香农的恶魔"的关键是不断再平衡两个或者更多的不相关的资产。（相关资产同步调整，不相关的资产不同步调整。）再平衡的做法让投资者在低位时买入股票，并在高位时卖出。采用美元成本平均法建仓的投资者正是利用这一现象。当股票在购买的初始位置下跌后，平均成本策略让投资者在较低的位置购买更多股票。价值投资者卢·辛普森围绕一个价位进行长期的交易，当它超过初始价值时就减持，当它低于初始价值时就增持，这是此策略的另一版本。"香农的恶魔"是凯利公式的一个特殊情况，因为在每个时期，投资者都只拿出资金的固定百分比去参与赌局。在一次演讲结束时，有人问香农他是否在自己的投资上使用这个方法。庞德斯通记录了他的回答——"没有，获利会扼杀你。"那么，香农做了什么呢？

虽然香农是一个高产的科学研究者和作家，但他所有关于股市的研究都没有被整理成论文。庞德斯通记录道，香农曾考虑良久，打算出版一些介绍他的投资方法的书籍，但找不到足够多的研究过程中的原件。唯一留下来的同期笔记是1986年菲利普·赫什伯格（Phillip Hershberg）的一个采访，菲利普·赫什伯格是个投资顾问，在这之前是个工程师。庞德斯通仔细阅读笔记，并采访了赫什伯格，想尽力去了解香农的秘密。庞德斯通发现，香农不仅没有应用他的"香农的恶魔"投资方法，反而是一个坚定的买入并持有的价值投资者。由于相信股票价格"从长远来看，随着公司盈利增长"，香农寻求的是"根据我们对公司管理及人们对公司产品未来需求的评估，推断今后数年公司盈利的增长情况"。因此，关键的数据"不是过去数天或数月之中股票的价格，而是过去几年中公司收入是如何变化的"。香农在对数坐标系上绘出公司盈利曲线，然后推导出未来趋势。紧接着他思考会有什么因素可能使这个趋势继续延续下去。香农和他的妻子参观刚起步的科技公司去考察了管理情况。他们也很乐意测试公司销售的产品。庞德斯通讲述了香农一家在对肯德基进行尽职调查时，是如何为他们的客人购买及呈上炸鸡的。"如果尝试之后发现我们不喜欢它，那么我们根本就不会考虑投资这家公司。"（他没有告诉我们香农一家是否继续投资。）香农也是最早下载股价信息的投资者之一。在1981年之前，他就订阅了一个关于股价的服务并且使用他的苹果Ⅱ计算机将股价下载到电子表格中，它可以自动计算香农的投资组合的价值。赫什伯格的笔记包括了一份电脑打印文件，日期为1981年1月，其中包括表3.1所示的香农的投资组合。

表3.1　香农投资组合的收益和统计

公司	股数	买入价格	1981年价格	价值	收益率
百特国际	30	$42.75	$50.00	$1500.00	17%
皇冠柯克—西尔	50	$8.00	$31.75	$1587.50	297%
惠普	348	$0.13	$82.00	$28536.00	62,977%
国际香精香料公司	70	$26.50	$22.00	$1540.00	−17%
约翰哈兰德公司	1	$30.00	$39.00	$39.00	30%
马斯可集团	120	$1.63	$28.88	$3465.00	1,672%
M.I.L.I	40	$32.00	$28.13	$1125.00	−12%
摩托罗拉	1086	$1.13	$65	$70590.00	5,652%
施伦博格	22	$44.00	$108.75	$2329.50	147%
达因公司	2428	$1.00	$194.38	$471942.50	19.38%
合计				582717.50	

香农的价值582717.50美元的投资组合在2015年大约折合150万美元。这一数字不包括香农持有的另外一只股票数据海运国际公司（Datamarine International）的价值，香农告诉赫什伯格这是投资组合中表现最糟糕的。香农于1971年买进这只股票，从那时开始起算，它只有13%的年均增长率。

观察1981年快照，可以看到香农投资组合中有两个显著的特点。首先是高度集中：整整81%的投资组合资金配置在达因公司。他的第二大持股——摩托罗拉公司，占了投资组合的另外12%的资金。惠普是第三大持股，占比是5%多一点。另外七个持股合计仅占比2％。极度集中的原因是香农投资组合中第二个显著的特点：他不改变持有规模。香农在股价上升的过程中，只是简单地保留投资。这使得他在摩托罗拉身上最初的投资翻了57倍。达因公司是他最大的投资，令人难以置信地翻了194倍。惠普是他的第二大持股，在其平均购买价的基础上翻了630倍。甚至那些持有规模较小的持股也证明了他偏爱在公司成长过程中保留持仓。马斯可公司在投资组合中占比近1%，翻了17倍。皇冠柯克—西尔公司占投资组合的0.3％，相对于他最初的投资也上升了非常可观的三倍。香农投资的高度集中和不愿卖出是他有意识的抉择。他跟赫什伯格说，自己在过去30年中的任何时候，都没有试图去平衡他的投资组合：

如果不是出于税收方面的考虑我也许会这样做。我愿意在必要时为我们的投资贷款，而不是卖出我们的股票并转换成生息工具。

香农的前三大重仓的持股占到他投资组合的98％，而且这些公司都和麻省理工学院及贝尔实验室有联系。达因公司是香农在美国麻省理工学院的同班同学辛格尔顿创建的，摩托罗拉是麻省理工学院开办的新兴企业科德斯公司的新名字，惠普公司则接管了他的贝尔实验室同事的哈里森实验室。香农对赫什伯格解释道，"在某种程度上，这些投资和我的工作很相近，就相当于从'噪声'中提取和传输信号。"他继续指出，一个聪明的投资者应该"明白他在哪儿占有优势并且只投资这些机会。"他似乎在暗示自己在投资时运用了凯利公式。虽然香农在直观理解上认为凯利公式可以应用到股市，但是他自己的投资组合记录表明他实际上没有运用这一准则。"运用凯利准则"的标志将落到索普身上。

■ 索普和凯利理论的应用

在1969年11月，索普成立了他认为的世界上第一个市场中性的对冲基金，可转换对冲基金（Convertible Hedge Associates）。基金使用认股权证，场外（OTC）期权，可转换债券，优先股和普通股构建一个Delta中性投资组合，这是一个不受基础普通股影响的投资组合。和香农一样，索普也试图利用股价的随机游走现象，然而这并不是借助"香农的恶魔"投资方法，而是利用可转债套利。虽然索普的投资策略是相当复杂的，但和"香农的恶魔"投资方法一样，都是使用不断再平衡的方法，在组合证券回归均值的过程中，尽量从证券价格的变化中获得微小利润。在他1967年继《打败庄家》后出版的《打败市场》一书中，索普将他的投资过程描述为一个"科学的证券市场体系"，这或许是对香农的"科学投资"演讲的赞同。不同的是，索普的策略是在一篮子应该以相同价格交易的证券中寻求套利的机会。举个例子，在1974年，美国汽车公司的可转换债券按照与其标的股票相同的价格进行交易，并支付8.3%的票息率。索普卖空股票而做多债券，同时享有票息。他后来在评论这次交易时指出，"简单明了的情形并不多见，但我们就像这样让生活的大部分都脱离了这样的情形。"这些情形比任何投资的风险都小。如果索普卖空的股票上涨，那么他会从与股票一起上涨的可转换债券的多头地位中获得保护。如果可转债的价格没有水涨船高的话，那么当两者之间的价差拉大到一定程度时，索普将会做出卖空的交易。他可以简单地将可转债转换为股票，然后清仓。如果他的多头仓位，即可转债的价格下跌，他将从与可转债一起下跌的股票的空头地位中受到保护。如果股票价格没有下跌，当两者之间的价差拉大到一定地步时，他也可以简单地清仓，并且没有损失，或继续享有票息。索普就这样日复一日地寻找默默无闻，成交量小的证券所潜伏的微小套利机会。

在Ma Bell解体之前，索普已经从事套利交易十余年。跟之前每次套利的情况一样，索普优先选择Ma Bell，这种情况下使用凯利准则，需要非常大的投资规模。通常，投资规模的限制因素不是凯利公式，而是证券的流动性。认股权证？场外期权？可转换债券？大多数投资者甚至从来没有听说过，更不用说理解其中一个工具和其余工具的关系。这就是优先选择微小的套利机会的原因。证券是非同寻常的，并且难以交易。Ma Bell则有所不同。这是证券交易所里最大的公司，并且交易规模巨大。如果"预发行"证券异乎寻常，它不会在价格上有所反应。他们将按照较低的溢价和Ma Bell交易，尽管他们从事着完全一样的业务。索普发现了一个难得的机会：一个庞大、高流动性、无风险的机会。凯利告诉他要准备大宗交易，而这正是他要做的。在他的经纪人允许的范围里，他在投资组合中每笔投资上都尽可能多地配置资金：足足10亿美金的三分之二，并且为他的基金赚取了相对微小但是毫无风险的利润——250万美金。这笔交易的规模足以让华尔街为之侧目。交易的细节披露了出来——曾经的数学教授，以前的专业二十一点玩家，索普，利用可转债套利赚取了无风险的利润——他第二次变得小有名气，凯利公式终于得到了大家的认同。

不是每个人都迷恋这个准则。经济学家保罗·萨缪尔森——第一个获得诺贝尔经济学奖的美国人，被《纽约时报》认为是20世纪最重要的美国经济学家——被这个准则彻底激怒，甚至写了一篇文章来反驳它。这篇名为《为什么我们不能最大化财富的对数均值虽然我们可以投资的年限很长》(*Why We Should Not Make Mean Log of Wealth Big Though Years To Act Are Long*)的论文发表在1979年某一期《银行与金融》杂志上。对于这样著名的出版物来说，这篇论文的入选显得极其不同寻常。因为除了最后一个单词"音节"，萨缪尔森通篇使用单音节的词汇写下了这篇论文，可能这样做是为了让他聪明的对手可以更深刻地理解这篇文章。以下是论文的精华内容：

> 为什么仍然有一些人认为他们应该利用巨额的资本赚取相对微小的收益？他们点头，并且感觉"这样做的话，我一定会得到更多的钱，更多肯定比更少要好"。但是他们错了，他们没有注意到：
>
> 当你遭遇损失时——你总有遭遇损失的时候——基数越大，你损失的就越多。证毕！

萨缪尔森的观点是，不同人对于冒着巨大损失的风险去追求最大利益的态度是不一样的。举个例子，如果可能的亏损大到足以影响他/她的生活方式，那么最大化的收益对一个已经很富有的人而言就没有多少吸引力。凯利公式的目的是逐期谋求财富对数预期值的最大化，但是它所建议的赌注规模一般非常大，并且在短期内波动也很大。寻求避免凯利赌注的巨大波动，一些投资者将公式建议的赌注规模减半。这个所谓的半凯利赌注，波动是完整凯利赌注的一半，收益是它的四分之三。半凯利赌注永远不会比完整凯利的多。对于任何给定的优势和赔率，凯利准则都已经给出了最大赌注规模。过度下注不会增加收益，甚至可能会增加降低收益的风险。图3.2出自索普在2010年合著的论文，显示了在下注规模减半之前倍增的概率、增加四倍的概率，及用于下注二十一点的那部分资本的相对增长率（优势为2%，$p = 0.51$，$q = 0.49$）。

这揭示了凯利公式的主要缺点。当赔率变得更有利时，推荐的赌注规模也越来越大，这是很激进的。很少人有这么大的胃口，即使是在Ma Bell解体过程中进行豪赌的索普，也在许多其他场合下建议使用"部分凯利下注"——其赌注规模在任何场合下都低于全凯利准则。在2010年的论文中，索普讲述了他如何与比尔·津巴（Bill Ziemba）——文章的另一个作者，在1984年育马者杯世界锦标赛上开幕式经典300万美元竞赛中，利用凯利公式确定赌注大小的故事，这一比赛被许多人认为是美国年度最大的纯种赛马比赛。凯利公式推荐的最优下注规模是在买5赔8的赔率下对名为"满地黄金"（Slew of Gold）的赛马下注64％的资金。索普和津巴参与了"名次赌"和"表演赌"（在"名次赌"中，赛马必须获得第一或第二，赌客才能得到赌金；在"表演赌"中，要求赛马获得第一、或者第二，抑或第三，赌客才能获得赌金。在这两种赌法中，赔率都比简单直接的"冠军赌"要低，即使在该赌局中选中的赛马赢得了冠军亦是如此）。索普和津巴使用了"较小比例凯利赌注"。"满地黄金"最终名列第三，但成绩第二的"盖特舞者"（Gate Dancer）被取消资格并下调到第三位，津巴因此记录道——"在赌场中，运气是个好东西"。

凯利公式的原理是很简单的：当你有优势时，赌大一点；当你没有优势时，不参与赌局。凯恩斯曾经被描述为"凯利式赌客"。他相信这一

图3.2 减半前二倍和四倍增长概率

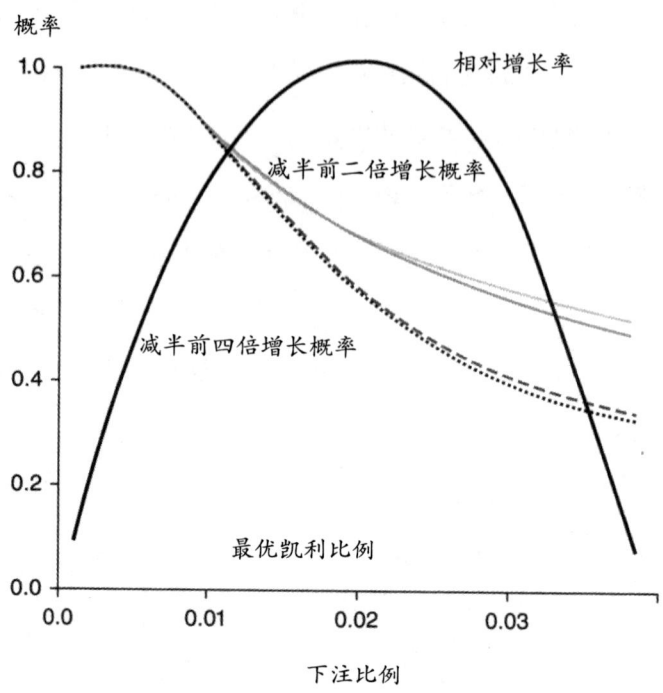

洞见，但他回避尝试数学上的精确计算，因为"我们现有的知识不能为计算数学期望提供充分的依据"。凯利方法计算最佳投资规模的美妙之处在于它对于风险把控得很精确。凯利公式寻求最大化的复利回报率，并明确捕捉到预期结果不会出现的可能性。因此，凯利公式从来没有失败的风险。它一直在寻找一个平衡，当概率有利于投资者时，谋求最大化的回报；当概率不利时，规避损失。凯利下注的缺点是有利的赔率和成功的好机会诱发巨大的下注规模——下注金额相对于总资金的比例变大，这使得其对于许多投资者来说波动太大。对于很多投资者而言，解决方案是采用"部分凯利下注"。凯利赌注应该被视为最大下注规模。超过凯利下注的额外投入不会增加回报，而且会增加损失的风险。凯利准则的所有本质特征和我们如何投注的直觉是一致的。凯利通过给博彩理论注入数学的严谨性使得后者更进一步。他指出，从长久来看，"凯利下注式"投资者的资金最终将超越任何使用其他策略的人的资金。

索普推广了凯利公式，并且是第一个应用它的赌客和投资者，而非价值投资者。他在《打败市场》一书的引言中写道，他曾尝试进行价值投资：

> 我进攻的路线就是寻找"价值"。这是股市的基本分析方法。这一派别的成员相信每一只股票都有"天生"的价值（也被称作固有的价值），并经常在市场价格上表现出差异。未来收益流和分红决定了固有价值。
>
> ……
>
> 基本面投资者研究财务报表、行业和公司前景、管理能力、政府政策以及其他任何他认为会影响未来收益的东西。这将引导他评估每股的未来收入流，随后将之转换成内在价值。如果股票的市场价格低于他计算的内在价值，那么它是有吸引力的；如果市场价格高于内在价值，那么就回避这只股票。

索普最终在转向套利交易之前放弃了价值投资，因为他发现这种方法根本不赚钱：

> 我使用的基本分析越多，我挣的钱就越少，而有些很成功的

朋友在他们的投资上想法就很少……当在实践操作中出现困难时，我对基本分析的兴趣也越来越弱。预估未来一年或者两年的收入几乎不可能。这还不是最困难的。购买被低估的股票后，很重要的一点是，必须要有其他人也做出类似的计算，然后他们要么买进要么希望买进，这才会推动股票价格走高。然而许多低估的股票，它们的价格常年保持低迷不振，最终挫败那个正确而巧妙地计算出未来预期的持股者。

沃伦·巴菲特可能是第一个将凯利理论应用于价值投资的人。在下一章里，我们将考察他是如何利用凯利理论建立起伯克希尔·哈撒韦公司的。

CONCENTRATED INVESTING

第 4 章

沃伦·巴菲特：

遵循凯利公式的"股神"

我们所采用的投资策略与下述标准的分散化投资信条有所不同。许多专家因此声称这样的投资策略会比人数更多的传统投资者所采用的投资方法更具风险。我们对此不以不然。我们相信，如果集中投资的投资组合能够——它也本应如此——同时提升投资者对于一家企业进行的思考的深度，和投资者在买进一家企业股票前对其盈利特性所感受到的舒适度，那么这种投资策略将很好地降低风险。在说明这种观点的过程中，我们使用词典的术语，将风险定义为"遭遇损失或者受伤的可能性"。

——沃伦·巴菲特

坐落于新泽西，由安东尼·德·安杰利斯（Anthony "Tino" De Angelis）经营的联合天然植物油公司（Allied Crude Vegetable Oil Company）是一家批发商，同时也是买卖植物油期货合约的商品交易商。

联合天然公司能够在行业中脱颖而出，凭借的是它所拥有的以远低于任何一家竞争者的价格出售用于制作色拉的豆油的能力。德·安杰利斯的超低价格使公司营业额奇迹般地增长，直到1963年11月，这家商业帝国轰然倒塌。为了帮助债权人追索剩余债务，破产管理者对联合天然公司的破产情况展开了调查，发现公司的油罐里根本就没有豆油，而是充斥着海水和空气。事件的真相很快水落石出，德·安杰利斯出售的低价植物油，居然是联合天然公司不曾拥有的色拉油，甚至这些油根本就不存在。德·安杰利斯宣称拥有18亿磅的豆油——超过了当时全世界的豆油存量——而事实上，他的油罐中储存的豆油只有1.1亿磅。联合天然公司虚构售出的豆油价值合计达1.75亿美元。他是怎么做到的呢？德·安杰利斯利用了每个小学学龄的孩子都知道的常识——油漂在水上。当运输船抵达港口时，检验载货内容的检查员确认油罐的上面几英尺确实是豆油，却没有意识到德·安杰利斯先将油罐灌满了水，然后在水面上覆盖了一层色拉油。公司先带着检查员去享用中午大餐，然后将这些油转移到仓库中新的油罐中，再向昏昏欲睡的正消化美食的检查员们展示那些油罐。

《华尔街日报》记者诺曼·C.米勒（Norman C. Miller）写了一本名为《色拉油大骗局》的书，并据此获得了普利策新闻奖。之后，"色拉油大骗局"变得家喻户晓，成为当时最臭名昭著的公司丑闻。最终，德·安杰利斯因为欺诈罪和串谋罪被判入狱服刑7年，还连累华尔街一家大型经纪商破产。在寻找资金雄厚的财团来偿付巨额损失的过程中，债权人发现美国运通公司的一家子公司为德·安杰利斯签发了价值1.44亿美元的仓库收据，用于确认后者油罐中的豆油储存数量。面对全额索赔，美国运通看上去难逃一劫。这一数量的赔偿判决相当于美国运通1964年盈利的

10倍——可能将公司置于死地。公司的股价一夜之间大幅缩水。

这件事激起了当时还未曾出名的沃伦巴菲特的兴趣。他让自己的经纪人，亨利·勃兰特（Henry Brandt）去调查银行、酒店、旅馆以及任何使用美国运通信用卡的其他人员，以搜集关于运通公司的流言蜚语。巴菲特自己也前往奥马哈的酒店，他发现这些酒店依然接受美国运通的信用卡。他对这些关于运通的闲言碎语进行评估，得出的结论是：由于受到财务冲击的影响，美国运通会暂时地步入颓势，但是这并不会破坏公司潜在的预期盈利能力。运通"依旧是一家有着特许经营权的超级企业，它只是在局部患上了可切除的肿瘤"，公司会存续下来。巴菲特迅速展开行动，将合伙人资本的40%投资买进运通的股票。这是巴菲特和合伙人们做出的最大的一笔投资，他们按照1300万美元的成本，控制了美国运通超过5%的股份。1965年，美国运通和联合天然公司的债权人达成6000万美元的赔偿协议，前者曾经跳水到35美元的股价迅速冲高到49美元一股。很快，巴菲特持有的仓位翻了5倍多，他在这时清空了运通的股票。

无论从资金规模还是资金占比的角度来看，针对美国运通的这次投资都是巴菲特合伙公司做出的最大单笔投资，与此同时，巴菲特也做到了在集中大规模投资方面的最好投资业绩。1959年，合伙公司最大的一笔投资集中在桑伯恩地图公司（Sanborn Map），投资资金达到合伙公司资产的35%。桑伯恩地图是一家绘制精细地图的出版商，内容涵盖了全美国各个城市的输电线、自来水管道、私人车道、建筑工程、房顶构造以及紧急楼梯。火险公司购买了大量桑伯恩地图，并借助它们承办保险。桑伯恩一度成为全美国最成功的地图公司。1961年，巴菲特在致合伙人的信中解释道，公司的价值极有吸引力：尽管伴随着竞争的出现及保险公司的合并，桑伯恩的营业额有所下滑——其经营效益从20世纪30年代的年均50万美元的盈利，下滑到1958年的10万美元盈利（当年的营业额是250万美元）——但是公司拥有价值超过700万美元的投资组合，或每股价值65美元。但是市场上交易的桑伯恩股份，一股市价是45美元。巴菲特注意到，1938年，桑伯恩股票市价是110美元一股，而公司持有的投资组合价值20美元一股，也就是说，当时公司的业务价值是90美元一股。到了20年后的1958年，45美元的市价表明同样的地图公司，其业务价值是每股负20美元，或者公司的投资组合价值摊派到每股上价值69美分，如果购买公司的业务则是免费的。如此大的折价给巨额投资提供了一定保证，于是巴菲特将合伙公司三分之一的资产投资买进了桑伯恩公司的股票。他最终还说服桑伯恩公司的董事会回购了72%的股票——公司的1600名股东由此减少了一半——采取的方法是按照公允价值，利用公司持有的投资组合的股份来置换公司股份。结果就是，剩下的股东持有的资产价值略微上涨，桑伯恩公司股票每股收益大幅上升，股息率也有所上升。

　　尽管将合伙公司资本的巨大份额投资于个别股票是巴菲特的一贯特色，但是巴菲特投资美国运通的意义在于，他在投资风格上摒弃了在桑伯恩地图公司身上进行的格雷厄姆式投资。桑伯恩地图公司是一个纯粹统计上的低估公司，巴菲特后来把它比喻成"烟蒂股"，形容一家公司经营差劲，业绩平平，但是在被清算的时候，资产负债表中所包含的价值能得以实现。与之相反，美国运通是一家很优秀的企业，但是相对于巴菲特支付的价格，其资产负债表蕴含的价值很低。在1989年的致股东信中，巴菲特描述了自己摒弃"烟蒂股"式投资的原因：

如果你在足够低的价格上买进了一家公司的股票, 即使企业长期经营表现很差, 但是在企业运转的过程中, 经常会有时机出现, 让你有机会带着不错的收益全身而退。我将之称为 "烟蒂股" 投资策略。一家 "烟蒂股" 式的公司可能在业务经营上已经日薄西山, 但是 "廉价收购" 仍然使得这种投资收益不菲。

但是, 除非你是清算人, 否则买进这种公司股份的投资方法就很愚蠢。首先, 一开始的 "廉价收购" 最终可能被证明收购价格并不便宜。对于一家困境中的企业而言, 麻烦总是一个个地接踵而至——厨房中永远不可能只有一只蟑螂。其次, 你得到的任何初始优势, 都将很快被公司营收的低额利润所侵蚀。比如说, 如果你以800万美元的价格收购了一家企业, 并且能够按照1000万美元的价格将之售出或者清算, 那么尽早地采取这两种方案之一, 你将取得丰厚的回报。但是, 如果你在10年后按照1000万美元的价格出售这家企业, 而在此期间, 企业每年只能赚取并分配相对于你的收购成本少得可怜的收益, 那么这笔投资肯定会让你失望。时间, 是优秀企业的益友, 是平庸企业的敌人。

对于桑伯恩地图公司的这笔投资, 实现收益的机会是由巴菲特自己促成的, 他坚持让公司的董事们支持股票回购, 并及时采取了税收有效的方法。如果不是巴菲特的介入, 桑伯恩地图公司将继续作为一家具有潜在清算价值的 "烟蒂股" 公司维系经营。另外, 美国运通则是一家遭遇短期危机的高质量企业。当丑闻淡去时, 公司的股价迅速反弹, 巴菲特获得了巨大的中期投资收益。但是, 当巴菲特清空合伙公司持有的美国运通股份后，他注意到这家公司在继续增长，复合收益也在增加。在控制了伯克希尔·哈撒韦公司之后，巴菲特在公开市场上重新买进美国运通的股份。如今，伯克希尔控股了运通14.2%的股份，成本是13.6亿美元，价值却达到138亿美元。如果巴菲特能一直持有当初合伙公司手中的5%的运通公司股份，这些股份现在将价值45亿美元，相当于这50多年的时间里，在原先1300万美元的资金基础上，实现了年均13%的复利增长。在1994年的致股东信中，巴菲特写下了自己与美国运通公司的长久联系：

> 我的美国运通投资史包含了两个阶段：在20世纪60年代中期，由于臭名昭著的色拉油丑闻事件的原因，公司的股价遭遇了冲击，我们将合伙公司40%的资金投资买进运通公司的股份——这是合伙公司曾作出的最大一笔投资。我要补充一点，这项投资让我们以1300万美元的成本掌握了运通公司5%的股权。到我写下这封信的时候，我们掌握的运通股权还不到10%，却花费了我们13.6亿美元的成本。（1964年美国运通盈利1250万美元，1994年盈利达到14亿美元。）

在1964—1994年这30年的时间里，巴菲特对美国运通公司的投资取得了超过100倍的投资回报，这证实了巴菲特的观点——时间，是优秀企业的益友，是平庸企业的敌人。自1994年开始，美国运通年均营收增长到340亿美元——在20年里翻了25倍，如果从巴菲特1964年第一次买进运通股份开始算的话，则翻了280倍。

1967年，巴菲特在合伙人信件中描述了桑伯恩地图公司式的定量廉价收购和美国运通式的定性廉价收购的区别：

出于投资目的而开展的证券和企业估值总是综合地包含定量和定性两大因素。一方面，倾向定性因素的分析人会说，"买进正确公司（具有良好的发展前景、管理团队和固有的行业条件）的股票，股价自身会走出好的趋势。"另一方面，定量分析的代表会说，"在正确的价位买进股票，公司会管理好自己。"

······

十分有趣的是，尽管我认为自己起初属于定量分析派（在我写这封信的时候，还没有人退出后返回——我可能是这一派中仅剩的一人），但是多年来，我所做的绝妙的投资决策都十分倾向于定性分析，在这方面，我有对"高概率事件的洞察力"。这也是收银机不断欢鸣的原因所在。然而，就像宝贵的真知灼见那样，这种情况并不经常发生，当然，定量分析不需要投资人拥有敏锐的洞察力——那些数字就像棒球棒击中了你的头脑。因此，能正确进行定性分析的人更倾向于赚大钱，但是，至少在我看来，基于明显的定量分析做出的投资决策，可以赚取确定性更高的收益。

通过对美国运通等公司进行集中投资，伯克希尔公司以惊人的速度得到发展。当索普回顾巴菲特在伯克希尔的投资记录时，他注意到，当年巴菲特作为年轻的避险基金经理对这家小型新英格兰纺织制造商产生兴趣时，其股价只有20美元一股。到了1997年，伯克希尔的股价已经上涨到70000美元一股，翻了3500倍，年化增长率达到了27%。索普口中"伟大的投资家"巴菲特，引导着伯克希尔公司的股价和账面价值，按照几乎完全凯利对赌的方式取得增长。（伯克希尔A级股票目前一股市价超过200000美元，较之当初翻了10000倍，年均复利增长率达到19.4%。）根据索普的说法，经验证据显示，巴菲特在整个职业生涯中，一贯地将其资产按照凯利对赌的方式集中投资于他最佳的投资机会。正如我们所见，这种方法并不寻常，需要大量投资技巧。

■ 指数跟踪者

学者们将投资分散化问题解释为寻求市场平均收益。为了构造投资组合实现这个目标，他们试图在持有少数几只股票以最小化交易、监控成本和持有分散化的多数股票以减少非系统风险——指的是任何给定的投资组合都可能遭遇困境的风险——之间寻求平衡。在1977年的一篇论文中，埃尔顿（Elton）和格鲁伯（Gruber）指出，持有20至30只股票，能最大程度地享有投资分散化的益处。他们测试了包含3290只股票的个股权重相等的投资组合——个股权重相同是指投资组合中每一笔投资的份额占全部投资的比重相等——并从中随机选取权重相同但是规模各异的投资组合。埃尔顿和格鲁伯将市场风险作为能取得的最低风险，并用市场收益的方差来表示。方差度量了与市场整体收益相比，某一特定证券的收益情况。方差为零意味着所有收益相同。方差越大，意味着收益与平均收益相差越大。在埃尔顿和格鲁伯研究的市场中，包含3290只股票的投资组合的收益情况与市场的收益情况一致，其收益的方差为0。（尽管市场投资组合仍然有市场本身固有的收益方差，金融学者们却将之视为不可分散的风险，并为此忽视它。）在风险刻度的另一端，埃尔顿和格鲁伯将仅包含一只股票的投资组合视为最具风险的，因为相较于市场，这种投资组合有着最高的收益方差。从另一篇论文中抽取的表4.1检验了埃尔顿和格鲁伯的工作，并表明，当随机挑选的权重相同的股票添加进投资组合时，风险——这里的风险被定义为年化收益的标准差，而非埃尔顿和格鲁伯使用的周化收益的方差——就会下降。

表4.1指出，只包含一只股票的投资组合，其风险——投资组合的年化收益水平与市场的年化收益水平相背离——达到了49.24%的标准差水平。向投资组合中添加一只股票，投资组合的风险下降到原有投资组合风险的76%，这是对包含一只股票的投资组合的风险的大幅削减，但是年化收益标准差仍达到了37.36%的水平，差不多是市场风险的2倍。添加的第三只股票进一步将投资组合的风险削减到初始投资组合的60%。需要注意一点，在向投资组合中不断添加股票的过程中，相较于从一只股票扩容到两只股票，风险的削减程度会不断下降。包含20只股票的投资组合已经消除了92%的非系统风险。再添加10只股票，组成的包含30只股票的投资组合消除了95%的非系统风险——削减比例仅仅增加了3%。超过30只股票带来的额外收益很小，而买入和管理这些证券的成本可能会超过任何风险降低所带来的收益。

2008年，当巴菲特被商学院的学生问及他对于投资组合分散化和仓位规模的看法时，他回答说，自己对投资分散化有两个看法：

> 如果你是一名专业的投资人，而且充满自信，那么我主张更多地进行集中投资。对剩下的人群而言，如果你玩不来这个游戏，

表4.1 风险分散效应

投资组合中股票只数	预期年化收益标准差（%）	组合标准差与一只股票 组合标准差之比
1	49.24	1.00
2	37.36	0.76
4	29.69	0.60
6	26.64	0.54
8	24.98	0.51
10	23.93	0.49
12	23.20	0.47
14	22.26	0.46
16	21.94	0.45
18	21.20	0.45
20	21.68	0.44
25	21.20	0.43
30	20.87	0.42
40	20.46	0.42
50	20.20	0.41
400	19.29	0.39
500	19.27	0.39
1000	19.21	0.39
无穷大	19.16	0.39

那就去参与完全分散化的投资。如果你玩得来，那么分散化毫无意义。把钱分散着投进你的20个选择而非你的第一选择实在是荒唐……查理·芒格（伯克希尔公司副主席）和我基本上操作着5只股票。如果我运作着5000万美元，1亿美元，或者2亿美元，我会将80%的资金分散投资在5只股票上，并在仓位最重的那只股票身上投进25%的资金。1964年，我发现了一个投资机会，并愿意将配置在其上的资金比重提高到40%。我告诉投资人们，他们可以把自己

的钱撤出去，但是没有人这么做。这只股票就是色拉油丑闻事件后的美国运通公司的股份。

巴菲特对投资组合分散化的观点可以看成一个事物的两个端点，一端是市场投资组合，另一端是集中式的凯利规模投资组合。有效市场假说认为，击败市场是不可能的，因此，市场投资组合——以低成本的指数基金为代表——是更好的选择。巴菲特的看法基本相同，但是也有细微区别，他认为对那些不能拿出足够的时间研究市场的投资者来说，低成本的指数基金才是最好的选择。而对那些有时间和能力鉴别定价错误的证券——对这些证券而言，市场并非是有效的——的投资者来说，集中投资更有意义。但是，这样的证券存在吗？巴菲特在1988年的致股东信中指出：

> 市场经常是有效的，这个观察是正确的。但是，学术界、投资专家和公司经理们进一步认定市场总是有效的，这是错误的。这两个命题的差别就像白天和黑夜一样明显。

1994年，巴菲特的商业伙伴、伯克希尔副主席——查理·芒格，在南加利福尼亚大学商学院发表演讲时进一步阐释了这个问题。芒格将投资活动比喻为赌马。他指出，尽管赌马的结果无法预测，但是有一些赌客总是能取胜，并描述说：

> 所有赢得赌马的赌客们的共同点其实很简单。那就是他们赌

得很少。上帝没有给予人类总是无所不知的天赋。但上帝给予那些努力工作的人——那些仔细研究，寻找错误定价赌注的人们——偶尔发现的机会。聪明的人会在这些机会上狠狠下注。他们有胜算把握就下一大笔注。其他时间里他们不下注。就这么简单。

"市场大多数情况下有效，因此定价错误很罕见"的结果就是，投资组合中应包含比市场平均水平更少种类的股票。在后来的一个采访中，芒格继续指出，这意味着"伯克希尔式投资者"倾向于进行集中投资：

和其他投资人相比，伯克希尔式投资者倾向于进行更集中的投资活动。学者们鼓吹分散化投资的策略，对那些聪明的投资者而言，实在是帮倒忙。因为在我看来，这一观念简直是愚蠢。这种观念强调投资收益与市场平均收益差别不大所带给人们的良好感觉。但是如果没有人用鞭子和手枪逼你，你为什么还要追赶潮流呢？

2013年，在每日新闻公司的一次会议上，芒格注意到，伯克希尔式投资者"通过在投资组合中持有少数几只股票取得了很好的投资收益"。投资组合中的股票越分散，其收益越可能与市场平均收益相当。投资组合集中度越高的话，其投资收益越可能背离市场平均收益，可能超过也可能低于后者。因此，时间有限的投资者选择低成本的广泛分散的指数基金以寻求市场平均收益是个更好的决定。

学术研究采取的方法中有一个问题，其将风险视为投资收益与市场平均收益之间的偏差。但是如果我们的目标就是让投资收益背离市场平均收益水平呢？要实现这个目标有多困难呢？我们可以用样本统计理论来计算一个给定规模的投资组合接近或背离市场平均收益的可能性。标普500是一个很著名的股票市场指数，包含了美国500家最大的上市公司。我们先建立一个权重相等的总收益情况的标普500投资组合（S&P 500 EW）。这个投资组合中包含500只股票。每一只股票对整个投资组合收益的影响相同（总收益情况也意味着指数包含分红）。我们假设指数基金不存在，而且我们买不起500只股票。那我们需要买进多少只股票才能大略地追踪S&P 500 EW的收益情况呢？那些随机挑选的股票，其收益情况符合或者逊色于S&P 500 EW收益情况的可能性有多大呢？我们可以用统计数据来回答这些问题。在统计学中，如果我们希望了解人群的某一信息，比如加利福尼亚州男性的平均身高。但是由于成本或者其他的现实原因，我们不可能测量加利福尼亚州每一位男性的身高。但我们可以通过只测量人群中一小部分男性的身高，比如说1000名随机挑选的男性，来构建一个简单随机样本。之后，我们利用包含1000名男性的样本，推断出整个加利福尼亚州的男性平均身高。我们的预想是用挑选的样本作为全部人群的代表，但是有可能样本人群的平均身高高于或者低于其他人群的平均身高。统计学家告诉我们，样本人群的平均身高与加利福尼亚州全部男性的平均身高之间的偏离程度就是样本误差。其他条件一致的情况下，样本规模越大，样本误差越小。在这个例子中，全部人群就是S&P 500 EW，它包含了500只股票，我们感兴趣的是这个投资组合的收益情况；而样本人群则是我们持有的投资组合。我们想要知道，对于一个给定的投资组合，其收益情况符合或者逊色于S&P 500 EW收益情况的可能性究竟有多大。

我们可以借助蒙特卡罗模拟器随机择股并建立不同规模的投资组合，然后将它们的收益情况与S&P 500 EW的收益情况进行对比。在《巴菲特的投资组合》一书中，作者罗伯特·G. 哈格斯特朗（Robert G. Hagstrom）借助计算统计数据库，利用1979—1996年这18年的收益数据，检验了投资组合集中度对收益情况的影响。他将包含了250只、100只、50只、15只股票的投资组合收益与整个股票市场的收益——当时被定义为标普500指数的收益情况——做了对比。哈格斯特朗得出结论，减少投资组合中股票的数目，可以增加取得击败市场的超额收益的可能性。他还发现，这种做法同等程度地增加了投资组合收益逊色于市场平均收益的可能性。我们对哈格斯特朗的研究进行了小幅修改，开展了我们这个版本的研究。哈格斯特朗从覆盖整个研究时间段的收益数据的1200家上市公司中随机挑选样本公司，我们则仅从标普500成分股中随机挑选样本公司，这样的话，样本投资组合的统计数据就可以与前面举例中的样本人群参数进行对比。我们同样将投资组合中的个股权重控制成相等，这样我们就可以将其收益情况与权重相等的标普500的收益情况进行比较。针对样本中的每一年，我们都用计算机随机从500家公司中收集如下规模的8000个投资组合的数据：

包含250只股票的1000个投资组合；

包含100只股票的1000个投资组合；

包含50只股票的1000个投资组合；

包含30只股票的1000个投资组合；

包含25只股票的1000个投资组合；

包含20只股票的1000个投资组合；

包含15只股票的1000个投资组合；

包含10只股票的1000个投资组合。

**图4.1　标普500成分股等量权重蒙特卡罗投资组合集中度检验
年化收益算术平均（1999—2014年）**

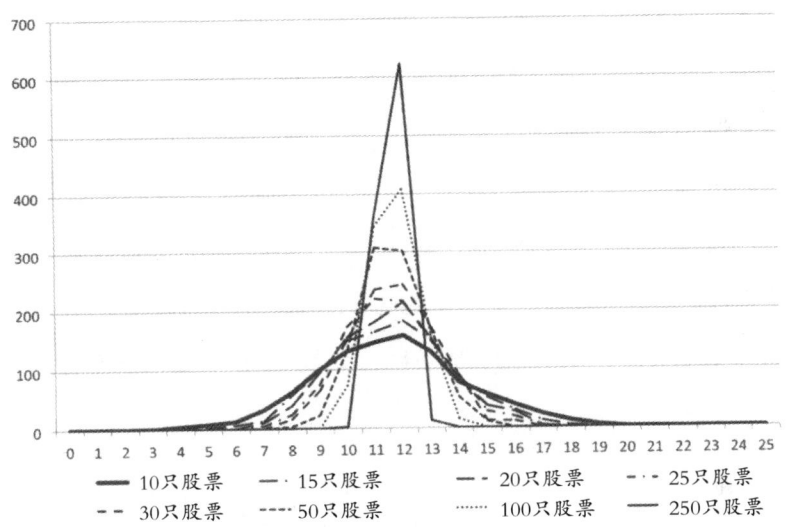

我们总共建立了120000个投资组合（1999年至2014年，每年8000个）。我们计算1999年1月至2014年10月间每个投资组合的年化收益情况，并将之和同期的标普500收益情况进行比较。图4.1显示了蒙特卡罗模拟的结果。表4.2列出了基于这15年数据对各投资组合进行上千次运算的统计结果。

图4.1和表4.2显示每一个投资组合的收益情况都主要集中在均值附近。综合这15年看来，S&P 500 EW的平均年化收益达到12.16%。包含250只股票的投资组合以及包含50只股票的投资组合的平均年化收益同样如此。包含10只股票的投资组合平均年化收益略微低一点，但是仍然很接

表4.2　标普500成分股等量权重蒙特卡罗投资组合集中度检验
年化收益算术平均（1999—2014年）

	10 股票 (%)	15 股票 (%)	20 股票 (%)	25 股票 (%)	30 股票 (%)	50 股票 (%)	100 股票 (%)	250 股票 (%)	所有 股票 (%)
平均值	12.01	12.08	12.07	12.09	12.13	12.16	12.19	12.16	12.16
中位数	12.05	12.08	12.07	12.09	12.13	12.16	12.19	12.16	12.16
最小值	3.71	5.40	5.32	5.90	7.51	8.13	10.12	10.69	12.16
最大值	21.32	19.96	18.68	17.23	17.33	15.79	14.78	13.50	12.16
标准差	2.69	2.21	1.93	1.73	1.53	1.18	0.80	0.40	0.00

近市场的平均水平。这就带来了一个直觉上的认识——我们会认为测验
的投资组合的平均年化收益与S&P 500 EW的平均年化收益近似相等。对
于集中度较高的投资组合，收益上的些许逊色可以忽略不计。当我们增
加实验的次数时，我们会发现，所有样本投资组合的收益都会收敛于S&P
500 EW的收益情况。

　　图4.1和表4.2中有一个值得注意的特征，当投资组合集中度提高时，
收益的分布区间会扩大。包含250只股票的投资组合——图中最细的黑色
实线——有最大的峰值和最窄的分布区间。那些投资组合与S&P 500 EW
收益情况偏差不大。表现最差的"250只股票"的投资组合在15年间的平
均收益达到了10.69%，而表现最好的该种投资组合，其相应平均收益达
到13.5%。这与图中"10只股票"型的投资组合——最粗的黑色实线——
形成了鲜明对比。后者峰值最小，分布区间最宽，表明包含较少只数股
票的投资组合的收益情况最可能偏离平均水平。"10只股票"型的投资组
合的最高平均年化收益达到21.32%，最差的情况下，平均年化收益只有
可怜的3.71%。在表4.3中，我们可以看一看各种给定规模的投资组合收益

情况偏离S&P 500 EW的可能性。

表4.3 投资组合跑赢S&P 500 EW的概率（1999—2014年）

	10 股票 (%)	15 股票 (%)	20 股票 (%)	25 股票 (%)	30 股票 (%)	50 股票 (%)	100 股票 (%)	250 股票 (%)	所有 股票 (%)
1%或以上	35.20	32.40	30.20	27.70	23.40	15.80	7.30	0.20	—
2%或以上	22.10	17.50	14.70	10.40	8.20	2.50	—	—	—
3%或以上	12.10	7.90	5.20	3.00	1.80	0.30	—	—	—
4%或以上	5.90	2.20	1.30	0.60	0.10	—	—	—	—
5%或以上	2.60	0.80	0.20	0.10	—	—	—	—	—

　　表4.3指出，当我们提高投资组合的集中度时，投资组合表现优于市场的可能性会提高。"250只股票"的投资组合的收益率高于市场平均收益水平1个百分点或以上的概率只有0.2%，而且任何情况下其收益率都不可能高于市场平均收益水平2个百分点或以上。与之相对，"10只股票"的投资组合的收益率高于市场平均收益水平1个百分点或以上的概率达到了35.2%，这意味着，多于1/3的此类型的投资组合的收益率达到了13.16%甚至更高，比S&P 500 EW年均收益12.16%高出一个百分点多。在"10只股票"的投资组合中，22.1%的样本投资组合平均年化收益率高于市场表现2个百分点或以上，达到了14.16%的收益率及以上；2.6%，差不多1/40的样本投资组合平均年化收益率高于市场表现5个百分点或以上，意味着它们的收益率达到了17.16%及以上。当然，相应的推论也是正确的。"250只股票"的投资组合的收益率低于市场平均收益水平1个百分点或以上的概率也只有0.2%，而且任何情况下其收益率都不可能低于市场平均收益水平的2个百分点或以上。另外，对于"10只股票"的投资组合，其收益

率低于市场平均收益水平1个百分点或以上的可能性也只有35.2%；其收益率低于市场平均收益水平5个百分点或以上的可能性也只有2.6%。这个实验所要表明的就是投资组合集中度的提高增加了其收益偏离基础指数表现的概率，而不是提高了投资组合的收益率。随机择股所组成投资组合的期望收益率依旧与基础指数的收益情况相同。我们不是对获取市场平均收益感兴趣。如果我们不打算击败市场，那企图让投资组合收益表现偏离市场表现也没有意义。接下来，让我们考虑一下这个问题。

我们早就知道被低估的股票的投资收益会优于市场收益。如果我们将股票按照低估程度进行排序，然后测试低估程度不断上升、集中度不断提高的投资组合的收益表现，试想会发生什么呢？尽管本书中的投资者们喜欢使用基于自由现金流的标准，但是评价低估水平的一个粗略的替代标准是一家公司的市值相较于其账面价值的折价程度。这种想法所使用的标准被称为市价对账面值比率。其他条件相同的情况下，这一比率越低，说明公司的股票被低估的程度越大，反之亦然。通过使用达特茅斯大学塔克商学院罗斯家族特聘金融教授——肯尼斯·R. 弗伦奇（Kenneth R. French）核对过的数据，我们可以按照市价对账面值比率的排序对一系列投资组合进行测试。我们按照2014年9月的数据将3443只股票分成5个投资组合。"市场"组合包含了研究中现有的全部股票。接着，我们构造了四个集中度不断提高的投资组合。"低估排序前1/2"组合包含了市价对账面值比率最低的前1/2股票，共计1959只股票。"低估排序前1/3"组合包含了市价对账面值比率最低的前1/3股票，共计1105只股票。"低估排序前1/5"组合包含了市价对账面值比率最低的前1/5股票，共计749只股票。"低估排序前1/10"组合包含了市价对账面值比率最低的前

1/10股票，共计407只股票。投资组合都进行了年化调整，我们追踪了它们从1929年7月1日至2014年9月30日的收益表现。图4.2展示了各个投资组合的复利收益情况。

图4.2指出，当我们在股票价值低估程度由低到高的顺序上不断提高投资组合集中度的时候，将会得到更丰厚的投资回报。"低估排序前1/10"组合的收益高于"低估排序前1/5"组合，后者收益表现又优于"低估排序前1/3"组合，如此等等。图中数据的对数化特征没有清楚地揭示"低估排序前1/10"组合相较于其他组合究竟积累了多少资本，因此我们可以看一下表4.4中的收益表现数据。

表4.4包含了每个投资组合的投资收益统计情况。"市场"组合在整

图4.2 "市价对账面价值比率"价值投资组合的对数收益表现（1929—2014年）

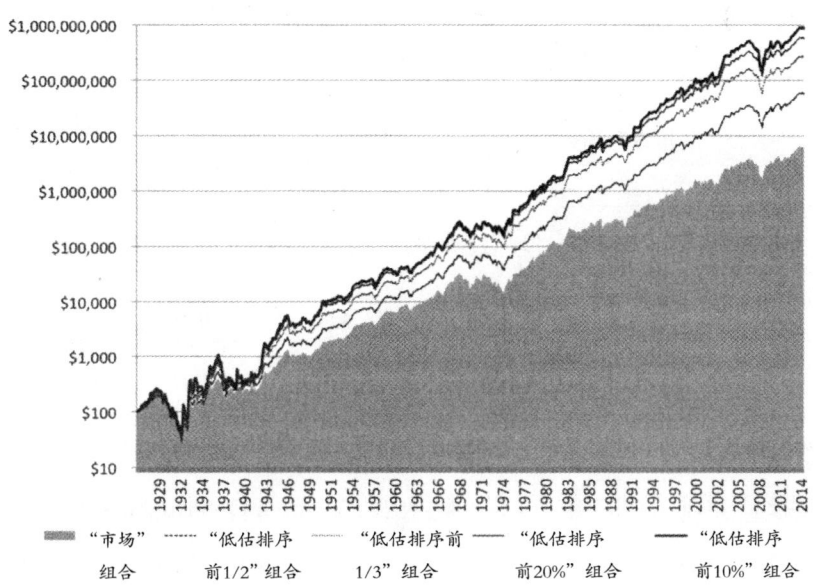

个时间区间中的复利收益率达到了13.4%。撇开税收和交易成本的影响，1929年7月1日的100美元，到了2014年9月30日，将变成620万美元。"低估排序前1/10"组合的复利收益率达到了19.9%，1929年7月1日的100美元，到了2014年9月30日，将变成8.63亿美元，差不多是"市场"组合的139倍。"低估排序前1/10"组合的收益表现同样优于"低估排序前1/5"组合，后者在整个时间区间内的复利收益率达到19.4%。尽管看上去优势不大，但是"低估排序前1/10"组合积累的资本比"低估排序前1/5"组合——其100美元最终滚动积累成5.79亿美元——多出了50%以上。很明显，集中投资于低估股票能带来更可观的回报。但是即使我们这里集中度最高的投资组合——"低估排序前1/10"组合，包含了407只股票——依旧比我们认为集中投资应该包含的股票数目要多。极度集中的价值投资组合的收益表现会怎么样呢？

表4.4 "市价对账面价值比率"价值投资组合的绩效统计数据（1929—2014年）

	"市场"组合	"低估排序前1/2"组合	"低估排序前1/3"组合	"低估排序前1/5"组合	"低估排序前1/10"组合
复合年均增长率	13.4	16.2	18.3	19.4	19.9
标准差	7.4	7.8	8.8	9.4	10.4

2014年9月，《从零开始稳稳赚》一书的作者，注册金融分析师奥肖内西资产管理公司的帕特里克·奥肖内西（Patrick O'Shaughnessy）在"投资人领域指南"网站上发了一篇名为"价值投资组合的集中度应该控制

到何种程度？"的帖子，考虑了这个问题。奥肖内西用1964年至2014年这50年的市场数据开展测试，构造了在美国进行交易的低估程度最高的股票组成的投资组合（其中包括了美国存托凭证）。奥肖内西的价值组合包含从1只股票的组合到100只股票的组合。为了使挑选的样本股具有说服力，每一只入选股票的市值都必须达到2亿美元以上（由2014年通胀水平进行了调整）。奥肖内西将投资组合中的各个股票按照基础价值进行了排序。按照定义，基础价值由市盈率、市销率、企业倍数（利息、税收、折旧、摊销前的营利/企业价值）、自由现金流对企业价值比、权益收益率(如果发行了新股或者开展了回购，需要相应加上或者减去股息生息率)按照同等权重加权得出。每一个投资组合都按照年化滚动的标准进行了调整，以排除季节因素的影响，使得测验更有说服力。为了本书的编纂，

图4.3 滚动年化调整后的集中价值投资组合绩效统计
（1963—2015年）

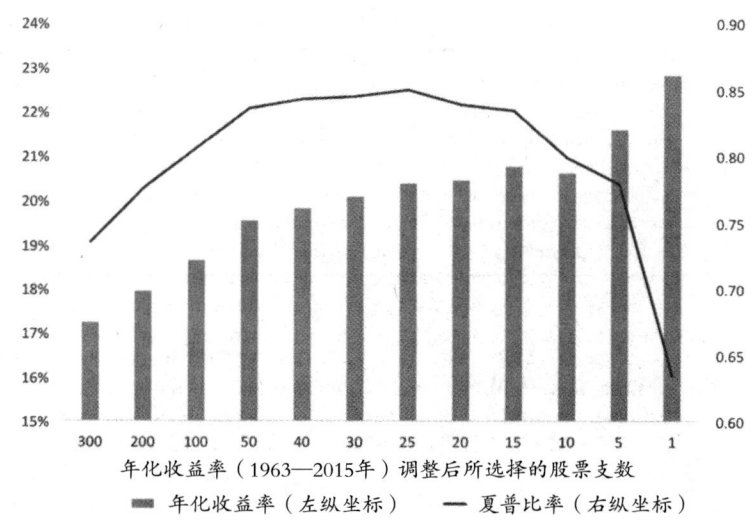

年化收益率（1963—2015年）调整后所选择的股票支数

■ 年化收益率（左纵坐标）   — 夏普比率（右纵坐标）

奥肖内西将实验数据拓展到2015年，更新了其实验结果。图4.3和表4.5展示了更新后的结果。

奥肖内西发现只包含一只股票的投资组合产生了最高的年化复利实际收益率22.8%。当投资组合中的股票数目从一只支开始增加时，其实际收益率逐渐递减。包含了25只股票的投资组合拥有最高的夏普比率——一个测度风险调整后收益的指标——0.85。当投资组合中的股票数目超过25支的时候，风险调整收益开始逐渐递减。奥肖内西的研究表明，针对低估股票的投资，组合集中度越高，其收益表现越好。这一发现验证了巴菲特对集中价值投资的主张。早些时候，巴菲特就声称，如果他"运作5000万美元，1亿美元，或者2亿美元，他会将80%的资金分散投资在5只股票上，并在仓位最重的那只股票上投进25%的资金。"这些分析都假设我们将资金平均分配在投资组合中的各个股票上。我们能不能使用凯利公式，通过增加我们在最佳投资机会上的投资比重，进而取得更好的投资回报呢？如果可以，当我们这么做的时候，应该注意些什么呢？

表4.5　滚动年化调整后的集中价值投资组合绩效统计
（1963—2015年）

股票只数	300	200	100	50	40	30	25	20	15	10	5	1
收益率%	17.2	17.9	18.6	19.5	19.8	20.1	20.4	20.4	20.7	20.6	21.6	22.8
夏普比率	0.73	0.78	0.81	0.84	0.84	0.84	0.85	0.84	0.83	0.80	0.78	0.63

■ **凯利对赌式的价值投资者**

尽管索普是一个转换套利者，在价值投资的过程中，他也基本上采用凯利标准。2007年5月，他的儿子参加了于加利福尼亚州帕萨迪那举办的价值投资者大会，回来向他汇报说"每个人"都声称自己在使用凯利标准。索普指出价值投资者在运用凯利标准时的几个潜在问题：第一，他们没有考虑持仓的机会成本。索普用如下的例子来说明这一点。假设一个价值投资者的投资组合中有一笔投资，需要花费他一半甚至更多的资本，然后遇到了具有相同的回报概率分布的第二个投资机会，那么最佳的投资策略应当是将全部的资本平均分配于两个投资机会上。如果针对每一个投资机会的最佳凯利下注规模都超过了全部资本的50%，持仓的总规模也不能超过全部资本总额。在两个机会上都投入50%的资本或者更多，将面临着全部资本损失的风险，这是凯利标准一贯避免的。因此最佳的下注规模应该低于50%。索普认为相同的理由同样适用于有两个甚至更多的其他投资机会的情况，因此，"我们需要了解投资组合中现有的其他投资机会以及新出现的投资机会，还有它们的特性，以寻求每一笔投资的最佳凯利下注规模，并对已有的投资进行可能的调整。"索普注意到巴菲特的集中投资——将基金35%的资本投资于桑伯恩地图公司，40%的资本投资于美国运通公司——很有力地揭示出巴菲特是在像凯利对赌式的投资者那样进行思考。他还注意到，鉴于下注规模需要与其他的投资机会联系起来，而且总下注额度需要低于投资者的全部资本以避免损失殆尽，在这些情况以及类似的情形下，凯利公式得到的下注比例肯定是大大高于35%至40%。他指出，机会成本原则表明孤立的凯利下注规模一定"更高，也许还高出很多"。索普认为在运用凯利标准的过程中，最常见的一个错误就是没有考虑现存的备选投资机会，孤立地计算最佳凯利下注规模。

这是个很危险的错误。因为它通常过高地估算最佳凯利下注规模。

索普还发现，凯利赌注的一个特点是：其规模经常被削减，因为凯利公式得出的下注规模太大，"让许多投资者们感觉到担心"，并且说"许多，也许是大多数投资者"会发现凯利公式得到的单笔下注规模"超出了他们的接受范围"。他进一步观察到，由于错误地估计可能收益的下边界，或者黑天鹅事件（一种偶尔发生的影响强烈的事件）发生时下边界收益出现的概率，都会使得最佳凯利下注规模被高估。如果合并考虑到这两种情况，凯利下注规模会比投资者们计算的结果要低。最后，索普注意到"凯利公式的出众特性是渐渐显现的，当概率伴随着投资时间增加时，其优秀特性就展现出来了"，但是"当胜算概率'足够高'，凯利公式的优秀特性完全显现之前，投资者或者赌客不会选择，或者不能选择足够大的凯利下注规模"，索普据之指出，长期投资中所谓的长期，就是简单地长到凯利公式的优秀特性浮现。

如果我们用简单的价值投资方法进行集中投资，长期中，我们的收益将会背离市场收益水平，但是朝着积极的方向发生偏差。随着我们不断地提高投资组合的集中度，我们得到的回报会越来越丰厚。出于这个原因，另外鉴于即使那些相对安全的投资——按照内在价值的折价买进的股票——也存在一些下行风险发生的概率，价值投资者主张在有限分散的基础上进行集中投资。赛思·卡拉曼（Seth Klarman）在他的《安全边际》一书中写道：

不可能事件的有害影响可以通过审慎的分散投资得到很好的缓解。但是，为了将投资组合风险降低到可接受水平所需要持有的股票数目也不多，通常情况下，持有10至15只股票就足够了。

本杰明·格雷厄姆同样倡导有限的分散化。在《聪明的投资者》一书中，他主张投资组合中最低持有10只股票，最多持有30只股票。格雷厄姆的建议与学术研究的结果近似，后者也主张投资组合中建仓的最佳股票数目应该控制在10只到30只之间。卡拉曼、巴菲特、芒格建议持有更少的股票只数——巴菲特和芒格建议持有5只股票，卡拉曼建议持有10只到15只股票——这些都与研究的结果大体吻合，这些研究指出，价值投资者通过持有高度集中的投资组合，可以取得最佳的投资回报，同时也与奥肖内西的发现吻合，奥肖内西认为持有25只股票可以获得最佳的风险调整收益。在接下来的章节中，我们将考察几位集中价值投资者的投资哲学和投资收益。他们要么运用凯利公式详细地计算出仓位规模，要么摒弃详细的计算，简单地凭着直觉进行集中投资，而且都有十分长久的投资记录。首先，我们将考察巴菲特的朋友及商业合伙人、伯克希尔·哈撒韦公司副主席——查理·芒格的投资记录和投资哲学。

CONCENTRATED INVESTING

第 5 章

查理·芒格：

集中投资之神

> 你应该把集中投资作为本书的主题，因为我注意到这个主题有几十年了，应该说，几乎所有我认识的长期跑赢市场的投资高手都不是通过持有二十多个行业的上百种证券做到的。比尔·米勒（Bill Miller）是少数例外之一，但从某种角度讲他在少数行业里也是专注的。一般来讲，那些能长期坚持下来的人都是在投资组合上相当专注的人。怎么会不是这样呢？
>
> ——查理·芒格（Charlie Munger）

在沃伦·巴菲特的劝说下，查理·芒格于1962年建立了他的合伙公司，惠勒·芒格公司（Wheeler Munger & Company）。他同杰克·惠勒（Jack Wheeler）合作，杰克·惠勒是一名资深股票交易员，也是太平洋海岸股票交易所的两个专家席位的拥有者之一。惠勒·芒格公司在交易所里租了一件小办公室并且开始筹集资金用于公司的投资事项。芒格向家人、朋友和之前的客户询问是否需要投资,向他们承诺资金将由查理·芒格和他的法律助理罗伊·托勒斯(Roy Tolles)一同管理,这一模式仿效了巴菲特。如同芒格曾经说过的一样,巴菲特和芒格常常看上同一家公司,他们经常通过电话交流。当然他们的投资组合不会完全相同——他们不会在相同的公司上购买相同的数量——然而他们的投资组合确实常常包含相同的投资标的。值得注意的是,他们都投资了多元零售公司(Diversified Retailing),该公司持有很多零售超市的股权并且控股了蓝筹印花公司(Blue Chip Stamps),巴菲特是第一大股东,而芒格是第二大股东。芒格曾说巴菲特在资本管理方面是他的良师:

> 沃伦的导师是本杰明·格雷厄姆。沃伦说过,"我从未超过格雷厄姆",但他确实超过了。你可以说我的导师是沃伦。沃伦是劝说我从事资本管理这个行业的人。但是,我也有自己的做事方式。沃伦和我常常想到一块去。

和巴菲特一样,惠勒和芒格的投资表现也是十分惊人的。在1962—1972年这头11年里,他们取得了28.3%的年化收益率,同期市场是6.7%的年化收益率,年化收益率超出市场21.7%,这是一个很大的超额收益率。尽管这段时间市场经历了3次大的下跌阶段(1962年的−7.6%,1966年的−15.8%,1969年的−11.6%),惠勒和芒格只在1971年这一年里取得了−0.1%的微小负收益。忽略税收因素,惠勒·芒格公司的普通投资者在1972年年底比投资于标普500指数的投资者多赚了8倍,而接下来的三年里表现则没有这么好,如表5.1所示。

表5.1 惠勒·芒格公司的收益率

年份	收益率（%）	标普500收益率（%）	超额收益率（%）
1962	30.1	−7.6	37.7
1963	71.7	20.6	51.1
1964	49.7	18.7	31.0
1965	8.4	14.2	−5.8
1966	12.4	−15.8	28.2
1967	56.2	19	37.2
1968	40.4	7.7	32.7
1969	28.3	−11.6	39.9
1970	−0.1	8.7	−8.8
1971	25.4	9.8	15.6
1972	8.3	18.2	−9.9
1973	−31.9	−13.1	−18.8
1974	−31.5	−23.1	−18.8
1975	73.2	44.4	28.8
复合年增长率	19.8	4.9	14.9
年均增长率	24.3	6.4	17.9
标准差	33.0	18.5	14.5

　　1973年，惠勒·芒格遭遇了第一次重大亏损——−31.9%的收益率，同期市场仅仅下跌了13.1%。1974年几乎是1973年的翻版，那一年惠勒·芒格亏损了31.5%而市场下跌了23.1%。这使得1975年73.2%的超高收益率也没能让资产净值重回前高。当芒格在1975年年末关闭该合伙公司时，资产净值仍比1972年达到的峰值低了19.2%。总的来看，在这14年的投资经

历中，惠勒·芒格取得了年化19.8%的复合收益率，每年能够超过市场收益率约15%。在1962年向查理·芒格公司投资的10万美元在1975年年底将会达到126万美元（税前），而如果投资标普500指数的话将会达到19.617万美元（税前），查理·芒格公司的投资者的资金是标普500指数投资者的6.4倍。

惠勒·芒格在1973年和1974年重大亏损的源头有两个，一个是一家注册投资公司，存信基金（Fund of Letters），另一个是蓝筹印花公司。芒格在1972年控股了存信基金。该基金叫作"存信基金"是由于它持有很多"存信证券"，一种在发行时不需要按照证监会（SEC）要求披露相关信息的证券，它需要在销售之前登记内容说明书。然而，当一段时间内证监会不允许登记内容说明书时，存信证券在市场上就很难销售且其流动性很差。当市场大涨时，比如20世纪60年代，存信证券成为十分火爆的投资标的。然而，20世纪60年代末期市场下跌时，存信证券以一个很大的折价销售。看到这些资产如此巨大的折价，芒格进入了市场并且最终控股了这些资产：

> 在早些时候，沃伦和我会在市场里控股一些公司。我们已经很久没有这么做了，数十年都没有这么做了。但是在早期我们确实控股了一些公司，沃伦控股了伯克希尔·哈撒韦公司。

芒格不久就将基金的名称改为新美洲基金（New America Fund），同时更换了所有董事会成员。他也将基金的投资风格转换为他在惠勒·芒格公司用的那一套。之前的存信基金更像一个风险投资基金，而现在的新美洲基金则变为一个上市公司价值投资者。芒格卖出了全部的存信证券并且把资金投向了低估的出版和电台股票。基金持有最多的股票是首都城市通讯公司（Capital Cities Communications）和日报公司（Daily Journal Corporation），都是100%完全控股。

当然，新美洲的这些改变不会在短期内产生效果。在转型期间，股价从1972年年底的9.22美元一路下跌到1974年年底的3.75美元，然而，公司每股净资产为9.28美元，这显示出买入的成本价其实已经十分便宜。同时，惠勒·芒格公司买入的蓝筹印花公司股价也从7.5美元跌到5.25美元。尽管从个人角度看，芒格并不在意这些未实现的损失，但他发现相对市场而言其业绩表现难以容忍。他发现合伙制企业结构会对资金管理造成困惑。最主要的问题是客户可以自由提取资金，而且这些提现主要发生在市场极度低迷的时候。当芒格想要花一些钱买某个股票时，他不得不支付给想要提现的客户。尽管这样的时候不多，但是足以使他在1976年决定终止这个合伙制公司。在1976年，惠勒·芒格接手了新美洲基金，并一直运作至1986年，在这段时间芒格和巴菲特有两桩投资是相同的，他们都投资了蓝筹印花公司和多元零售公司，这两家公司的股权后来被伯克希尔·哈撒韦用股权互换全部收购。（惠勒·芒格获得多元零售公司10%的股份，就像对新美洲基金一样，惠勒·芒格是以低于清算价值的价格收购这家公司的。）当被问到是否要公开出售惠勒·芒格合伙存信基金时，芒格说他"从来没有考虑过"：

> 沃伦比我努力得多。我并不感到惊喜——从起步投资，我渐渐成为一个更好的投资者，沃伦也是这样。（芒格、巴菲特和辛普

森）的投资秘诀并不是普通人愿意汲取的。换句话说，如果不是几十年来不断学习，使他们每个人越来越好，他们就不会那么优秀。投资越来越难，而我们也越来越娴熟。现在，投资管理行业超强聪明的人太多，各种小机构太多，人们所付出的精力也是空前的，因此现在的市场已经不是我们当初进入时的市场，普通人的投资表现也趋于平庸。竞争越来越激烈，当你有大笔资金要管理时，你会发现买入和卖出头寸都很困难。有许多小公司你完全不想花时间研究他们，因为他们的体量太小了，相对伯克希尔哈撒韦来说实在是太小了。竞争越来越激烈，同时，我们的收益率也越来越低，因为我们管理的资金量越来越大。这几乎困扰着所有的资金越来越多的投资人。无论何种情况，随着投资者需要管理越来越多的资金，想要超过平均水平的收益率变得越来越困难。

■ 以公道的价格收购优质公司

蓝筹印花公司在芒格、巴菲特和伯克希尔·哈撒韦公司的投资历史中是一家十分重要的公司。借助于蓝筹印花公司，伯克希尔·哈撒韦收购了喜诗糖果（See's Candies）、《布法罗新闻报》（*Buffalo News*）和维斯科金融公司（Wesco Financial），这几个公司都是伯克希尔·哈撒韦投资历史中的明星公司。蓝筹印花公司发行经营交易礼品赠券，这种赠券类似于飞行常客奖励计划的早期雏形，零售商把这些礼品赠券作为一种激励手段分发给顾客，以吸引回头客再来购买商品。零售商从蓝筹印花公司购买这种礼品赠券，再把这些赠券分发给购物的顾客们。顾客收集这些赠券并用它们兑换蓝筹印花公司的奖品，比如玩具或者吐司炉等。

蓝筹印花公司在1956年由九家零售企业以辛迪加的形式联合创建，其中包括雪佛龙石油公司（Chevron Oil）、斯瑞弗提药业（Thrifty Drugs）以及加州的几家大型食品杂货连锁店，它们是从另一个礼品赠券联盟——S&H绿色赠券（S&H Green Stamps）中退出来的。蓝筹印花公司最吸引巴菲特和芒格的地方在于公司的浮存资金。在顾客收集全部礼品赠券来兑换之前，蓝筹印花公司可以一直保有资金，而收集到足以兑换的礼品赠券往往需要花费不少的时间。许多礼品赠券都被弄丢或者遗弃，蓝筹印花公司的浮存金规模一直增长到20世纪70年代早期，几乎达到1亿美元，而公司的年销售额为1.2亿美元。

和保险公司的保险浮存金一样，蓝筹印花公司的浮存资金可以在需要兑付之前用于投资。蓝筹印花公司45%的股权被前面九家创立公司持有，剩下的股权则被数以千计的小零售商持有——1963年，美国司法部根据反托拉斯法案迫使创立者将股权进行分散，小零售商们进而得到了部分股权。该公司的股票交易在场外柜台进行，而且不算出名，按照巴菲特的话来说，价格"十分便宜"。巴菲特十分激进地购买了大量公司股票并且成为公司的第一大股东，而芒格则成为第二大股东。最终，伯克希尔·哈撒韦、巴菲特和芒格一共持有蓝筹印花公司75%的流通股份，其中伯克希尔·哈撒韦持有60%。巴菲特和芒格入主董事会之后就迅速控制了蓝筹印花公司的投资委员会，随着礼品赠券业务的逐渐萎缩，巴菲特和芒格将资金引向了更有效率的用途。礼品赠券业务在1970年达到顶峰，当年其营业收入达1.24美元。在那之后开始经历长时间地缓慢下滑，其营业收入在20世纪90年代早期只有年均10万美元，那个时候，只有几家保龄球联盟还在使用礼品赠券。芒格对此调侃道，"我主导了一项几乎彻头彻尾的失败，我失败了。"即便如此，蓝筹印花公司利用投向其他领域的资本，依旧取得了现象级的业绩表现。1972年，蓝筹印花公司的净资产达到4600万美元。到1981年年底，其净资产增加到1.69亿美元。1981年，芒格写信给蓝筹印花公司的股东，谈到了公司持有的投资组合情况：

> 20世纪70年代，我们从单一的业务开始，主要是礼品赠券业务，这项业务随后逐渐萎缩，此外，与礼品赠券负债相对应，前任股东们为公司挑选了一系列证券组成的投资组合，而如果一直持有这些组合的话，早就引发了灾难性的后果。

巧合的是，巴菲特和芒格管理下的蓝筹印花公司所做出的一笔早期收购是源泉资本（Source Capital），该公司当时是麻烦缠身的封闭式投资基金，由活跃经理人弗雷德·卡尔创建——正是1969年曾短暂聘用卢·辛普森的那个弗雷德·卡尔。巴菲特和芒格很快为蓝筹印花公司的浮存资金找到了新的投资标的——喜诗糖果，这也是巴菲特和芒格截至当时所做出的最大规模的收购。

1971年，蓝筹印花公司的投资顾问，罗伯特·弗莱厄蒂（Robert Flaherty），给巴菲特打电话告诉他喜诗糖果要被出售了，巴菲特给出了一个著名的答复，"嘿，鲍勃，一个糖果公司？我们并不想涉足糖果业务。"然后电话断线了。当他们尝试给巴菲特再次打回去的时候，秘书拨错了号码，过了好几分钟电话才打通。当电话最终接通时，巴菲特在他们说话之前抢先发声，"我正在看一些数据，是的，我想要以现在的价格买一些喜诗糖果的股份。"不久，巴菲特和芒格在洛杉矶的一家酒店与哈利·喜诗（Harry See）——创始人的儿子，喜诗糖果公司行将退休的首席执行官会面，同时也会见了查克·希金斯（Chuck Huggins）——喜诗糖果的另外一位执行官。当时有两个问题有待解决：（1）价格；（2）谁来经营公司。

得知首席执行官计划退休后，巴菲特对喜诗说："如果这笔生意谈成了，我们不参与公司的日常经营，但是我需要知道谁将会主管公司经营。"

喜诗看向了希金斯，回答道："查克将负责公司的日常经营。"

巴菲特说："那太好了。"然后希金斯被任命为继任的首席执行官。喜诗家族想以3000万美元的价格出售公司，但是巴菲特不愿意接受超过2500万美元的价格，因为这个金额已经超过了公司账面价值的3倍。双方会谈没有能够谈拢收购的价格。之后，哈利·喜诗给巴菲特打电话，告知他们接受了2500万美元的报价，于是蓝筹印花公司在1972年1月3日以2500万美元的价格收购了喜诗糖果。

在收购喜诗糖果之前，巴菲特和芒格都一直在寻求本杰明·格雷厄姆式的投资机会，即以低于账面价值或者清算价值的价格进行投资的机会。事实上，惠勒·芒格在购买其三个主要资产（新美洲基金、多元零售公司和蓝筹印花公司）时，都是在清算价值的基础上，大幅折价买进。而这次以3倍于账面价值的价格收购喜诗糖果，标志着巴菲特在格雷厄姆式投资策略上的重大改变。这次收购对芒格的启发也很大：

这次交易是以超过账面价值的价格成交的，并且确实带来了收益。霍克希尔德·科恩（Hochschild, Kohn），一家连锁百货超市，是我们以低于账面价值及清算价值的价格买进的，但是最终并没有赚钱。这两件事合在一起让我们改变了投资思路，转向"愿意为更好的公司支付更高的价格"的投资理念。

　　喜诗糖果最终被证明是一家非常出色的公司，巴菲特和芒格很轻易地就发现，经营一家利用留存收益进行内部融资进而逐步高速成长的公司要容易很多。这样的公司能够不断成长，同时带来现金流，如此一来，巴菲特和芒格就能够用这些现金流收购其他公司。2007年，在致股东信中，巴菲特将喜诗糖果形容为"理想生意的典型代表"。那一年，喜诗糖果为伯克希尔·哈撒韦带来了8200万美元的利润，而所投入的资本仅为4000万美元，资本收益率达到了非凡的195%。喜诗糖果的收益从500万美元增长到8200万美元，增长了16倍，而同期的资本投入仅仅增长了5倍。这让喜诗糖果在1972—2007年返还至伯克希尔·哈撒韦的收益合计达到了13.5亿美元——但须从中扣除公司自身内生增长所需的3200万美元。通过比较，巴菲特估计，一家企业平均需要额外4亿美元的资本投向营运资本和固定资产，才能达到这样的成长速度，而这样一来，企业就不可能像喜诗糖果那样具有价值。巴菲特和芒格还能利用喜诗糖果带来的额外收益去收购其他高质量企业，伯克希尔·哈撒韦也慢慢成长为庞大的金融财团。这次交易让芒格意识到"为了长期中的好处，收购一些公司时，多花一点钱是值得的"。

　　这里的诀窍是，你所收购的企业要物超所值。道理就是这样简单。

通过喜诗糖果的例子，芒格认识到收购一家高质量的公司能够比低于清算价格进行收购提供更大的安全边际。这种收购也可以使股东对公司付出更少的关注以及采取更少的行动。一般而言，按照清算价值进行折价交易的公司，经营状况往往不那么好。低质量的公司需要时间和精力的投入来实现价值回归，而且经常于事无补。在贝克斯菲尔德（Bakersfield）担任一家国际收割机公司（International Harvester）经销店的主管时，芒格体会到了经营一家平庸企业有多么困难。企业的问题嵌置于其商业模式中。这样的公司往往需要资本投入来支持成长，因为你必须先购买机器才能开始生产。喜诗糖果与之相反。它的成长没有资本注入，相反，它还能产生现金流。喜诗糖果的例子启发了巴菲特和芒格。那么他们怎样辨别出这样的公司呢？

菲利普·费雪（Philip Fisher）是洛杉矶当地著名的成长股投资者，他在1958年出版了被誉为成长股投资者圣经的《怎样选择成长股》（*Common Stocks and Uncommon Profits*）一书。费雪倡导运用"木桶方法"来辨别定性因素，使投资者得到独特的洞察力，从而发现潜在的投资机会。通过从公司的竞争对手、客户以及供应商那里搜集信息，这些定性因素可能包括：公司的管理水平、企业研发或技术效率、企业的服务水平或客户导向，或者产品营销的效率。费雪运用从"木桶方法"中得到的信息来分析公司的成长性，以及公司通过科技优势、优质服务，或者消费者"特许经营权"，对抗竞争者以保全市场份额的能力。巴菲特欣然接受了费雪的观点，并将费雪的投资哲学同格雷厄姆的投资理念融合在一起。格雷厄姆创立了价值投资哲学的根基：内在价值的概念，即背离市场价格的程度以及安全边际的重要性。费雪认为安全边际能够通过收购高质量的公司获得，这种情况下，公司能够内生地逐渐成长。1989年，巴菲特将他在格雷厄姆、费雪以及喜诗糖果中汲取的经验凝练成一句话：“以公道的价格收购一家好公司，优于以很低的价格收购普通公司。”这句话将成为我们耳熟能详的老调。在“以公道的价格收购好公司”的投资之道上，巴菲特认为芒格给了自己深刻的影响，并对此深表感谢。同样是在1989年，巴菲特说，“查理在这一点上比我理解得早，我学得很慢。但是现在，当我在买进股票或者收购公司的时候，我们总是寻找有着一流管理层的一流公司。”当然，芒格仍然是一个价值投资者。在2013年日报公司（Daily Journal Company）的会议上，芒格谈到了他最喜欢收购的公司类型：

收购基本面良好的公司的欲望会被过高的收购价格浇灭。反之则不是这样。

然而，1972年，巴菲特和芒格没有停止“在账面价值的基础上开展折价收购”的行动。1972年夏末，位于帕萨迪那市的互助储蓄及贷款协会的母公司，维斯科金融的股票可以被买到时，巴菲特和芒格动用蓝筹印花公司的200万美元购买了维斯科金融约8%的股权。1973年1月，维斯科金融宣布计划与另一家储蓄贷款机构，圣巴巴拉金融公司（Financial Corporation of Santa Barbara）合并，而预案中的条款对维斯科金融很不利。巴菲特和芒格得知这一合并预案后十分愤怒。因为维斯科金融将用其被低估的股票置换圣巴巴拉金融公司被高估的股票。芒格想要购买足够多的股权进而阻止该交易。巴菲特不是很情愿，但是芒格执意如此，蓝筹印花公司介入了市场，并且购买了维斯科金融17%的股权。巴菲特和芒格说服了维斯科金融的另一个大股东，贝蒂·彼得斯（Betty Peters），维斯科金融创始人的女儿，在投票时与蓝筹印花公司一致行动，最终，这项合并交易被否决了。在不违背监管许可的情况下，巴菲特和芒格最多只能继续买进维斯科金融3%的股权，尽管维斯科金融的股价短期内大概率下跌，他们仍决定以每股17美元的价格购买了3%的维斯科金融股权——这一价格正是潜在合并的每股价格。他们认为这是唯一恰当的行动方案，因为蓝筹印花公司最终阻止了这次合并。这一举动引起了证券交易委员会的注意，并成为蓝筹印花公司日常经营的一大主要障碍。

证券交易委员会认为蓝筹印花公司做出的17美元一股的竞价，已经非法操纵了维斯科金融的股票。委员会怀疑巴菲特和芒格溢价买进股票，从而人为地支撑维斯科金融在合并失败后接下来几周的股价。证券交易委员会同样认为蓝筹印花公司在维斯科金融合并前的突击收购具有瑕疵，他们宣称这笔收购是被用来阻止合并事项的。在这一点上，委员会的控告不无道理——蓝筹印花公司在维斯科金融合并前突击买进更多的股权正是为了阻止后者的合并，而且它还溢价买进维斯科金融的股份，以支撑市场价格——但是这些行为涉及的非法程度难以彻底弄清。蓝筹印花公司真正的问题在于它涉嫌违反了不久之前通过的反垄断法案，尽管这次事件是在几位不同的经理人管理下发生的，蓝筹印花公司还是被委员会列入了观察名单。使问题进一步复杂的是，证券交易委员会认为，巴菲特、芒格、伯克希尔·哈撒韦、蓝筹印花公司之间的交叉持股是出于隐瞒一些欺诈行为的目的。巴菲特和芒格承认了这些交叉持股显而易见的复杂性，但他们认为这是伴随着时间的流逝自然发生的，同时否认这一行为是为了掩饰异常情况，也否认交叉持股造成了利益冲突。委员会起诉并处理了针对蓝筹印花公司的诉讼，该诉讼没有要求巴菲特和芒格认罪，而是要求他们不再进行这类操作。同时，巴菲特和芒格还被要求赔偿115000美元用以补偿维斯科金融股东，委员会认为这些股东在这次交易中蒙受了损失。在这次案件结束后，巴菲特和芒格决定重新安排伯克希尔·哈撒韦、蓝筹印花公司和维斯科金融之间的交叉持股结构。维斯科金融被并入了蓝筹印花公司，之后于1983年，蓝筹印花公司和伯克希尔·哈撒韦合并。伯克希尔·哈撒韦用其8%的股权，置换了其尚未持有的蓝筹印花公司40%的股权。尘埃落定之后，芒格持有了2%的伯克希尔·哈撒韦公司股权，并且进入了公司的董事会担任副主席。在这三家企业合并后，伯克希尔·哈撒韦的资产达到了16亿美元。巴菲特和芒格合并了他们的财务事务，统一了他们的投资哲学：以公道的价格收购优质公司。

■ 先赔后赚的《布法罗新闻报》

蓝筹印花公司碰到的第三个难题，是1977年收购了《布法罗新闻晚报》，一家有着近百年历史的报业公司，这桩收购最清楚地表明巴菲特和芒格正在追求新型的投资标的。巴菲特和芒格在收购这家报业时进行了三次报价，最终支付了一笔不菲的价格，这笔高价只有从"以公道的价格收购优质公司"的角度看才是值得的。他们第一次报价3000万美元但遭到了拒绝。之后将报价提高到了3200万美元，但还是被拒绝了。最终他们在黄皮法律文书上写下了最终报价——3250万美元。鉴于1976年《布法罗新闻晚报》的税前营收只有170万美元，这笔报价实在很高。当这笔占到伯克希尔・哈撒韦净资产25%的报价被接受后，巴菲特和芒格就成为了东方报业的业主。这一收购十分成功，但并非没有瑕疵。布法罗的经济很快开始衰退，公司还有一个强硬的工会，另外，公司还有一个强劲的竞争对手——《布法罗邮报》，马克・吐温曾担任该报的编辑。尽管《布法罗新闻晚报》的周中销量是《布法罗邮报》的4倍，但是《布法罗邮报》的周日版成了其救命稻草，因为《布法罗新闻晚报》在周日不出版。巴菲特和芒格意识到在布法罗中只有一家报业最终能存续下来，他们坚信这个赢家会是《布法罗新闻晚报》。他们迅速做出了两个重大改变：一是去除了报纸名称中的"晚"字；二是开始在周日出版。《布法罗新闻报》的周日版开始面向订阅者发放，售价是30美分一份，而《布法罗邮报》的周日版是50美分一份。《布法罗邮报》通过起诉《布法罗新闻报》开始了反击，声称《布法罗新闻报》违反了反托拉斯法，并获得了禁止《布法罗新闻报》发行周日版的法院禁令。持续了两年之久的法院禁令将《布法罗新闻报》拖入营收赤字，1979年，《布法罗新闻报》巨亏460万美元。与此同时，布法罗也在严峻的就业形势面前苦苦挣扎，其重工制造业的就业岗位减少了23%。失业率迅速攀升至15%，同时零售业不断衰落，广告业的收入也大幅下降。1981年，芒格在写给蓝筹印花公司股东的信中谈到了他对收购《布法罗新闻报》的失望：

> 我们现在本应该拥有价值7000万美元的其他资产，每年收益本应超过1000万美元，而不是当前持有的《布法罗新闻报》及其现在附带的亏损。不论布法罗未来形势如何，我百分之百地确定，如果没有进行这次收购，我们现在的财务状况会更好。

　　尽管当时芒格他们不可能知道，但实际上《布法罗邮报》的境况比《布法罗新闻报》更惨，并很快破产倒闭。1982年9月，就在芒格致蓝筹印花公司股东信之后的数月，《布法罗邮报》破产倒闭，新闻报迎来了穿透云层的第一缕曙光。在1983年的致股东信中，巴菲特写道，"《布法罗新闻报》的税后利润率超过了他之前做出的目标收益率，即报业的平均收益率水平的10%。"

　　　　然而，考虑到宏观经济环境以及布法罗的零售业环境，布法罗新闻报的业绩表现实际上是一份值得称道的成绩。布法罗中重工业云集，这一经济部门遭到了最近的经济衰退格外沉重的打击，并且拖累了布法罗的经济复苏。布法罗的消费者遭遇了经济衰退带来的不便，报业的零售业客户同样未能幸免于难。在过去的几年里，这些客户的数量不断缩减，剩下的客户也减少了在报纸上投放的广告篇幅。在这样的环境中，《布法罗新闻报》拥有一个独到的优势：它的公众接受度，这一指标用报业的"渗透率"来衡量——每天都订阅《布法罗新闻报》的家庭占比。

　　巴菲特注意到"《布法罗新闻报》的周中渗透率在全美100大报业中排名第一……远高于许多全国闻名的日报"，因此他对《布法罗新闻报》的渗透率十分满意。巴菲特持续跟踪《布法罗新闻报》的渗透率，因为他认为渗透率是"衡量其排他性经营程度的最佳指标"。

　　　　在那些对当地大型零售商极有吸引力的地区，一些报纸有着非常高的发行量，而在其他地方的发行量则相对较少，这种报纸在那些零售商看来，是十分高效的购买标的。在需要发布广告的零售商眼中，低渗透率的报纸更没有吸引力。

巴菲特认为，《布法罗新闻报》取得成功的一个重要因素在于其"新闻信息挖掘"的深度，巴菲特将之定义为"新闻的编辑材料——而非广告"。在近半的新闻内容中，《布法罗新闻报》给读者提供的信息相较于一般报纸多出了25%。

得当的编辑，合理的撰写，丰富的信息，这使得我们的报纸更容易被读者接受，使我们有了不凡的渗透率。

巴菲特认为，"深度挖掘新闻信息"的做法使得《布法罗新闻报》担负了不菲的额外印刷成本，而且其新闻成本——挖掘新闻的印刷成本，加上工资支出以及报社新闻编辑社的开支——相较于其收入的占比，要高于大多数同等规模的主流报业。然而，他坦承，"我们有足够的余地来承担这些成本，规模类似的报业，新闻成本的高低差距大概在3%，但是税前利润率的差异却经常是这一数据的10倍之多。"

与最优秀的企业相似，主流报业的财务状况也会十分出色。通常，报业的股东相信他们高额的收益仅仅源于他们不断推出好的产品。这种自我陶醉的想法在事实面前却不那么站得住脚。一流的报业赚取高额的利润，三流的报业利润率也不遑多让，甚至更高一筹——只要该报业在其目标客户群体里占据主导地位。当然，对于一家报业而言，想要取得主导优势，产品质量至关重要。

1986年，也就是巴菲特和芒格收购《布法罗新闻报》的10年之后，在熬过了财务状况意外下滑和诉讼指控此起彼伏的黑暗日子之后，巴菲特写道，"这次收购给我们带来的财务收益远超出了我们的预期，当然，也给我们带来了非财务收益。"《布法罗新闻报》那时候已经成了一家盈利能力超群的报业公司。到了2000年，差不多是在其被收购的25年之后，《布法罗新闻报》的营收总额达到了1.57亿美元，税前收益达到了5300万美元，其资产收益率更是达到了91.2%——这使得它成为全美最赚钱的报业公司。

■ 集中投资"不超过三只"股票

在《太对了》（*Damn Right!*）一书中，巴菲特告诉芒格的传记作者詹尼·洛尔（Janet Lowe），芒格一开始遵循格雷厄姆建立的价值投资的基本准则，但相对其他传统价值投资者比如沃尔特·施罗斯（Walter Schloss）而言，芒格的持股通常更为大幅集中：

查理的投资组合集中在"非常少的几只股票"上，因此其收益的波动性更大，但他还是基于"挑选价格低于价值的股票"这一择股方法。查理愿意接受投资业绩的巨幅峰值和深幅低谷，而他恰好又是信奉集中投资的人，这在他的投资业绩中也有所表现。

芒格将"非常少的几只股票"定义为"不超过三只"：

> 对于集中投资，我在自己的研究中假设我可以找到少数几只股票，比如说三只，这些股票从统计的角度来看能带来超额收益，而且不会带来灾难性的损失。如果我找到了三只这样的股票，它们就会是我未来取得优秀投资业绩的绝佳机会。我只要迭代就能完成这项工作。这些就是我的学术研究内容——高等代数和常识。

芒格对于持有如此少数几只股票的理由是基于实际的考虑——"如果持有一个包含150只股票的投资组合，投资者怎么能充分了解详细信息并总是取得超过市场平均水平的收益呢？"那将是相当大的一个难题。他认为大多数的证券估值是得当的：

> 那些提出有效市场理论的人也不是完全疯了，但是它们太极端了。这个理论除了一些例外大致是正确的。

这一观察，连同自己的研究，促使芒格去寻找自己可能获利的少数几种情形：

> 平心而论，很明显的一点是，在投资领域中，我不可能比其他每个人都更具优势，也不可能在投资所有证券时都技高一筹。对我而言，同样明显的一点就是，如果我努力地工作，我就能找到几只股票，在它们身上，我相比其他人拥有更非同寻常的竞争力。

我很自然地从机会成本的角度来思考。因此，一旦我持有三只证券——A，B和C——我就不会购买其他任何证券。实际上，我已经研究过这些证券。我不知道在长期中的一笔投资需要分散到什么程度。我只是将择股视为一道概率的问题，用笔和纸来算出答案。

如果你手中有三只证券并且你想操作30年，你每年在每只证券上取得的收益都可能超过市场平均收益4个百分点或者其他数额，那么你取得十分糟糕的平均收益率的概率又会是多少呢？我会运用数学先把这些都算好。假设持有期超过30年，你的投资业绩的波动性会更大，但是考虑到规避了灾难性的损失，长期中的期望收益还是足够可观的。我会在脑海中把这些都计算出来，使用的仅仅是中学的代数知识。

为了获得优势，芒格经常买一些小的不知名的公司的股票。实力更雄厚的投资者对这些股票并不感兴趣：

和许多成功的价值投资者一样，我喜欢买小公司的股票，而不是盯着埃克森、荷兰皇家壳牌石油公司、宝洁公司和可口可乐这些知名大公司。如果你分析过那些长期中取得成功的价值投资者，你会发现他们中的多数人都操作那些鲜有人关注的股票。

和辛普森一样，芒格喜欢买"金融食人魔"（financial cannibals），即那种大量回购自己公司股票的公司。

那些成功的公司的一大共性在于，他们巨额回购自己公司的股份，这些回购有力地推动了之后公司的股价。卢、巴菲特和我经常思考那种普通的公司经理——他们会利用挣得的过剩现金，推动公司进军新的商业领域，而过半的案例中，他们都会把事情搞砸。原因诸如他们支付的价格太高了等等。在许多情况下，连傻瓜都知道他们回购股份的结果会比多元化投资要好，但这些经理们还是选择了多元化投资。因此，具有那种思想理念的人很自然地会被吉姆·吉布森（Jim Gibson）称作"金融食人魔"的人——吃掉自己的人——所吸引。

芒格经常谈及价值投资"头脑"。他认为性格是持有集中的投资组合的一个关键因素。当巴菲特任命卢·辛普森为政府雇员保险公司（GEICO）的投资主管时，芒格就察觉出他具备合适的性格和精神。

沃伦认为，如果你在理财方面有着超高的智商，你可以抛弃一部分。当然，他这么说有点极端，智商确实很有作用。但是沃伦有一点说得很对，性格这种东西不是教出来的。一丝不苟的工作，加上机敏睿智的脑瓜，胜过不能清楚认识自己界限的天才大脑。卢·辛普森恰好智商很高，但是要我说，他内在的基本禀性是他取得成功的重要因素。他的性格和我们很像，我们很喜欢这一点，我们也是这样。

和巴菲特以及芒格一样，辛普森持有的投资组合的一大特点也是在很长的一段时间里按兵不动，而在某个短暂的时间里密集行动：

> 卢·辛普森有着他自己的投资风格。从某种程度上讲，我
> 们每个人都选择了适合自己天性的投资风格。有很多领域看上去
> 十分复杂，我们就避而远之。如果最终我们没有取得任何优势，
> 那么无论我们之前如何努力地工作，一切都毫无意义。当一个人
> 什么都不做时，他的弹性就很大。这就是他的秘诀之一。按兵不
> 动，这正是辛普森的投资风格、芒格的投资风格以及巴菲特的投
> 资风格。

芒格认为，"坐下沉思"的投资风格对大多数基金经理而言并不适用。他指出，许多一流的基金经理不选择这种风格的原因在于，任何时候都不容易找到足够安全并且低估的股票来构建广泛分散的投资组合：

> 长久地持有两只股票来经营一只投资基金是不明智的，因为
> 如果你长久地持有两只股票，而且它们又表现良好，你的客户就
> 会纳闷，"我为什么要向这个家伙付钱？"然而，很快，当他的资
> 金翻了三倍、翻了四倍等等的时候，他就会爱上这些股票。而你
> 看上去好像什么也没有做。

过于集中的投资者的投资组合会受到追踪误差的影响。追踪误差，简而言之，就是个人投资组合和市场或者某些基准之间的收益差异。为了避免由于暂时的投资业绩不佳引发客户赎回，一些经理人倾向于"仿

指数投资"，这些经理人持有的投资组合成分与基准指数的成分相似，该基准指数也正是衡量他们投资业绩的标尺。芒格讲述了一个关于 J. P. 摩根银行的故事，芒格说，J. P. 摩根收取0.25%的费用，管理了一个资产组合，投资于"漂亮五十"成分股，"其他什么都不用做，J. P. 摩根简单地买进这些成分股，也不用考虑它们的市盈率。"

> J. P. 摩根在这件事上取得了巨大的成功，越来越多的资金闻风而来，并被投资于这些"漂亮五十"成分股。投资的业绩纪录从部分角度来看，是自我实现的。当然，由于被炒作得价格虚高，最终泡沫破裂时，状况也十分惨烈。对于那种自我实现的暂时性的成功，我不认为它们是成功的投资。真正的成功应该持久。在很长的一段时间里，J. P. 摩根的那些人都被视为卓越的投资家——而且仅仅收取0.25%的费用。当然，那些问题是普遍存在的。那也是为什么有如此之多的仿指数投资者的原因。这种投资策略收效甚微，因为不计其数的经理们充斥在仿指数投资的市场上。但这样的情况在伯克希尔和GEICO很罕见。

要想取得很高的收益率，芒格认为很重要的一点是忽略指数，但在操作外部资金的时候，很难做到这一点。在本书介绍的高度集中的投资者们当中，这是一个共同的基调。在集中投资组合中，要想实现高收益，永久资本——免于提现或者赎回的资本——是一个非常重要的因素，因为它提供了能使资金管理人忽略市场短期波动的宝贵条件：

　　我们为什么想要那些人为的限制呢？卢·辛普森经历了互联网泡沫的漫长时期，当时他的投资收益逊于市场平均水平。很多年后，突然之间，他的情况就好转了。当初陷入困境的时候，没有人对他说，"这三年里，你怎么能替我们这么投资呢？"如果你确实打算在30年的时间里最大化自己的收益，那么资金管理业务并非一定是一个好的选择。

　　在寻求永久资本的过程中，巴菲特和芒格被保险公司和蓝筹印花公司这样的企业所吸引，这些公司都能带来浮存资金：

　　但实际的情况是，我们是在偶然的情况下涉足了这种投资类型。当时，我们的投资回报年复一年地远超其他人，在这期间，我们很自然地被拥有大量浮存资金的企业所吸引。因此，相对于其他人而言，这种企业对我们来说更具价值，我们也就此开始收购有大量浮存资金的企业。一旦我们涉足了这种企业，我们会力图明智地开展经营。

　　巴菲特和芒格如此倾心于能产生浮存资金的企业，以至于他们打破收购企业这一平常惯例，自己建立了一家这样的企业：

　　有趣的是，在伯克希尔的历史上，我们自己只建立了一家企业，那就是阿吉特·詹恩（Ajit Jane）领导的再保险部门。这一部门完全是用伯克希尔的盈余现金设立的。虽然过程曲折，但是这一举措取得了巨大的成功。伯克希尔的其他资产都是我们收购并发展起来的，只有这一部门是我们自己创立的。阿吉特・詹恩到任之后，这个部门开始良性运转。

芒格指出，伯克希尔的再保险业务"很难被复制"，因为其运作流程与众不同：

你怎么可能复制伯克希尔的再保险业务呢？它的这一业务十分特殊，从某种程度上讲，有点类似于价值投资。40年前，我为伯克希尔公司买下了一家小型工人赔付公司，花费大概在200万至300万美元。我们没有将这个公司发展壮大，因为工人赔付案件中有太多的欺诈现象。我们一直都很担心欺诈事件和政治因素。之后，当局通过了一项法规，法规指出，在工人赔付业务的特定关键环节中，受保人律师不能自行挑选鉴定医生。我们立即意识到这将深刻改变保险行业的现状。在几个月的时间里，我们和阿吉特一起，将自己在工人赔付业务市场的市场占有率从接近0开拓到10%。加利福尼亚州规模庞大，因此，在那里，10%的工人赔付业务市场占有率意味着一笔大生意。把承保什么的全都算在一起，他们一共赚取了几十亿美元。随后，当营收数据回落时，我们再次削减了这一业务规模。据我所知，没有其他人进行过相同的业务运作。那更像是一种投资业务，而不是常见的保险业务。

伯克希尔的运作方式与众不同，因为巴菲特和芒格一直对企业文化

保持着高度的关注。巴菲特将伯克希尔"难以复制的企业文化"赞誉为
公司最重要的竞争优势之一：

> 企业文化能够进行自我宣传。温斯顿·丘吉尔曾说过，"你装
> 饰完你的房子，之后你的房子衬饰你。"这个道理同样适用于一家
> 企业。官僚体制的办事程序滋生出更多的官僚作风，帝王皇室般
> 的企业催生出飞扬跋扈的傲慢行为。（正如一句俚语所说："当你
> 坐上汽车后座，而汽车没有立刻发动的时候，你就知道你已经不
> 再是CEO了。"）

在伯克希尔发展壮大的同时，其别具一格的企业文化将之打造成为
一个择机收购者。芒格和巴菲特延续着以往的做法不断进行投资——寻
找那些不知名的，或者被误解的公司——从当初无足轻重的收购，到现
在规模惊人的收购，其手段一向如此。当一些私人企业的创始人即将退
休，或者上市公司由于季度收益不佳而变得股价极其便宜时，芒格和巴
菲特就针对这些企业开展收购。对于被收购企业里留任的管理层，伯克
希尔给予了他们自主权。对于想要向伯克希尔出售股权的股东们，公司
提供了公道的股权收购价格以便他们退出企业。为此伯克希尔可以用巨
大规模的现金来购买其他优质企业。2010年，针对北伯灵顿圣塔菲公司的
收购案，标志着伯克希尔已经逐渐发展成为甚至那些规模庞大的待售公
司都青睐的优先买家，也表明巴菲特和芒格找到了能对伯克希尔产生重
大影响的投资。

2010年，伯克希尔耗资260亿美元，收购了其尚未持有的伯灵顿公司

77.4%的股份。加上背负的100亿美元债务，整个收购价值440亿美元，成为伯克希尔历史上最大的一笔收购。伯克希尔使用现金支付了70%的收购成本，并通过发行股票的方式支付剩下的部分，本次发行使得伯克希尔的流通股数量增长了6.1%。巴菲特指出，伯克希尔花费的220亿美元现金支出"很快得到补充"。不管怎么说，伯灵顿都是一家大公司。2012年，在描述其规模的时候，巴菲特描述道，伯灵顿公司承担了全国内陆运输15%的份额，运输方式涵盖了卡车、铁路、水运以及管道。这家公司对伯克希尔的影响同样巨大。在2010年致股东信中，巴菲特指出，伯灵顿公司提高了伯克希尔日常的盈利能力，提高的程度在税前达到40%，税后衡量的话则为30%。

尽管针对伯灵顿公司的收购延续了巴菲特和芒格长久以来进行巨额收购的惯例——巴菲特将这些巨额收购描述为"疾驰的大象"——但是，这一次的行动与伯克希尔的一贯举止还是略有出入。有别于喜诗糖果这种典型的能够产生现金流的投资标的，伯灵顿公司需要持续不断的大笔资本开支。从早期在喜诗糖果等收购中获取的现金，不仅被用来收购伯灵顿公司，还需要继续支出以维系其运转。巴菲特描述说，伯灵顿收购案的一个关键特征在于，这是针对长期存续、稳定运转的资产的一项巨额投资。那些资本开支数额庞大，在2015年达到了60亿美元——按照巴菲特的话来说，"差不多比其他任何铁路公司一年的开支都要多50%。无论是与收入、利润还是折旧相比，这都是一笔巨大的开支数额。"巴菲特还说，自己对于"厂房和机器设备的巨额投资，有着不竭的投资需求"。

为了履行社会责任，我们正常的投资支出远远大于折旧，2011

年这一差额达到了20亿美元。我确信我们的巨额增量投资会给我们带来适当的回报。睿智的管理和明智的投资，其实殊途同归。二者都需要提供高效的、令客户满意的服务，来获取社会及监管机构的认同。相应地，二者都需要得到保证，它们可以从未来资本投资上赚取丰厚的收益。

尽管喜诗糖果这种类型的企业可以带来现金流，但是它们能够带来的再投资机会十分有限。伯灵顿公司正好吸纳这些现金流，因为它需要持续不断的巨额投资，但是——假如监管机构允许的话——增量投资能够带来可观的收益。芒格估算收益率应该在10%以内：

这是我们曾做出的最好的交易之一，特别是考虑到它的规模。不仅是这一笔投资，既然我们手头有充裕的现金，我们愿意进行所有类似的资本投资。因此，将一大笔资金投向10%收益率的项目，对我们来说并不那么糟糕，况且，针对这些投资的管制还较为宽松。

至于监管机构限制投资收益率的这一风险，巴菲特说：

如果付出的增量投资不能取得合适的回报，那么像伯灵顿这种类型的巨额投资会显得很不明智。但是根据其展现的价值，我有信心，伯灵顿公司会带来可观的收益。很多年前，本杰明·富兰克林给出过忠告，"经营好你的店，它会反过来在经济上支持着你。"把这句话运用于我们的业务管理，如今他可能会说，"好好招待你的顾客，监管机构——顾客们的代表——也会好好待你。"

2015年，巴菲特将伯灵顿公司收购案这个"在经济大衰退的愁云惨雾中……伯克希尔公司历史上进行的最大规模收购"描述为"对美国未来经济状况的一次全押下注"。

那种类型的下注对我们而言不是什么新鲜事。1965年，巴菲特合伙公司控股伯克希尔的时候，我们下了类似的赌注。当时同样有很好的理由那么做：查理和我一直认为"美国经济持续繁荣"几乎板上钉钉。

……

获取收益不可能一蹴而就，永远不可能。我们经常对政府发牢骚。但是，非常确切的一点是，属于美国的最好时代尚未到来。乘着美国经济前景向好的东风，查理和我希望通过如下的一些方式来构筑伯克希尔股票的内在价值：（1）持续提高我们大量子公司的盈利能力；（2）通过后续收购进一步增加子公司的收益；（3）从不断增多的投资项目中获益；（4）股价明显低于内在价值时，回购伯克希尔公司的股份；（5）偶尔开展一些大型的并购。在一些罕有的情况下，如果有必要，我们同样会尝试增发伯克希尔股份，借此实现收益最大化。这些工作有着坚如磐石的基础……展望未来，查理和我看到了一个属于伯克希尔的世界。

在完成伯灵顿收购案之后，芒格回头审视了伯克希尔公司，并发出疑问道：

伯克希尔公司是怎样开辟了搜寻价值投资机会的投资之道，并最终使得伯灵顿只愿意把公司出售给它的呢?

芒格将理由归结为"进取心"，并且引用了拉迪亚德·吉卜林（Rudyard Kipling）的诗《如果》，其中的几句诗非常适合集中投资者：

如果在众人六神无主之时，

你能镇定自若而不是人云亦云，

如果被众人猜忌怀疑时，

你能自信如常而不去枉加辩论；

如果你肯耐心等待不急不躁，

……

如果你敢把取得的一切胜利，

为了更崇高的目标孤注一掷，

……

那么，你的修为就会如天地般博大，并拥有了属于自己的世界，

更重要的是：我的孩子，你成为了一名真正的男子汉!

第 6 章

克里斯蒂安·西姆：

实业投资家

实业，究其本质来讲，是一种长期活动；而基金管理业务，究其本质而言，是一项短期业务。金融投资者不断进出市场：他们可以在任何一天进行买卖。而实业资本投资家就没有那样的奢侈待遇了。他们不得不进行长期的规划安排。我确确实实地觉得，实业投资的成功是因为那些投资者总是能够想得很远，即使有时类似兼并、收购这样的突发事件会让你短期退出，但在长期投资中，即使发生了这些事情，你也可以把自己视为永久的所有权人，进而做出长期决策。这对实业投资而言是很有裨益的，对于股东也是如此。我想这是我们业务经营的成功之处。

——克里斯蒂安·西姆

1979年，从商学院毕业6年的挪威人——29岁的克里斯蒂安·西姆（Kristian Siem）发现，一系列事件的意外交汇，造就了一个海上石油钻探行业的罕见机会。哈肯·马格努斯（Haakon Magnus）坐底式钻井平台在其所有者违约之后，一直被控制在债权人手中。该钻井平台造价3700万美元，现在只需要2200万美元就可以买到手。以顾问身份自居的西姆并没有2200万美元，他只有一张商务名片以及位于他教父的小型航运公司里的一间闲置办公室。西姆可以免费使用这间办公室，作为回报，他需要为航运业务提供建议。和当时挪威的很多商人一样，西姆的教父希望找到一个机会，进军海上石油钻探这一新兴领域。西姆的父亲和其他的商业同伙认为西姆还太年轻，劝他不要自立门户搞创业。他父亲的一位商业伙伴建议说，"（你最好）在已经取得的成就基础上，再积累一些经验。"然而，西姆对这些充耳不闻。1979年，挪威的航运产业似乎都很想进军海上石油钻探行业。西姆正好是这一领域的少有专家之一。

尽管只有29岁，西姆却已经被视为海上石油钻探行业的专家。他在商学院的毕业论文正是关于液化天然气的输送问题。毕业伊始，西姆就被挪威航运产业实业家，奥尔森集团的老板，弗雷德·奥尔森（Fred Olsen）聘用。奥尔森想在世界石油资本市场中争得一席之地，他让西姆开设了奥尔森集团在得克萨斯州休斯顿的第一间办公室。西姆办得很出色，在两年的时间里，该业务的员工从西姆一个人发展到600人之多。奥尔森集团的业务分支覆盖了航海客运、油轮运输和其他一些航运业务，但是没有触及海上石油钻探业务，这是一个新兴领域，与其他业务迥然不同。弗雷德·奥尔森将西姆调回挪威，让他创设并领导奥尔森集团新的海上石油钻探分支机构。当自己在千里之外的休斯顿主管着一家办公室的时候，西姆很享受为奥尔森集团工作的日子，但是，回到位于奥斯陆的集团总部后，西姆发现在老式公司文化下的工作缺乏激情。于是，在挪威最大的海上石油钻探公司任职主管两年之后，西姆决定离职自立门户。

1979年，挪威的海上石油钻探市场规模还很小。动辄耗资千万美元的半潜式钻井平台闲置在挪威的峡湾中。在哈肯·马格努斯半潜式钻井平台的所有者，维京海上石油钻探公司（Viking Offshore）违约之后，化学银行（Chemical Bank）取消了该公司的赎回权。化学银行需要2200万美元来结清债务。西姆可以借到2200万美元，但他还需要额外的450万美元的营运资本投入来运转钻井平台。这些资金不得不从外部投资人那里进行筹措。西姆联系了诺瑟姆公司（Norcem）石油分部的简·托尔·奥德加德（Jan Tore Odegard），他过去曾经咨询过奥德加德。在电话里，西姆对奥德加德说：

> 你想进军海上石油钻探行业吗？来入股哈肯·马格努斯吧！你投资450万美元，我给你15%的股权，这是一笔规模很小的投资。我还会给你提供购买期权进而将股权投资占比提至50%的机会。那意味着，你只需要进行价值450万美元的占比15%的股权投资，就可以控股一个崭新的半潜式钻井平台。如果你真的考虑进军海上石油钻探行业，你可找不到比这更便宜的机会了。

奥德加德从诺瑟姆公司的CEO那里取得了投资许可——这位CEO是西姆父辈的人，西姆形容此人是一个"十分自信的守旧派"——诺瑟姆公司签署了认购股权和期权的协议。但是当西姆接洽诺瑟姆公司，要求其支付投资款项时，这位CEO却拒绝完成这笔交易。当时，法国的ETPN和挪威一些航运股东们共同拥有的大型起重船特尔号（Troll）刚刚经历破产清算。消息刊登到各大报纸上，吓退了诺瑟姆公司的CEO，他认为针对西姆的钻井平台的投资风险太大。这位CEO指示奥德加德退出上述交易。一听到这个消息，西姆立刻要求举行会谈。在会谈中，西姆告诉这位CEO："你这样做，打乱了我的全盘布局。"

诺瑟姆公司的CEO回应道，"这么说吧，当你处在我这个位置的时候，你就会明白这些事情实际上更为复杂，所以，你就接受我们退出这笔生意的事实吧。"

西姆进而回应，"所以说，你之前的签字只是一纸空文吗？"CEO对此保持缄默。就这样，钻井平台生意看上去要泡汤了。这时西姆突然有了新的主意。

大多数曾经是维京公司供应商的挪威人如今都身陷哈肯·马格努斯的担保债权中。如果化学银行以低于2200万美元的价格出售债权，这些人就收不回资金了。西姆找到这些人并说服他们相信，自己是他们全额收回被欠资金的唯一机会。要求是他们需要预付资金买进西姆的辛迪加财团的股权。尽管这些人不是很情愿，但是西姆相信他们会被自己的激情所打动：

> 我在这个项目上展现出来的激情和动力以及对于"这么做是正确无疑"的确信，感染了我周围的人们。他们会看到，"嘿，我们对这件事不是很了解，但是我们看到，克里斯蒂安正在做这件事，而且他的态度十分坚决。他把自己所有的钱都投进去了。他正在努力把这件事办成，我们要加入进去"，因此我想，激情也是募集

必要资金的一大因素。

多数担保债权人认为西姆的提议很有道理，并成为其收购项目的投资人。西姆明白这些人会寻求尽可能早的撤回投资的机会，这在日后会带来问题，但是想要收购钻井平台的话，这些人是自己最佳的备选投资人。借助担保债权人的这笔资金，西姆填补了诺瑟姆公司撤回投资意向所留下的融资缺口。重要的一点在于，西姆在不用出让35%的股权这种巨大的股权稀释的情况下，就募集到了资金。对西姆而言，诺瑟姆公司对这笔投资的回应给他留下了深刻的印象。在他看来，诺瑟姆是一家由经验十分丰富的专业经理人运作的大型公司。自己向他们提供了一个千载难逢的投资机会——用67.5万美元投资一个价值4000万美元的钻井平台，并可获得能将股权投资占比提升至50%的认购权，还能在风险退去后获得这个钻井平台的控制权。诺瑟姆公司在挪威的海上已经拥有固定式的钻井平台，并在当地设立了机构组织努力获取移动式钻井平台。由于惧怕，他们在自己提供的这个投资机会上没有坚持到底。西姆说，"事后看来，他们表现得十分愚蠢。"

西姆组建的联合集团为这个钻井平台出价2200万美元，担保债权人同意了这个报价。收购资金由几家挪威银行组成的辛迪加财团向联合集团提供，西姆和其他几位投资人另外投入450万美元作为营运资金。这笔交易中至关重要的一点在于，挪威政府发起了一项担保工程，以避免油轮航运及钻探行业由于外国资金的收购而消失。在评估完这个项目并确定项目可行且营运资金充裕后，政府为这个钻井项目的收购竞价提供了100%的担保。投标人可以利用政府的担保从银行进行融资。西姆获得了挪威政府对2200万美元债务的全额担保，因此消除了贷款银行面临的西姆联合集团可能违约的风险。西姆高度评价了旨在保护挪威航运行业的担保工程，并启动了自己的事业。他将自己全部的积蓄都投进了联合集团，据此持有了哈肯·马格努斯海上钻井平台的7%股权。

在获取哈肯·马格努斯海上钻井平台控制权的几个月后，西姆接洽了一个叫作林达尔（Ringdal）的船舶经销商。他们报价2800万美元，想要买下西姆刚刚花费2200万美元收购的钻井平台。几位股东，主要是之前通过提供收购资金参与投资的担保债权人，想接受这笔要约报价。尽管林达尔的报价只比之前西姆支付的收购价格高出区区600万美元，但是它代表着西姆联合集团仅用450万美元的股权投资就取得了600万美元的投资回报。这些股东告诉西姆，"我们接受这个报价吧。"西姆回应道：

> 基于油价将会上涨的分析，我已经将你们所有人都吸引到了这里。由于油价低迷，石油钻探活动一直萎缩不振，但是处于底部的油价已经开始上行。随着油价快速上涨，石油钻探活动也会逐渐活跃。如果你们相信石油钻探活动会日益活跃的话——对此我深信不疑，而且那也是你们当初为什么向我进行投资的原因——那么，你们现在应该继续坚持持有这一投资。现有钻井平台的价格会至少达到建造一座新的钻井平台所需的成本。那就意味着，我们这个钻井平台的价格会从2200万美元上行至接近4000万美元。在供求失衡前，它的价格差不多要翻番。就目前来看，这是很显然的事。我们还是继续持有钻井平台吧。

投资人同意了西姆的看法，联合集团决定不出售哈肯·马格努斯海上钻井平台。林达尔没有因此却步，并给出了第二次报价，这次报价达到2900万美元。450万美元的投资可以获得700万美元的收益，股东们的投入简直就是迅速地翻了一番。西姆再次拒绝了这一报价。几位股东找到西姆请求他卖掉钻井平台。西姆对他们说：

听着，如果我们可以在一周之内就多挣100万美元，这就证明我的分析依然是正确的。让我们再等一周，看看情况会怎么样。现在有什么好着急的呢？

西姆联合集团的股东们同意继续等下去，但是要求每两周召开一次董事会议，对一切新提报价进行讨论。几周过去了，最终，林达尔为哈肯·马格努斯钻井平台报价3200万美元。西姆联合集团的股东们这次坚持售出钻井平台。他们说：

克里斯蒂安，八个月过去了。我们的钱已经翻了3倍。我们之中的一些人起初是不想投资的。我们只想收回自己的钱。现在，如果达成这笔交易，我们就可以收回3倍的资金，对我们而言，这是一笔很好的交易。我们想卖出钻井平台，退出这项投资。

西姆回应道：

如果我去找我的老东家，将钻井平台出售给他的话，我就能替你们多挣50万美元。我会和他坐下来谈一谈，向他说明一下现在的情况。他会弄清形势的，他将在这个钻井平台上大挣一笔。这对他来说是个绝佳的机会。

西姆拜访了弗雷德·奥尔森，他说，"弗雷德，我了解的一切都是从你那里学来的。这里就有一个很好的投资机会。"

奥尔森回应说，"你不用多做解释。我明白。是的，我会买下你的钻井平台。"

正如西姆之前预测的那样，奥尔森提出了3250万美元的报价，比林达尔之前的报价高出50万美元。西姆接受了这笔报价，就这样，西姆联合集团将哈肯·马格努斯海上钻井平台出售给了弗雷德·奥尔森。那个钻井平台如今依然存在，但是奥尔森将它改名为柏格森·多芬（Borgsten Dolphin）海上钻井平台。西姆注意到该钻井平台每天能赚40万美元，而他自己拥有它时每天的收益是4万美元。据他估计，弗雷德·奥尔森已经从这个钻井平台身上赚了数亿美元。西姆还注意到，如今建造一座类似的深水钻井平台，成本是6亿美元，因此柏格森·多芬钻井平台如今的价值应该在3亿美元至4亿美元之间。偶尔，当自己的补给船、支援船等船只和柏格森·多芬钻井平台进行业务合作时，西姆会说，"我会对自己微微一笑；此外心里还会有些怀旧。"

■ 自升式钻井平台项目

1980年，西姆意识到石油钻探市场很快就会需要一种新型的自升式钻井平台——这种钻井平台有几个可自由升降的"桩腿"，可以利用这些桩腿托起船壳，使船壳底部离开海面。西姆立即赶赴加拿大的戴维造船厂（Davy Shipbuilding）搞到两个泊位，让船厂建造这种钻井平台。当他忙于确定钻井平台的参数规格时，西姆接到了弟弟伊瓦（Ivar）的电话。伊瓦当时主管奥尔森集团在美国得州休斯顿的业务，他说：

> 我知道你正忙于一项关于自升式钻井平台的项目。我这里有一个自升式钻井平台，你也许愿意把它当作可选方案，钻塔位于得克萨斯州博蒙特（Beaumont）的伯利恒（Bethlehem）。我们之前一直在协商买下它，但是弗雷德已经两次变卦了。第一次他说，"好，买下它。"紧接着他就取消了这笔交易。然后他又说"买下它吧"，现在告诉我们又要取消这笔交易。在这里的石油行业，你可不能这么做生意。我们正在破坏自己的声誉。我们还没有正式签署合同，但是已经进行了草签，表示我们同意合同的全部内容。伯利恒方面在几天前希望我们能正式签字，弗雷德却决定不买这座钻塔了。收购价格是2520万美元。如果我们不买的话，伯利恒那边已经有5家其他的集团对这座钻塔感兴趣。因此一旦我告诉伯利恒方面我们想要取消交易，这座钻塔很快就会被别人买走了。你得快点采取行动。还有，如果你想买的话，你必须通过我们完成这笔收购，这样我们就可以保全自己的声誉了。

西姆当时正在挪威的奥斯陆，他给得克萨斯州博蒙特伯利恒的公司打了电话。他们告诉西姆，"我们可以把这座钻井平台出售给你。一年之内就可以交付。但是我们想知道这笔交易能否做成。"

西姆回应说，"你们能给我多少时间？"

伯利恒钢铁公司的代表答复道，"你必须得在周一签合同，同时存上一笔不可撤回的存款。"

没有片刻耽搁，西姆当晚就搭乘了前往美国的航班。他花了整个周末阅读合同，发现伊瓦和奥尔森通过谈判所争取到的结果很棒：他们争取到西姆自己谈判的话想要得到的条件，这让西姆长舒一口气。周一早晨，在前往第一市立国民银行（First City National Bank）存下25000美元后，西姆去吃了午餐，然后去了位于博蒙特伯利恒公司的办公室。他说，"这个是我的存单，这个是合同，如果你们同意对合同的一项内容进行修改的话，我准备现在就签字。我需要额外的两周时间来集齐资金。"西姆这笔25000美元的存款为他争取到两周的时间来集齐资金。

为了筹措资金收购这座钻井平台，西姆知道自己需要和客户签订一个多年的运营合同。他找到一家位于马来西亚的公司，IIAPCO。他还需要进行700万美元的股权融资。西姆用自己全部的资金买了公司的股票，并面向全世界筹集剩余的缺口资金。当弗雷德·奥尔森听说西姆接近完成这项交易时，他的冒险精神又回来了。奥尔森询问西姆自己是否可以参与进来。出乎西姆的意料，弗雷德·奥尔森提出只要奥尔森集团的子公司多芬能够获得这座钻井平台的管理权，他就愿意成为第一大股东。西姆回复他说，"好的。这完全没有问题。"就这样，奥尔森加入了董事会，但是需要向西姆支付一笔费用作为发现这一项目的酬劳：这一项目起初就是奥尔森自己发现的。鉴于西姆对于促成整个交易所投入的努力，所有其他投资者也要向他支付1%的收益所得。

奥尔森对西姆说，"公平地说，我向你支付的1%是不是可以打个折扣？"

西姆回应道，"确实如此。你给我0.7%就行了。"

一年之后的1980年12月，这座自升式钻井平台如期完工，造价达2480万美元，略低于之前的预算。西姆将该钻井平台交付给IIAPCO公司，同时多芬成为该钻井平台的管理者。1981年，西姆清晰地洞察到钻探行业即将崩溃，并将在很长的一段时间里陷入萧条。他目睹了很多出于纯粹投机而建造的钻井平台，它们没有客户，也没有对市场中钻井平台的供求均衡进行任何考虑。当钻探行业开始萎缩时，全球海事系统有限公司（Global Marine）实际上却在加快钻井平台的建造进度。西姆对于这种加快建造的分析就是，公司破产的时候，部分完工的钻井平台比废铁要有价值得多：

你最好有一些新的钻井平台和沉重的债务，因为如此一来，银行就有更多的理由对你进行救助。这就是我的分析。如果我的分析果真正确的话，那么这种行为的确很精明。

西姆告诉自己的团队，"我们需要通过签订客户合同并将管理者位置让出，以此售出手头这座钻井平台。"他给扎普达公司（Zapata Corporation）打了电话，这家公司由美国前总统老乔治·布什于1952年创办。公司开展的是勘探业务以及钻井承包业务。扎普达和北海的一家挪威集团组建了合资企业，西姆认为他们可能会对另一座正在营运的自升式钻井平台感兴趣。他邀请扎普达的CEO前往伦敦进行协商谈判。西姆想试探出对方对于购买这座钻井平台的迫切程度。扎普达公司的首席执行官荣·拉斯特（Ron Lassiter）抵达的时候，把公司的首席财务官也带上了，因此西姆知道对方对这笔交易十分感兴趣。

在谈判的时候，西姆表现得很低调，这次会谈没有达成交易。扎普达的首席执行官在返回机场的途中给西姆打电话说，"很遗憾我们没能达成这笔交易。你知道的，我是专门为此而来的。"

西姆回应道，"那我们不妨都摒弃分歧，达成这笔交易吧。"扎普达的首席执行官欣然抓住了这个机会，交易就此达成。西姆后来说，当时无论价格多少，自己都要做成这笔生意："我很清楚，我们必须售出这座钻塔，因为我们已经濒临险境。现实情况就是如此。"西姆通过扎普达首席执行官的举止去感受扎普达方面想要达成交易的热切程度，并得知他们的确打算买下钻塔。这座钻塔两年前的收购成本是2480万美元，西姆按照3450万美元售出。在西姆的联合集团拥有这座钻塔的两年里，它一直保持着运转，并为集团带来收益。西姆的联合集团投资了700万美元，资本回报将近1000万美元，这足以算得上是一笔很可观的收益了。通过进行投资以及收取附股权益，西姆个人从这座钻塔上挣到了数百万美元。正如他之前预测的那样，钻探市场很快就崩溃了，并且陷入长达十年的萧条，但在此之前，西姆又做成了另外一笔生意。

■ 钻石龙号和共同兄弟公司

1981年，西姆发现了一笔对于他进军航运业至关重要的生意。当时有一艘钻井船——钻石龙号（Diamond M Dragon）正在待售。由于该船有一些问题，其合伙持有人想出手卖掉它。尽管这是一艘近乎崭新的钻井船，钻石龙号雇用的船组人员所开展的经营管理却一团糟，船只已经处于失修状态。船只的所有者仅仅想按照建造成本3400万美元甩卖这艘钻井船。西姆知道这艘钻井船的规格参数并非行业最佳，对许多客户来说，它的吸引力不够。西姆同时相信钻探市场行将崩溃，但是他仍然看到了机会。西姆知道菲利普石油公司（Phillips Petroleum）在科特迪瓦需要一艘钻井船。他联系了这家公司，向对方提供了一份出租钻石龙号的三年期合同，这笔合同的收益足以让他支付钻石龙号3400万美元的收购价格。

菲利普石油公司给西姆打了个电话："我们不需要三年的合同。我们只需要一份两年期的合同，而且我们非常希望能租赁两年。"

西姆回应道，"好的，我们收取同等数量的收入，并把这些收入分配在2年的时间里收取。"菲利普石油公司正需要钻井船，于是接受了西姆的合同。尽管有了一份能在两年的时间里取得收益以支付船只收购成本的合同，西姆仍然需要筹措收购资金。他找到挪威最大的招商银行——邓·诺斯克银行（Den Norske Bank, DnB）。诺斯克银行的主管在和西姆座谈的时候说，"这个项目很有趣。我们很乐意提供融资。"诺斯克银行决定对收购价格提供全额融资支持，重要的一点是，不要求从西姆那里得到任何股权。由于是与菲利普石油公司签订的合同，这减小了诺斯克银行面临的风险，银行将这笔贷款视作在菲利普石油公司身上下的赌注，而非西姆。西姆会首先拿到基于钻井船的抵押贷款，而后由菲利普石油公司偿清这笔债务。启动费用达到700万美元，因此，在银行承担任何风险之前，西姆首先得到了700万美元的资金注入。然而，这笔交易并非一帆风顺。

钻石龙号钻井船如今声名狼藉，被视为容易出事故的船只。刚刚被报道租赁给菲利普石油公司，钻井船的封井器（对接海底井口顶部的一个阀门，是钻井船上很重要的一个装置）就坏了。更糟糕的是，这个封井器的尺寸并非常规，这就意味着没有备用零件可用。而最糟糕的一点在于，这一故障在科特迪瓦还无法修复。修理故障的唯一办法就是把损坏的封井器送到英格兰阿伯丁（Aberdeen）的一家工厂。西姆放弃了蜜月，飞往阿比让（Abidjan），在那里，他安排了一架机头能打开的非洲航空公司的波音747货运飞机，这架飞机将搭载损坏的封井器，并将它从科特迪瓦运往英格兰。接下来，西姆还需要一个温度足够高的熔炉来修理封井器，修理的过程实质上就是在高压环境下进行的金属密封。封井器需要密封完美。表面上任何一点不完美都意味着密封不完全，所做的工作就没有效果。想要达到如此完美的密封，唯一的办法就是用900℃的高温软化封井器。西姆发现在阿伯丁有一个熔炉可以胜任这项工作，但是他又遇到了一个新问题：货机太大，无法在阿伯丁机场降落。它只能降落在曼彻斯特机场，而那里又缺乏足够大的起卸机来搬运封井器。就为了将封井器从机头卸到卡车上，西姆不得不在曼彻斯特建造一个新的起卸机。之后，封井器被运送到阿伯丁开始维修。

在维修工作正在进行的时候，西姆会见了菲利普石油公司的代表，并向他们解释了发生的事故。根据合同，在维修期间，西姆需要收取租金，但是维修时候的租金率较低，比运营时的租金率要低80%。当西姆向他们解释维修工作需要耗费的时间时，菲利普石油公司非常沮丧。根据合同，如果维修工作耗时太久，那么菲利普石油公司可以终止合同。西姆向菲利普公司提议他们现在"彻底停租"——在封井器维修期间，公司不需要向西姆支付任何费用——并根据钻井船停租的时间，简单地相应延长合同期限。对西姆来说，相较于在维修期间收到租金，更重要的是保全整个合同，因为他需要整个合同的租金来偿付收购钻井船的费用。一旦彻底修好，这艘钻井船可以用上30年。对西姆来说，很幸运地，菲利普石油公司欣然赞同了这个提议。这是个很重大的承诺，但是最终钻井船修好了，钻石龙号继续按照合同租赁给菲利普石油公司。

尽管钻石龙号是一笔不能错过的好生意，但西姆还是认为海上石油钻探市场即将崩溃。1982年，当钻井船还依照合同租赁给菲利普石油公司的时候，西姆已经开始考虑其他方案了。西姆说，事后来看的话，他当初应该卖掉这艘钻井船，而且相信自己当时可以把它卖出7000万美元的价格。然而，西姆把钻石龙号并入了共同兄弟有限公司（Common Brothers Plc.），这家英国航运公司于1892年在英格兰纽卡斯尔（Newcastle）成立，并在伦敦证券交易所上市。共同兄弟公司拥有传奇的历史。英属印度期间，它是印度最早的几家航运公司之一，当时英国的航运事业正值巅峰。西姆说他当时被这么一个优秀出色、历史悠久的英国航运公司给迷惑了。他当时注意到，通过将钻井船合并到共同兄弟公司以获取相应股权，他可以获得公司的控制权。如果这么做，他将成为迄今第一大股东。在将钻石龙号合并到共同兄弟公司的时候，通过旗下的百慕大诺莱克斯有限公司（Norex Corporation Limited），西姆得到了价值7000万美元的共同兄弟公司股权。西姆认为自己把钻井船卖了个好价钱，但是他收到的对价——共同兄弟公司股份——实际上是虚高的。"大家对这笔交易都很满意。"

> 我们感觉自己把钻井船卖了个好价钱，他们感觉自己把股份卖了个好价钱。我现在不记得当时的股价是多少，但是它肯定不值那个价。

纸面上，西姆得到了价值7000万美元的股权——控股达到55%——但是他很快发现共同兄弟公司麻烦缠身。共同兄弟公司当时拥有一些船艇，但是都管理不善。除了充裕的退休基金，没与任何一项资产能给人带来惊喜。作为公司系列问题的象征，其主要资产——旗下的油轮——运营糟糕，正在亏损。当西姆登上油轮进行视察时，他发现只有船员的酒吧一直得到了维护：

> 在那些日子里，共同兄弟公司旗下船艇的船员们每晚都要在一个酒吧聚会喝酒。船只的其他部分快要散架了。我想所有这些资产及其保养都大有问题。

公司的债务同样糟糕。共同兄弟公司在全世界有几百名雇员。西姆很震惊地发现，公司设于纽卡斯尔的总部占据了一栋全新办公楼的三层，共同兄弟公司以很高的租金承租了这些楼层，租期达40年之久。西姆立即终止了这份租赁合同，其对应的巨额债务也一并终止。

共同兄弟公司的情况简直就是一团乱麻，西姆需要4年的时间才能处理完这些麻烦。西姆说，问题在于运作公司的两名创始人对航运业务的细节并不感兴趣。两位创始人都是"交往起来很令人舒心的绅士"，但是公司一团混乱，他们对于公司的财务细节都缺乏了解。举例来说吧，共同兄弟公司和一个希腊人，同时也是他们的船舶经纪业务代理人，达成了一项协议。根据协议的条款，该代理人能够自行进行交易。这位代理人把优质的交易留给自己，把劣质的交易推给共同兄弟公司。共同兄弟公司还拥有一个运转糟糕的保险经纪公司。西姆对保险业务一无所知，并意识到自己需要介入其中。他发现，整个保险经纪公司都是由一群在他看来"水平不高的人"在经营。

对他们而言，更重要的事情在于，他们开着豪车，开着游艇，喝着红酒等。我试图说服他们放弃一些这种物质享受，并参与到一些更重要的事情中去。但是他们对此毫无兴趣。

西姆下定决心，他需要立即采取行动，使得保险公司开始盈利，然后将它合并给能够经营这家公司的其他人。通过一系列交易，这家保险公司最后变成朗斯·兰伯特公司（Lowns Lambert），之后变更为希斯&威利斯公司（Heath and Willis），如今被纽约的收购集团科尔伯格克拉维斯（Kohlberg Kravis Roberts）所拥有。

共同兄弟公司旗下的最新资产是巴哈马游轮，由一个叫作巴哈马游轮股份有限公司的开曼群岛子公司所拥有。在西姆通过合并重组进入共同兄弟公司的八个月前，该公司买下了这艘船游轮，这也是公司拥有的唯一一艘游轮。这艘游轮在美国市场开展业务，被称作"韦拉克鲁斯号"（Veracruz）。这是一艘建造于20世纪30年代的老船了——陈旧至斯，以至于第二次世界大战后被用来协助以色列的犹太人迁居。共同兄弟公司在和巴哈马游轮股份有限公司的管理层进行一次会谈后买下了这艘游轮——

如果其所有人卖掉游轮，这些管理层将失去工作。巴哈马游轮股份有限公司当时正在亏损，其所有权人想退出这个行当。公司主要的问题在于没有市场营销部门，这对于游轮业务来说至关重要。他们在加拿大有一个市场营销代理，但是在西姆接管公司后的数周之内，该代理商就破产了。西姆现在面临的挑战是，从头开始，打造出游轮业务市场营销部门。更糟糕的问题还在前头。有一天早上，西姆醒来后发现韦拉克鲁斯号停泊的码头出了问题，导致韦拉克鲁斯号撞上了码头的一面围墙发生倾覆。报社拿到了引人注目的韦拉克鲁斯号倾覆照片，画面刊登在全美的报纸上，而西姆本打算利用这些报纸来销售船票。这场事故打击了船票的销售工作。尽管西姆收到一笔不大的保险理赔弥补了游轮修理费用，但是收到的理赔无法弥补游轮声誉遭到的破坏以及后续收入的损失。

西姆知道，规模经济对于游轮行业的成功来说至关重要。仅仅拥有一艘游轮是不足以开展竞争的。他发现有两艘陈旧，但是外观依然亮丽的游轮正在待售。规模远大于共同兄弟公司的香港董氏集团（Tung Group）买下了这两艘船。幸运的是，他们只需要一艘游轮，并且同意基于光船佣船契约，将其中一艘船出租给西姆。西姆将该船重新起名为"百慕大之星"号。通过协商谈判，他取得了在百慕大的停泊许可，并将巴哈马游轮股份有限公司的名字更改为"百慕大之星游轮股份有限公司"。西姆说，鉴于其空间宽敞，百慕大之星号深受乘客喜欢。装饰着红木护墙板和抛光黄铜器具的客舱和公共区域都很漂亮。问题在于游轮配置的是蒸汽轮机，需要消耗大量的燃料。西姆的解决办法是将游轮安排在不需要高速行驶的航线上，如此一来，消耗的燃料就会少一些。这艘游轮大获成功，百慕大之星游轮股份有限公司停止了烧钱。当公司开始盈利时，西姆联系了董氏集团的所有者——董建成，想要买下第二艘游轮。董建成是个很强硬的谈判对手。当时西姆还不知道董氏集团正陷于严重的财务困境。在董建成和西姆谈判期间，董氏家族向其债权银行提供了27亿美元的个人担保。西姆没能和董建成谈拢这笔交易。但对西姆来说很幸运的是，董氏集团不久之后濒临破产，如此一来，他就可以从破产清算的资产中买下第二艘游轮。为了募集收购资金，公司以6美元一股的价格增发了96万股普通股——这使得公司的总股本增加到40600亿股——这些股份于1987年2月在美国证券交易所上市交易。（1987年6月30日，即在财年的尾声之际，净股东权益只有530万美元。）西姆将新买的这艘游轮取名为"加拿大之星"，因为它是百慕大之星的姊妹船，这艘游轮被安排于夏季在加拿大的圣劳伦斯运营。坐拥三艘游轮，西姆看到了规模经济的好处。意识到游轮行业将发生实质性的变化，西姆告诉董事会，"现在，我们的战略无疑是继续推进规模经济，将规模做得更大。"公司可以通过兼并或者收购，或通过建造新游轮，来增加规模和容量。西姆的本能是通过收购来壮大公司规模。他联系了艾弗乔恩公司（Effjohn），这是一家芬兰瑞典合资企业，在佛罗里达州的迈阿密市经营两艘游轮。西姆提议艾弗乔恩公司和百慕大之星游轮股份有限公司进行合并。艾弗乔恩公司觉得西姆的提议有道理，于提议之初和西姆进行了讨论，但时隔不久就对这一提议失去了兴致。艾弗乔恩公司已经有了两名独立合伙人，他们认为合并一事太过复杂。然而，他们提出要约，想收购西姆的公司。西姆回去联系了董事会，说道，"与其停滞在现在的这种小规模经营，还不如选择退出。"因此百慕大之星游轮股份有限公司出售了百慕大之星号游轮。

1982年，西姆以3500万美元的价格买下了一艘钻井船，而且没有发行股份。在四年的时间里，他将这份资产转变为一家位于伦敦的公共上市公司的55%股权，同时控股了一家在美国证券交易所上市的公司，另外拥有3500万美元的现金，但是营运资产很少。现在，西姆需要一项新的挑战。

■ 重回钻井行业

到1989年，百慕大之星游轮股份有限公司已经售出了其主要资产，即游轮业务。尽管曾被这家公司的母公司——共同兄弟公司的传奇名号所吸引，西姆还是觉得共同兄弟公司的运营情况实在太差了，公司名字的彩头早已荡然无存。他把共同兄弟公司更名为诺莱克斯有限公司，并将在美国证券交易所上市的百慕大之星游轮股份有限公司更名为诺莱克斯美洲股份有限公司。诺莱克斯公司依旧拥有钻石龙号钻井船。尽管已经偿清了收购时背负的债务，这艘钻井船也已经没有什么剩余的价值了。正如西姆之前担心的那样，海上石油钻探行业已经崩溃，这使得时运不济的钻石龙号钻井船更加价值无几。西姆四处奔走，最终将共同兄弟公司一团乱麻的资产出售完毕，但只有在自己从零开始一手拉扯起来的游轮业务上，他才收回了耗费的时间所对应的全部价值。公司现在主要的资产就是通过出售游轮业务所得的现金。西姆不断地寻找新的投资方向。

1990年，西姆注意到，尽管海上石油钻探行业已经经历了10年寒冬，但这一行业还是会幸存下来。这一行业需要不断进入更深的海域进行石油钻探，这就意味着石油钻探行业的收益将会提高。西姆告知诺莱克斯美洲股份有限公司的董事会：

> 海上石油钻探是一个激动人心的领域，而且我们很熟悉这个行业。我们已经很久没有新建任何钻井平台，因此这个市场中的供给可能已经达到平衡。我们应该重新回到这一领域，但是我们应该收购现有的公司，而非建造新的。

董事会赞同了他的提议，因此西姆开始动手制定诺莱克斯美洲公司的战略规划。当时大多数石油钻探合同要么在挪威，要么在美国，西姆不能确定诺莱克斯应当收购挪威的还是美国的石油公司。西姆认定，对于海上石油钻探来说，最重要的一环就是和石油公司拉近关系。由于大多数石油公司都在美国，相较于挪威的公司，美国的石油钻探公司与石油公司关系更为密切，因此诺莱克斯公司打算寻找一家美国石油钻探企业。西姆分析了几家企业，最终锁定了全球海事系统有限公司——就是这家公司曾企图通过加快钻井平台的建造进程来避免破产——该公司最近刚刚免于《破产法》第11章规定的破产程序。西姆对这家公司高度重视，不仅仅因为其市场营销能力，更因为其技术作业能力。很重要的一点是，西姆觉得这家公司很适合诺莱克斯美洲公司。作为公司重组的一部分，加拿大、法国及美国的政府持有了这家公司的股权和债权。其中债务按照发行面值的60%进行交易。全球海事系统有限公司发行的债券所附票息是每年9%，实际年化有效收益率达到了16%。西姆与一家叫作杜莱克斯·伯汉姆·兰伯特（Drexel Burnham Lambert）的投资银行洽谈，想要收购市场上流通的全球海事系统有限公司的债券。西姆打算将这些债权转换为股权，并成为公司的第一大股东。杜莱克斯银行开展了相关工作，不久就为诺莱克斯美洲公司及其各家独立联合公司购买了全球海事系统有限公司三分之二的未偿债务，总耗资达2.2亿美元。

在试图推行债转股的时候，西姆招致了全球海事系统有限公司管理层的关注。他们坚决反对西姆的提议，并且辩驳称，如果控股权发生变化，公司就不能继续享有重组带来的税收减免优惠。公司之前蒙受了巨大的损失，这可以被用来为公司将来的收入进行减税。西姆觉得这家公司管理层的辩驳似乎有理，但还是觉得他们是拿这个当借口，目的仅仅在于避免公司里出现控股股东：

我认为管理层十分渴望保有公司的控制权，而且更倾向于公司股份由一群不打算进入并控制董事会的机构投资人持有。

西姆告诉诺莱克斯美洲公司的董事会，自己持有债券到期也并无不可。如果全球海事系统有限公司到期偿还债务，那么当他们偿债时，诺莱克斯可以收到当初按照35%的折价率购买到的债券的面值，而且期间还会收到利息。西姆告诉董事会：

我们现在正处于石油钻探行业，但是这次改成以财务投资的方式参与进来，而非以实业投资的方式。现在顺其自然吧。我们现在只需要静观其变。

到了1992年，海上石油钻探行业开始复苏，1992年9月，全球海事系统有限公司开展了再融资，并且赎回了公司债券。诺莱克斯美洲公司持有的债券大约收到了1亿美元的款项，收益达到3370万美元，回报率接近50%。1993年6月30日，也就是又一财年结束之际，公司的净股东权益已经从1987财年收官的530万美元增长到超过8000万美元。通过持有全球海事系统有限公司的债券并收取回报，公司现在现金流充沛，西姆开始涉足一些其他投资，他买进了挪威跨洋石油公司（Transocean Norway）10%的股权，买进的股份不多，这是一笔不算重大的生意。西姆在猎寻新的大笔生意。

1993年后期，刚刚过完43岁生日的西姆发现了一个投资威尔瑞格（Wilrig）——威尔海尔姆森集团钻井公司（Willhelmsen Group Drilling Company）的机会。老虎基金的朱利安·罗伯逊（Julian Robertson）和创始人威尔海尔姆森家族持有公司大量股权。威尔海尔姆森家族想退出公司，因而并没有将全部精力放在公司经营上。威尔海尔姆森家族的一名成员进入了董事会，并提出了一项战略规划，但是老虎基金和董事会反对其提议。最终他们只在一件事上达成共识：那就是他们需要任命一名新的董事长，而且这名董事长需要由西姆来担任。由于在支付利息上遇到了困难，威尔瑞格当时和其主要贷款行——花旗银行关系紧张。在注入投资，并担任董事长一职之前，西姆造访了伦敦的花旗银行。他告诉花旗银行：

　　威尔瑞格的债务接近违约。鉴于你们是主要债权人，如果你们不支持援救计划，那我接下这份工作毫无意义，这里是针对公司的援救计划。我需要确认我们可以同心协力，共渡难关。

花旗银行不愿给出正式的支持表态，但是他们向西姆提供了非正式的承诺，表示愿意与西姆合作，参与援救计划。援救计划的第一步是注入资本。威尔瑞格需要发行大约1.1亿美元的债券，但在它完成债券发行之前，还需要进行更多的股权融资。西姆提出由诺莱克斯美洲公司承销发行的股票，由所罗门兄弟公司承销发行的债券。但是即使股票承销工作完成了，所罗门兄弟公司在债券融资工作中还是遇到了困难。于是诺莱克斯美洲公司也帮忙承销了过半的发行债券，价值达6000万美元。债券发行工作取得了进展，由于西姆工业集团承担了大部分的工作，因此债券承销得很快。通过在公共市场和股票承销过程中购买股份，诺莱克斯美洲公司最终以低于威尔瑞格公司旗下钻井平台建造成本的价格持有了公司40%的股权。当时，西姆注意到钻探行业正值萧条，没人关注建造成本。一年之内，西姆为了腾出资金出售了一些闲置的钻井平台，威尔瑞格公司重回盈利状态。诺莱克斯美洲公司同样赚了一笔。截至1994年年末，其股东权益已经增长到9300万美元。

1995年6月，诺莱克斯美洲公司持股10%的挪威跨洋石油公司找到西姆，提出将公司与发展更为健康的威尔瑞格公司合并。时任威尔瑞格公司董事长的西姆认为这笔交易是个不错的主意，因此两家公司开展了有关合并的讨论。合并后的公司将沿用跨洋石油公司这个名字，因为它是挪威最大的也近乎是唯一的钻井承包商。西姆发现这两家公司兼容性很好，在合并后将产生很好的协同效应。他觉得公司已经达到了合适的规模，公司已经大到足以在世界市场上开展竞争，但是却承受了来自美国机构投资者的压力。这些人目睹了西姆从公司合并中获取的协同效应。他们强烈希望西姆能继续推进公司进行进一步的合并重组，并且告诉西姆："如果你找不到其他的兼并伙伴，那么就由我们来负责寻找。"西姆明白自己唯一的选择就是继续推进合并工作，于是启动了和索尼特海上石油钻探股份有限公司（Sonat Offshore Drilling, Inc.）的合并谈判程序。1996年4月，索尼特公司同意收购跨洋石油公司的全部流通股权。合并之后的公司取名跨洋海上石油钻探股份有限公司。西姆卸任了董事长一职，但仍然继续在董事会中担任了16年的非常务董事一职。尽管任职董事期间，西姆工作得专心致志，而且也很热爱这个行业，并对自己身为创建世界最大钻井承包公司团队的一员深感自豪，但他还是觉得经营这家公司再也不是自己一个人的责任了。由于缺少这种他自称的"所有者的责任感"，西姆选择了退出。2007年，西姆工业集团股份有限公司，就是当时的诺莱克斯美洲公司，最终以3000万美元的价格出售了持有的跨洋海上钻探公司的股份。在回顾出售跨洋海上钻探公司股份这笔交易的时候，西姆说这证明自己在20世纪90年代早期做出的重回钻探行业的决定是正确的：

> 我对此颇感自豪，因为我们真的坐下来进行了深入的思考。如果你坚持了正确的原则，那么就很可能在承担较小风险的情况下不断前进。

1995年6月，通过一系列交易，西姆工业集团收购了其在伦敦证券交易所上市的母公司——诺莱克斯公共有限公司以及西姆家族控制的位于百慕大的诺莱克斯有限公司。诺莱克斯有限公司于1994年竞价收购了诺莱克斯公共有限公司的全部流通股份。之后，西姆工业集团以300万股集团股份作为对价，收购了诺莱克斯公司。与此同时，诺莱克斯公共有限公司持有的西姆工业集团的股份被注销，之后该公共有限公司停业清算，由西姆家族信托基金取得对西姆工业集团的控制权。截至1996年年末，西姆工业集团的股东权益已经爆炸性地增长到1.93亿美元。

■ 拯救挪威游轮公司

1995年，挪威游轮公司陷入了财务困境。公司借入的巨额债务发生了违约。公司要想存续下来，就需要立即得到2000万美元的资金注入。这起事务由公司的主要贷款人，邓·诺斯克银行负责处理，他将违约的贷款以银团贷款的形式出售给其他众多贷款人，包括法国政府和一些国际银行。这些贷款人担心挪威游轮公司的一大竞争对手，嘉年华公司（Carnival Corporation）会以十分低廉的价格进场买下公司的债务，这会让银团中的许多银行陷入困境。这些人找到西姆，希望他能进行一笔2000万美元的投资。西姆电话联系了西姆工业集团的董事会，并向他们解释了目前的事态。一名董事说：

> 这件事情太复杂了，我们难以介入。如果你想投资2000万美元，我们会支持你的。我们不打算阻止你这么做，但是在拍板做决定这件事上，我们帮不上你的忙。

西姆告诉邓·诺斯克银行自己无法做出决定，但是邓·诺斯克银行不愿接受这样一个否定式的答复。西姆和邓·诺斯克银行航运分部的主管安妮·奥恩（Anne Oian）在同一所商学院上过课，而且彼此颇为了解。安妮·奥恩和挪威游轮公司这个客户已经扯皮了很长一段时间。信贷委员会和邓·诺斯克银行董事会的信心正迅速地被消磨。最后，奥恩说服西姆支持一项避免挪威游轮公司破产的计划，西姆工业集团承诺投资2000万美元。这些钱给了挪威游轮公司喘息之机，但是效果有限。由于背负着8.7亿美元的巨额未偿债务，公司的收入甚至不足以支付债务的利息，公司已经濒临破产。

西姆看到挪威游轮公司现任的董事会疲软无力，他对即将到来的破产忧心忡忡。西姆明白自己需要介入其中，以挽救西姆工业集团已经投资的2000万美元。公司的董事会欣然让位给西姆。不到一个月，西姆就被提名担任董事长一职，两个月后的股东大会上，他正式当选。公司的主要问题在于发行的债券票息率高达13%，日益枯竭的现金流使得公司饱受煎熬。之前的管理层为了解决公司的短期流动性问题发行了这些票息率高达13%的债券，对于任何一个行业来说，这一融资成本都太过高昂。现在让人苦恼的是，这些债券在市场上大幅折价出售，而公司缺乏必需的财务资金买回这些债券。为了解决债务问题，西姆跑遍了美国去会见债券持有人。西姆告诉这些人，公司债券以大幅折价率进行成交，说明了挪威游轮公司财务的脆弱性。西姆说：

我把公司的实际状况告诉了他们。公司债券折价出售是市场的正常反应。现在我需要开展再融资以同样的折价率买回这些债券，价格可以高于市场水平，但是不会按照债券的面值购买。这轮回购迫在眉睫。

西姆建议债券持有人接受4%的票息率，而非他们买进时债券上载明的13%的票息率。他在美国四处奔波了两趟，同那些债券持有人会谈，希望推行自己的计划。但是西姆讲得越多，这些人越是坚信自己应当得到全额支付。他们知道西姆在之前扭亏为盈的几次操作中处理得都很成功，而且也知道西姆手头上有闲置的资金。他们不相信西姆会放任挪威游轮公司破产，因此不愿意让西姆以较低的票息率回购债券。

与此同时，西姆也在寻求开展股权融资。其中，有一笔股权投资来自沙特阿拉伯利雅得市的阿尔瓦利德·本·塔拉勒（Alwaleed bin Talal）王子。在一个周日，西姆飞往利雅得市，参加晚上八点同阿尔瓦利德王子的会面。会议伊始，阿尔瓦利德王子就说，"很抱歉由于我们决定不投资，使你们大老远地飞过来。但是既然你们来了，那我愿意听听这个公司的情况。"于是西姆花了两个小时向阿尔瓦利德王子介绍挪威游轮公司的情况。西姆的介绍结束后，阿尔瓦利德王子表示对投资挪威游轮公司的前景很看好。他说，"我们明天会给你答复，告知是否投资。"西姆搭乘当夜的航班返回了伦敦。由于背负着沉重的债务负担，西姆十分焦躁紧张。周一早上，在西姆前往办公室之前，阿尔瓦利德王子已经决定进行投资，到了周二，阿尔瓦利德王子旗下的机构就支付了投资资金，就私募来说，这次定向增发用时极短。

正如贷款银行所担心的，嘉年华公司突然大肆收购挪威航运公司的贱售债券，他们打算复制西姆对全球海事系统有限公司采取的行动。在几周的时间里，嘉年华公司所持有的挪威游轮公司的债券数量达到了可以控制公司的程度，这迫使西姆坐上了谈判桌。在一次马拉松会议上，嘉年华公司的首席执行官，同时也是公司创始人的儿子，米奇·艾利森

（Micky Arison）转向西姆，对他说：

> 你如今坐在那边和我们谈判。你手里根本没有底牌，可你还要跟我们谈。你们完全被我们掌控，所以我们还有什么可谈的呢？

西姆回应道：

> 米奇，理智一点。要不是为了科斯特游轮公司（Koster Cruise Lines），你也不会到这儿来。让我们找出一条对大家而言都容易接受的、确有助益的方案。

艾利森的父亲曾经在科斯特游轮公司工作，那是挪威游轮公司的前身，任职佛罗里达州迈阿密市的业务代理人。他将乘客的定金集中起来，用这些现金购买了自己的游轮，也就是后来的嘉年华号。这一行为违背了他和科斯特游轮公司之间的协议：老艾利森应当为科斯特游轮公司的利益工作，而不是自立门户与之竞争。后来，老艾利森只好对科斯特游轮公司进行赔偿。西姆回顾了这两家公司之间的历史：

> 如果科斯特游轮公司当初诉讼的时候争辩得更激烈一点——这一点在挪威人身上不是很典型，在美国人身上却很普遍，那也许科斯特游轮公司会把嘉年华公司彻底排挤出去，不留一点立足之地。

　　最终，米奇的态度温和下来，同意将债权折价出售给西姆，这对挪威游轮公司而言是个胜利。西姆相信艾利森也清楚重整挪威游轮公司的进程会很麻烦，因为西姆才开始着手扭转公司处境，重要的措施还未实行。在西姆说服嘉年华公司接受新的债券条件后，其他的债券持有人立即照着做，也接受了西姆的条件。挪威游轮公司因此按照面值的80%买回了发行在外的债券，并重新发行票息率为4%的新债取代了旧债，这就进一步减轻了公司的债务负担。挪威游轮公司扭亏为盈的序幕就此拉开。

　　西姆推行的第一步举措就是撤换首席执行官。西姆了解到这位首席执行官在幕后运作，想引导公司走上联邦破产法第11章中的破产保护程序，这样他就可以在某个私募股权公司的协助下，买下破产程序中的公司。最终，挪威游轮公司向这位首席执行官支付了100万美元让他走人。

　　尽管现金流外流的问题得到了解决，但是形势依旧岌岌可危。西姆将目光移向公司旗下的游轮。挪威游轮公司当时拥有一艘名为SS挪威号的游轮，之前叫作SS法国号。这是一艘很漂亮，同时也是史上闻名的游轮，但是经营费用高昂。西姆想降低这艘游轮的航速来尽可能地节省燃料，进而降低运营成本。他认为收购这艘游轮是"科斯特游轮公司的一个战略失误"：

　　　　从SS挪威号游轮身上，挪威游轮公司获取了众多公众的注意，这艘游轮是挪威游轮公司形象的重要组成部分。很难评价这有多重要，但总的来说，我认为简单的，以最低成本将姊妹船——即类似的游轮——排挤出游轮市场，就像嘉年华公司所做的，是更好的方法。如果看一眼挪威游轮公司这些年为了升级和改造SS挪威号所花费的支出以及蒸汽机消耗的巨量燃煤和运营成本，你就会发现规模经济根本没有实现。那些花出去的钱应该能使公司建造世界上最大的，最豪华的游轮。这么多年里，所有游轮公司尽皆知晓的一点就是他们应该建造越来越大的游轮，无论游轮建得多大，他们仅需要一名船长，一个引擎，一个雷达，其他昂贵的设备也都只需要一个而已。所以，如果能将成本分摊到2000名乘客而非1000名乘客身上，那就实现了规模经济。

更多的船只和总体而言更大的载客量使游轮可以将巨额的市场营销成本分摊在数量更多的乘客身上。当更多乘客购买供应品、食品和机票时，每位乘客支付的价格会下降。西姆说，对游轮公司来说，规模经济带来的协同效应"非常、非常重要"。

西姆的解决方案是将挪威游轮公司旗下的现代游轮进行"延展"：将这些游轮从中间截开，然后在两段之间嵌入预先建造好的中间部分。预先建造好的部分大约有40米长，这将给每艘游轮增加500名乘客的载客量。增加的载客量将给西姆带来公司存续所需的规模经济。问题在于，这些游轮是银行对挪威游轮公司进行贷款的抵押品，而西姆要想将船只截成两半，他需要获得银行的许可。法国兴业银行拒绝了西姆的提议。万一挪威游轮公司宣告破产，那时候船又被截成了两半，那该怎么办？他们怎么才能售出这些被截成两半的船呢？西姆说，"我们不会因为一家银行的否决就放弃这种做法。"法国兴业银行建议西姆同法国负责为在法建造的船只提供担保的政府部门——科法斯（Coface）——进行会谈。西姆来到巴黎，向科法斯说明了延展游轮的重要性。科法斯对此保持了高度紧张，因为挪威游轮公司濒临破产，而这些抵押的游轮是科法斯手上仅有的安全保障。现在西姆却建议把这些抵押品截成两半。西姆的提议再次遭到拒绝，但是他接着联系了法国财政部，坚持会见财政部长。财政部长被西姆说服，他参与进来支持了西姆的提议，因此挪威游轮公司获批延展旗下的游轮。

慢慢地，西姆改善了挪威游轮公司的市场营销状况，公司开始有了发展势头。当西姆买进公司股权的时候，股价是7挪威克朗。之后股价最低跌到5挪威克朗，但是到了1999年嘉年华公司的艾利森从迈阿密给西姆打电话的时候，挪威游轮公司的股价已经涨到了30挪威克朗。艾利森对西姆说：

> 克里斯蒂安，我这里有一份善意的提议，我们愿以30挪威克朗一股的价格收购你的公司。我们不会再加一个子儿，因为这个价钱已经够高了。我们想以最善意的方式进行这次收购，但是我们想在今天结束之前得到你的应允，如果你不同意的话，那我们就会公开收购。

西姆回复道："米奇，谢谢你的善意要约，但于我而言，那听起来已经有些敌意了。我会和董事会商量一下，然后给你答复。"西姆召集董事会开了一个电话会议。他们都赞同西姆，认为挪威游轮公司应该拒绝收购要约。当西姆将这一消息回复给艾利森之后，正如之前他声称的一样，嘉年华公司开始公开收购挪威游轮公司的股份。西姆联系了马来西亚的丽星游轮公司（Star Cruise），这家由云顶集团（Genting）拥有的公司之前表示过对挪威游轮公司的兴趣。他们同意以35挪威克朗的价格买进一些公司的股份。与此同时，艾利森和他的团队来到了挪威，挪威游轮公司正是在此上市，许多持有公司股份的机构的总部也都设于此地，艾利森一行人同全部这些持股机构进行了会谈。他们还登上国家电视台，在节目中批评挪威游轮公司的管理层，包括西姆及其团队。同时，云顶集团的丽星游轮公司在二级市场上不断地买进挪威游轮公司股份，也渐渐表明了其恶意收购倾向。西姆留意到，丽星游轮公司已经迅速地收购了大量股份，进而取得了挪威游轮公司的控股权。艾利森要求在伦敦和西姆举行一次会谈。

当西姆抵达的时候，会议室的气氛有些紧张，因为嘉年华公司已经开始了恶意收购，而且艾利森还在媒体上指责了西姆。艾利森首先发声，他对西姆说，"如果我在挪威的言论有任何得罪之处，我为此道歉。"西姆将这番话视作会谈的良好开端。艾利森继续说，"我可以向你保证，我在电视上没有说过任何关于你的坏话。"

西姆回应说，"米奇，我不看电视。我母亲看电视，她对你的那番话可有着完全不同的看法。"西姆告诉艾利森挪威的大多数金融机构都知道自己在推进挪威游轮公司扭亏为盈，因此他和他的团队都有信心，这些金融机构不会轻易卖出持有的股份。艾利森对此表示赞同。尽管之前他曾向西姆保证，自己绝不会提出"高于30挪威克朗一个子儿的报价"，艾利森如今还是向西姆表示自己愿意和丽星游轮公司一样，以每股35挪威克朗的价钱收购挪威游轮公司股份。嘉年华公司和丽星游轮公司之间的投标竞价仍在继续。

2000年1月底，凌晨4点的时候，西姆接到艾利森的电话，艾利森在电话里说，"克里斯蒂安，你绝不会相信我们已经同意和丽星游轮公司联手，我们打算对挪威游轮公司进行联合报价。凭借我们持有的股份，我们已经取得了对公司的控股。"

西姆回应道，"公司归你了。你拥有整个公司。我在公司有重要的一份。"为了开展各种工程项目，公司之前进行了大量股权融资，西姆的持股比例从40%被稀释到14%，但对他而言，这仍然是一大笔股份。这场长达六周的收购案终于接近尾声了。西姆不喜欢在公共场合抛头露面。对于近乎每天都要登上挪威的电视台，以及伦敦和美国的媒体，西姆都不喜欢。选举新届董事会的股东大会在电视上进行了转播，会上还交接了新任股东和新任管理层。西姆朗读了他写给挪威游轮公司全部6000名员工的公开信。在信中，西姆提到，"能和你们一起共事实在是一段美妙的人生之旅。我们同舟共济避免了破产。你们的努力让这家公司存续下来。这家公司如今已经步入正轨。我衷心地祝愿公司未来蒸蒸日上，任何时候，我都会站在你们这边支持你们。"从1995年到2000年，西姆控股挪威游轮公司达5年之久，在此期间，公司的股价涨了5倍，从每股7挪威克朗一股涨到35挪威克朗一股。

■ 投资DSND公司股价十年翻十倍

西姆在专注处理挪威游轮公司事务的同时，还做了另外一笔投资，这笔投资给他带来了自己不想要的外部关注。DSND公司于1854年成立，是在挪威证券交易所上市的最老牌轮船公司。DSND有一系列海上投资，涵盖了自升式钻井平台以及各种航运业务，包括外租给海上服务企业的一些运木船。重要的一点是，DSND当时正处于盈利状态。西姆发现该公司的一名战略投资大股东想抛售所持股份，于是西姆工业集团就买下了这部分股权。一切进展得都很顺利，直到DSND在企图进行国际扩张时遇到了财务问题。公司缺乏国际控制系统。其首席财务官缺乏建立国际控制系统所需的经验和能力。西姆被迫以个人名义借给公司2亿挪威克朗，以使公司免于财务困境。西姆是绕过西姆工业集团完成这次出借的，因为他没有时间联系董事会，而且觉得很难向董事会证明这笔借款的合理性：

> 我将自己放在西姆工业集团董事会成员的位置上进行了思考。如果我接到了这种贷款请求，而唯一支持借款的理由是DSND需要这笔钱，那我就会问，"西姆工业集团有必要承担这样的风险吗？公司难道不应该通过发行股票进行股权融资吗？"公司当然应当进行股权融资。对挪威游轮公司牵扯了太多精力，我有一定的责任，因此我迅速做出决定，打算以私人名义承担这次风险。

西姆知道自己的这个决定会被批评成不为西姆工业集团股东的利益服务。雪上加霜的是，几个月之后，DSND董事会收到来自休斯顿卡尔·戴夫公司（Cal Dive）的兴趣意向——程度不足以达到正式收购要约——以14挪威克朗一股的价格收购DSND公司。

2003年，卡尔·戴夫公司发出这份非正式收购要约时，西姆工业集团的股价正被打压至近乎历史最低点。西姆认为对任何股东而言，现在都不是出售股权的时候。西姆还担心这份收购要约不牢靠。他将之视为"钓鱼旅行"。董事会浏览了要约,也决定不予接受。西姆告诉卡尔·戴夫公司,自己为股东想了更好的主意。作为回应,卡尔·戴夫公司将收购价格提高1挪威克朗至15挪威克朗一股。西姆工业集团再次断然拒绝了收购要约,西姆还评价这份收购要约"简直就是一团糟"。在媒体上,西姆被指责未能将收购要约的内容向投资者公布。有一家报纸刊登了一篇横跨满满两页的长文,指责西姆意在控制DSND公司,而非为股东的整体利益着想,甚至提到西姆应该去蹲监狱。西姆回应说,"如果有任何人想要撤回投资,我都乐意支付相应的股权收购对价。"他开出了每股17挪威克朗的股权收购价格。出乎西姆的意料,报纸上的文章在挪威的金融圈产生了巨大的影响,很多股东认可了文章的论断。西姆收购了远超预期的股份,为了支付这些抛售的股份,他不得不向银行借了一笔钱。尽管这次交易完全不是自己有意为之,但时至今日,西姆却将这次交易视为自己曾做过的最好的几笔生意之一。十年之后,DSND的股价翻了10倍,这还不包括期间的分红和建立的各家公司分支,比如西姆海上公司和Veripos公司。西姆投资的数千万美元,到了2015年,已经价值15亿美元。西姆说道:

我们按照这种方式进行了更多投资,但这笔投资是个很好的案例,这次投资表明,如果你有建立一家牢靠企业的长期目标,企业提供市场需要的产品或服务,那你注定会取得成功。随着时间的推移,你是在创造价值。有时候这个过程耗费的时间有点长,而且总会遇到一些挫折和困难,但是在时间流逝的过程中,你按照这种方式创造了价值。这是一个很好的例子。也许我已经证明了这一点。

自1987年改组为上市公司以后，西姆工业集团做出了许多成功的投资，其股东权益自1987年的530万美元增长到2014年末的逾20.1亿美元，年化复利率达到了25%。在公司许多成功的投资中，西姆都发挥了巨大的作用，为了贯彻他制定的战略规划，在几乎每一个投资案例中，西姆都被任命为投资标的公司的董事长。这是对他的实业投资哲学的最好证明。

■ 西姆如何估值

西姆在油气钻探以及航运事业上取得的成功都与他针对现存的投资机会所表现出的非凡的鉴别能力和估值能力有关。他是怎样发现这些投资机会的呢？当一份投资机会摆在面前，他又搜寻哪些关注点呢？西姆的整个职业生涯都在和油气钻探以及航运事业打交道，其中尤其专注海上钻探行业和其他一些服务。西姆用个人资产做出了第一笔投资，他全神贯注地进行每一笔交易，并将全部的资本投进单一项目中。西姆说，由于自己在每次投资之前都做足了功课，因此如此集中的资本投入是有安全保证的。在西姆看来，由于自己十分熟悉相关行业，因此资产缩水的风险相对较小。西姆还认识到自己很年轻，因而"缺乏年龄增长所带来的看穿所有潜在陷阱的经验，让长者制定决策的问题在于，你从他们的经验中受益，但同时他们偶尔也缺乏勇气。"西姆说，尽管自己在进行第一笔投资，即收购哈肯·马格努斯钻井平台的时候缺乏经验，但是他已经将全部的工作时间都花在研究油气钻探行业上，并对该行业了解颇深：

223

我知道世界上全部118个坐底式钻井平台的名字，位置及合约内容。我在年轻的时候投身进入一个朝阳产业，因此十分清楚和了解这个行业的全部动态，进而我的决策判断都很准。我认为将我全部的财富和精力投入到这个行业，这是个很好的机会。

西姆认为，要想获得正确的估值判断，最好的方法就是掌握源于实践的行业知识。这些知识为他理解各项资产的发展情况，盈利能力以及市场对于这些资产的需求状况提供了知识背景。这些知识会帮助你本能地做出估值判断。西姆知道更替所有轮船、钻井平台以及其他自己赖以经营的硬件设施的市场价值和成本。他还清楚每一项资产的盈利能力。西姆最喜欢的收益率测算指标是税息折旧及摊销前利润（EBITDA）占投资或资本支出（CapEx）的比例。

这个计算很简单。基本上就是用税息折旧及摊销前利润比上资本支出。而这一简单计算结果的用处却十分惊人。当我在跨洋石油公司或者其他小型公司的董事会任职的时候，我总会自己亲自算这一指标。管理层经常展示诸如内部收益率之类的各种各样的指标计算结果。一直以来，当听到有些董事说"太好了，内部收益率的计算结果看上去很棒，比我们的加权平均资本成本要高，我们就投资这个项目吧"的时候，我都很惊讶。你需要去检验模型的假设。内部收益率是怎么定义的？比如说，当你那么计算的时候，剩余价值又是什么呢？这些问题都极其重要。

凭借每项资产的替换成本、市场价值、剔除经营资本支出之后的近似EBITDA率之后，西姆计算出资产的盈利能力。西姆会关注现在的盈利情况，以及他基于自己和管理层对公司所服务的市场的发展前景的看法所认为的公司在未来可能的盈利情况。西姆说在参与的一些最优秀的投资中，自己根本不考虑标的公司的收入情况。如果他找到被裁掉的目标资产——处于非运营状态——那么这种资产会产生负的EBITDA，因为资产的所有人需要支付遣散成本。这些资产通常能够低价购得。西姆的第一笔投资——哈肯·马格努斯钻井平台收购案，就是这样的一笔交易。

西姆说，由上市公司提供的永久资本给了他完成许多工程项目所必需的时间。很多投资者在展现他们投资哲学时都提到的一个问题就是他们缺乏永久资本。无论来自个人财富还是西姆工业集团，永久资本都被用于长期活动，并允许西姆进行长期投资。面对一个投资机会，西姆和其他的投资者，比如典型的基金经理，想法都不大一样，那些基金经理的任务主要有二：（1）获取投资回报，（2）让投资者保持开心。西姆认为自己的长期视野是其成功的核心所在：

> 实业，究其本性来讲，是一种长期活动，而基金管理业务，究其本性而言，是一项短期业务。金融投资者不断进出市场：他们可以在任何一天进行买卖。而实业资本投资家就没有那样的奢侈待遇了。他们不得不进行长期的规划安排。我确确实实地觉得，实业投资的成功是因为那些投资者总是能够想得很远，即使有时类似兼并、收购这样的突发事件会让你短期退出，但在长期投资中，即使发生了这些事情，你也可以把自己视为永久的所有权人，进

而做出长期决策。这对实业投资而言是很有裨益的，对于股东也是如此。我想这是我们业务经营的成功之处。

表6.1展示了西姆工业集团自1990年以来每股账面价值的惊人增长。

表6.1　西姆工业集团每股账面价值的增长情况（1990—2014年）

日期	股东的 股东权益	流通股	每股账面价值
1987.1.30	$5274	16240000	$0.32
1988.1.30	$2975	17573332	$0.17
1989.1.30	$17214	17573332	$0.98
1990.1.30	$36271	23301788	$1.56
1991.1.30	$50542	25751788	$1.96
1992.1.30	$49778	24647312	$2.02
1993.1.30	$80375	24464112	$3.29
1994.1.30	$93513	24424112	$3.83
1995.12.31	$125236	25185424	$4.97
1996.12.31	$193447	19524624	$9.91
1997.12.31	$291016	19524624	$14.91
1998.12.31	$189463	19066907	$9.94
1999.12.31	$308207	17354657	$17.76
2000.12.31	$306561	14002244	$18.03
2001.12.31	$259875	16996644	$15.29
2002.12.31	$289834	16796644	$17.26
2003.12.31	$307850	16794144	$18.33
2004.12.31	$426490	16793744	$25.40
2005.12.31	$451042	15052492	$29.96
2006.12.31	$560935	15052492	$37.27
2007.12.31	$883623	15529927	$56.90
2008.12.31	$1028467	15379927	$66.87
2009.12.31	$1158613	15379927	$75.33
2010.12.31	$1304984	15359927	$84.96

	股东的		
日期	股东权益	流通股	每股账面价值
2011.12.31	$1823855	15289927	$119.28
2012.12.31	$2086610	15289927	$136.47
2013.12.31	$2227606	15139681	$147.14
2014.12.31	$2053537	15139681	$135.64
1987—2014年复合年化收益 按4-1拆分后统计			25.6%

CONCENTRATED
INVESTING

第 7 章

格林奈尔学院:
捐款基金传奇

> 将其放入安全的存款箱，然后忘掉你拥有它。
>
> ——乔·罗森菲尔德（Joe Rosenfield）

格林奈尔学院（Grinnell College）是一所私立的自由艺术学院，因其学术上的出色表现和作为北美各种规模教育机构中最富有群体的一员而声名卓著。凭借着2014年总计18.3亿美元的捐款和仅仅1734名全日制学生，这个偏处艾奥瓦州格林奈尔的小小的格林奈尔学院，可以声称自己拥有全美最高的学生人均获捐款数。这显示了非传统投资和任命沃伦·巴菲特担任43年投资委员会成员的意义。巴菲特从1968年到2011年担任其投资委员会成员，他认为格林奈尔是个"奇怪的地方"。他第一次为一个学院忠诚地提供服务还是在内布拉斯加大学。

格林奈尔学院前任校长和历史教授乔治·德雷克（George Drake）表示，巴菲特对内布拉斯加大学给予了很多支持。德雷克说道：

　　他曾跟我说，"我并不特别关心格林奈尔学院。然而乔·罗森菲尔德让我这样做，而我愿意为乔·罗森菲尔德做任何事。"

　　尽管巴菲特被称为"捐款投资的设计者"，在格林奈尔学院的成功中扮演最重要角色的乔·罗森菲尔德却鲜为人知。罗森菲尔德曾被华尔街日报个人理财专栏作家贾森·茨威格（Jason Zweig）称为"从未听闻的最棒的投资者"，他是格林奈尔学院1925届的毕业生。在从事了20年法律工作后，罗森菲尔德在1948年成为扬客斯（Younkers）的主席。扬客斯是一家买下罗森菲尔德家族在艾奥瓦州得梅因的百货商场的零售连锁公司。尽管他在1941年就加入了格林奈尔学院的校董会，但是直到1968年他才开始负责捐款投资，那一年他因为达到65岁的法定退休年龄而从扬客斯公司主席的位置上退下来。当他接手时捐款基金只有1100万美元的资产。而当他在1999年退休时，格林奈尔捐款基金已达到惊人的10亿美元，每年的复合增长率达到15.1%，这还不算基金每年向学校支付的总资产的4.75%的经营费用。一位受托人加迪纳·达顿（Gardiner Dutton）说，他在1970年加入董事会那天，罗森菲尔德对他说，"我们的工作就是使这个机构在财务上不可战胜"，他甚至超越了这个标准。当罗森菲尔德在20世纪90年代后期退休时，格林奈尔学院的捐款已经是美国私立文科学院中学生人均数量最高的了。

　　捐款基金有如此超凡的投资表现，其诀窍在于不寻常的投资策略。在巴菲特和罗森菲尔德的管理之下，基金只买入少数几种头寸并持有数十年。茨威格在《华尔街日报》的文章中这样描述罗森菲尔德："在30年中，他投资的项目数少于6个，并且几乎从来不卖出。"罗森菲尔德说：

如果你喜欢上一只股票，你就准备好持有它然后什么都不做。

罗森菲尔德并不总是一位长期投资者。茨威格报道称，他从1929年股灾后开始了自己的交易生涯：

在早期我进行了太多的短期投资。我会在30、60、90天内买入卖出股票：斯图得贝克（Studebaker）、道奇（Dodge）、纳什汽车（Nash Motors）。我以为这样我可以真正赚到钱，但我错了。我没有破产，但我亏了很多。为了短期而买入往往最终使你受到损失。

捐款基金也在很大程度上避免美国国债，这一点很罕见：

我认为政府债券不会为学校带来任何好处。所以我开始寻找我们能长期持有的好的普通股。

在超过30年里，捐款基金沿袭了罗森菲尔德的简单模板：买入少量种类的股票并长期持有它们。巴菲特评价罗森菲尔德是"理性战胜传统的胜利者"，他为格林奈尔做的计划证明了这一点。

1967年，罗森菲尔德和巴菲特在双方共同朋友的坚持介绍下认识了。巴菲特当时在奥马哈以外还默默无闻，他还在管理着自己的合伙基金，当时只持有7500万美元的资产。罗森菲尔德说他"能够看到巴菲特有一个很好的心态，我立即被他吸引了"。巴菲特回应了这份感觉：

我们一拍即合。乔是一位特别慷慨和聪明的人。我从未想过有人能代替我真正的父亲——但如果我的父亲死了，我可以把乔当成我的父亲，我可以的。

1967年和巴菲特见面后不久，罗森菲尔德就为基金买了价值5252美元的伯克希尔·哈撒韦股票——共300股，同时劝说巴菲特加入格林奈尔董事会。巴菲特在1968年加入了董事会。格林奈尔持有伯克希尔股票超过20年，最终在1989年到1993年间以370万美元卖出，其原因巴菲特和罗森菲尔德都记不起来了。

捐款基金还进行了第二项幸运的投资，当时罗伯特·诺伊斯（Robert Noyce）向格林奈尔提供他当时还是私有的初创公司NM电子（NM Electronics）的股票，他本人是格林奈尔的受托人和校友。诺伊斯本人曾因在一次校园烤野猪宴上偷了一头猪来烤而差点被格林奈尔开除。如果不是他的物理教授认为他是所教过的最好学生而帮他说话，他早就被开除了。这位教授成功说服学校将开除处罚降为一学期的停课。诺伊斯没有忘记这个恩惠，许诺如果学校想要，就可以获得他公司的股票。格林奈尔捐款基金要了300万美元股本中的10%（格林奈尔学院提供了10万美元，罗森菲尔德和另一位受托人各提供了10万美元）。其后不久这家公司就在1971年上市了，并更名为英特尔（Intel）。格林奈尔从1974年开始卖出股份，那时这些股票已经价值1400万美元了，超过捐款基金全部2700万美元价值的一半。诺伊斯担心格林奈尔在一只与他有关的股票上拥有太大的敞口，所以开始劝说罗森菲尔德卖出股票。罗森菲尔德回忆道，"罗伯特对此很担心。他说，'我不想学校在我身上损失任何钱'，但是我说，

'我们会考虑这点的，我们愿意承担风险。'"然而，最终诺伊斯还是说服了罗森菲尔德，格林奈尔在1980年将股份全部卖出。在卖出的时候，在英特尔上的投资已经获得了4583%的收益。罗森菲尔德告诉茨威格，"我希望我们能继续持有。卖出英特尔是我们犯过的最大错误。卖出至少使我们损失了5000万美元，也许更多。"茨威格不敢告诉当时已经96岁的罗森菲尔德，他当年卖出的股票到2000年已经价值好几十亿美元。也许这就是为什么罗森菲尔德认为"卖出和错误没有区别"。

第三项使格林奈尔与众不同的投资是它在1976年对一个TV电台——俄亥俄州代顿市的WDTN——的并购。对运营中企业的直接私人投资在那时的大学捐款基金中还是史无前例的。事实上，即使现在大学捐款基金也很少控制私有公司。格林奈尔花1300万美元买下WDTN，仅为其营业收入的2.5倍，而当时相同的TV电台的出售价格都在营业收入的3到4倍。五年后的1981年，格林奈尔以4900万美元的价格将电台卖给了赫斯特公司（Hearst Corporation），获得280%的利润。卖出的原因是电视台的价值相对于基金的其他资产已经膨胀到一个不合适的比例。罗森菲尔德觉得他不能在一个流动性低的私有公司上投资整个捐款基金的太大部分。

格林奈尔惊人表现中最后的一项关键持有是在红杉基金（Sequoia Fund）上的投资。1977年，巴菲特向罗森菲尔德建议捐款基金对一个叫红杉的新公司进行投资。1978年到1981年间，罗森菲尔德主持将捐款基金的三分之一——1000万美元，投入红杉基金。这被证明是一次有先见之明的赌注。1977年到1997年间，红杉的表现超过了94%的共同基金。持有的这个投资到2000年已经涨到6亿美元，是当时最大的单个持有者在一个共同基金中所积累的投资额之一。1977年年初投资于红杉的1万美元到

2015年年末扣除费用后的价值已经达到1700万美元——年化复合收益率达到14%。在红杉的这笔6亿美元投资在2000年已经几乎占了格林奈尔捐款基金的三分之二。

■ 戈登管理下的格林奈尔

罗森菲尔德于20世纪90年代中期从格林奈尔的投资委员会退休，不过格林奈尔在他走后继续执行其简单投资的原则。这很大程度上归因于罗森菲尔德在离开前十年委任吉姆·戈登（Jim Gordon）领导投资委员会。戈登从1990年开始非正式地帮助罗森菲尔德进行投资，并在1992年正式成为投资委员会主任。巴菲特继续担任格林奈尔的受托人直到2011年，此后他退出了所有与伯克希尔·哈撒韦无关的委员会，但至少从20世纪90年代中期起，他再未出席过任何关于格林奈尔的委员会会议。从格林奈尔退休后不久，罗森菲尔德在2000年去世。戈登和罗森菲尔德是一个模子里刻出来的投资者。在罗森菲尔德请戈登加入委员会之前，他们就已经认识很多年了。罗森菲尔德家族和戈登家庭有很长的家庭史，这两个家庭关系亲密。罗森菲尔德是戈登的父亲最好的朋友之一。他们每周至少五次，从周一到周五，在得梅因俱乐部一起吃午饭，玩金罗美牌。戈登20多岁时，时常陪他父亲到得梅因俱乐部和罗森菲尔德吃午饭，罗森菲尔德慢慢成为戈登的导师。

戈登最开始在他家的小卡车生意中工作，地点是他出生的得梅因。他上了西北大学，回来时接管了家庭的生意，成为了戈登食品公司（Gordon Foods, Inc.）的主席，这家公司是1897年他祖父在23岁时创立的。

接管公司时，戈登形容他的公司是得梅因和艾奥瓦中部的当地企业。他将公司的业务从食品和冷冻食品扩展为石油和石油副产品。最终公司的业务扩展为任何需要移动的物品，包括戈登自己品牌的车用机油、防冻剂和食品。它也在地理上扩展，从艾奥瓦中部到美国的每个州。1982年，戈登成立了一家总部在芝加哥的私募股权公司——滨水基金（Edgewater Funds）。他利用滨水基金实行对自己和家族在戈登系公司中权益的杠杆收购：

> 那时我们把这叫作自力更生（bootstraps），我们不把它们叫作杠杆收购。我是个小卖家和大买家。

1986年，戈登将公司卖给欧洲跨国公司，但仍保留了小部分。他逆转了之前的交易：戈登现在是个大卖家和小买家。1992年，戈登第三次卖出公司股票，从而成为全职的私募基金投资者。在他经营戈登食品的时期，他完成了19次杠杆收购，包括芬德吉他（Fender Guitar），咯咯糖（Chuckles Candy）和松树兄弟止咳药片（Pine Brothers Cough Drops）。2015年，他继续完成了超过200起私募股权交易，现在滨水基金管理着14亿美元的资产。

戈登时常会对罗森菲尔德讲他的投资意见。1990年，他向罗森菲尔德推荐了一个他特别喜欢的投资项目。在垃圾债风暴中，戈登看到雷诺烟草公司（R. J. Reynolds Tobacco Company）债券的交易价格是53美元。戈登告诉罗森菲尔德，他对这个公司做了一些研究，发现这个公司"财务基础很坚实"：

我告诉他应该买一些，因为人们不会停止吸烟。之后这个债券从53美元涨到了105美元。

罗森菲尔德正在变老，在格林奈尔投资委员会上需要一些帮助，因为这个委员会仍然只靠他一人运作。虽然戈登不是格林奈尔的毕业生，罗森菲尔德仍问他，"你愿意干这份工作吗？"戈登很乐意地同意了，对他来说能与他的导师一起工作是件荣幸而快乐的事。他于1992年加入委员会，开始帮助管理捐款基金。戈登发现罗森菲尔德"选人的眼光更甚于选公司"：

如果我对他谈起一家公司，乔会说，"我不想看财务报表。"他会说，"直接告诉我是谁在运作这家公司。他是否诚实？"——因为你无法和一个品行不好的人做一桩好生意，不管他有多聪明——"他是否聪明？他是否有渴望？"

戈登说，如果罗森菲尔德在这三个问题上得到肯定的答复，他就会投资。戈登评价罗森菲尔德是"神奇的，一位神奇的人。他能选择对的人"：

这是与生俱来的一种直觉。这种天赋很难传递。这是大多数人没有的天赋。我不认为有谁可以学到。是的，罗森菲尔德有这种天赋。他显然是位特别慷慨的人。他仅有的孩子丧生于一场车祸中，但他可能把所有财产都捐给了慈善机构。他生活极其朴素。总的来说，他总能找到自己的路。神奇的人，我从他身上学到很多，这一点毋庸置疑。

戈登和罗森菲尔德工作时有"一堆快乐"。他们很亲密，在格林奈尔的董事会上一起工作了很长时间。戈登会开车带罗森菲尔德参加会议，他们在会议和休息期间会坐在一起，然后戈登又开车送罗森菲尔德回家：

他喜欢这样，因为通常这是一个半小时的车程，而我能用一个小时走完。

戈登估计他在1992年接手时捐款基金总额为1.5亿美元。从他接手起，罗森菲尔德就让戈登放手尽情管理基金。戈登可以向罗森菲尔德试探主意，但罗森菲尔德想让戈登来作决定。戈登从一开始就由罗森菲尔德作为他投资的支持者管理着基金。对戈登来说，罗森菲尔德就像父亲，希望他为自己的表现而自豪。他早期的一笔交易是富国银行（Wells Fargo）。戈登在90年代早期买入它，在巴菲特和伯克希尔之前，那时交易价格在50美元左右。仅仅两个月后它就涨到超过90美元，于是戈登卖出了。他打电话给罗森菲尔德：

我为自己感到自豪，因为这是我的第一笔交易，我想让乔感到高兴。我买这只股票时没有和他协商，卖的时候也没有和他商量。所以我对他说，"我几个月前在50美元时买入富国银行这只股票。它的前景暗淡，所以我刚刚在90美元时把它卖了。"我以为我会得到称赞。他说，"那很好，我觉得。"而我说："乔，我祖父告

239

诉我没人会因为赚了钱而破产。"然后乔对我说，"让我更正这个
说法——没有人会因为赚了大钱而破产。"这是我永远不会忘记的
一件事。

随着巴菲特在90年代中期不再出席董事会，而罗森菲尔德逐渐老去
并将从董事会退休，他希望有一个坚实的委员会来支持戈登在捐款基金
委员会中的位置。戈登仍可通过电话联系巴菲特，他也确实偶尔联系巴
菲特，但戈登说他们大多还是讨论罗森菲尔德。戈登不把这作为讨论自
己的投资主张，或研究捐款基金事宜的机会。

我每天都花时间在上面。我选择股票，我实际上是一个人的
没有办公室的委员会。北部信托（Northern Trust）给我们月度报
告（根据我们的持仓），我就是从那里得到我的报告的。我甚至不
是从办公室里获得报告。

戈登也能联系到红杉基金的威廉·J. 瑞恩（William J. Ruane）和罗
伯特·D. 古德法布（Robert D. Goldfarb）：

我起初会和比尔·瑞恩交谈，然后我会和鲍勃·古德法布讨论。
每个月我们会留出一些时间一起度过。我们会讨论投资组合，讨
论他们对买入和卖出的看法以及他们目前的持仓，等等。这很有用。
他们是聪明人。和聪明人讨论时你总能学到东西。

尽管如此，罗森菲尔德还是觉得戈登应该在委员会中有其他帮手：

> 你应该在委员会中有其他帮手，你可以询问他的意见、得到他的一点支持，这样委员会才不完全是一个人的。

戈登回答道，"拉里·皮金（Larry Pidgeon）怎么样？他很适合这项工作。"罗森菲尔德欣然同意了戈登的建议。32岁的皮金不是格林奈尔校友，但戈登认识他，因为他在得梅因和皮金的父母一起长大，他们两家是朋友。皮金上了耶鲁大学，戈登认为他"非常聪颖"：

> 我非常喜欢他，他似乎拥有同乔和我一样的理念。

戈登让皮金加入受托人委员会以帮助运作投资委员会，皮金于1995年加入。皮金1986年在高盛（Goldman Sachs）开始自己的职业生涯，在那里待到了1989年，然后开始跟卢·辛普森工作。辛普森当时主管政府雇员保险公司（GEICO）的资金管理部门。1995年，皮金在纽约成立了CBM资本：据说缩写的"CBM"代表"可乐大错"，以长期提醒他在买入可口可乐公司股票上犯的错。80年代，可口可乐公司股票的交易价格低于6美元，他曾在分析该股票后买入。CBM资本对被低估企业进行长期投资，2012年管理着大约5亿美元的资金。2005年，《福布斯》杂志评价皮金是9个"难得的投资奇才"之一。皮金帮助戈登运作了几年捐款基金，然后成了预算委员会的主席。从1995年到1999年，他是格林奈尔学院受托人委员会和投资委员会中的重要一员。2012年，49岁的他在和癌症的抗争中去世了。戈登说：

> 他不是校友。他来这里是因为我让他来，就像我来到这里是
> 因为乔让我来，巴菲特来这里是乔让他来。

在戈登的投资生涯中，他买入和卖出过300多个公司，他说他只后悔一次卖出。这是戈登运作戈登食品公司时买过的19个公司之一。当他最后在公开发行中把股票卖出时，他获得了原投资额20倍的收入，这是很大一笔收益，但他并不满足。在他卖出后，股票在公开市场上又涨了2到3倍：

> 最后的2到3倍使得原来的20倍变成了40到60倍。你认为你已
> 经获得了20倍并且你本可以再获得2倍，但那个2倍是很大一笔钱，
> 因为它的基数太大了。

这是宝贵的一课，罗森菲尔德关于"大利润"的告诫正好打中要害。戈登希望成为一位和罗森菲尔德一样的彻底的买入并持有投资者。尽管这次卖出过早，但戈登并不灰心。他用卖出所得的收益买了一只表现非常好的股票——罗森菲尔德也为格林奈尔买入了这只股票：房地美。1989年，罗森菲尔德在房地美这家联邦住房抵押贷款公司上投资了2500万美元：

> 在1990年左右房地美成为一个议题时，我们买入了成千上万

的股票。乔说，"买入房地美。"这是他在我进入董事会前做的一件正确的事，或者是和我进董事会同时。他说，"我们应该为格林奈尔买入它。"

罗森菲尔德的一个投资哲学是把买股票当成一项长期投入的工作：

乔会说，"将其放入安全的存款箱，然后忘了你拥有它。"他是一位长期价值投资者。

罗森菲尔德和戈登持有在20世纪90年代处于上涨期的房地美，然后在1999年罗森菲尔德离开董事会前将其卖掉。戈登回忆，大概在20世纪90年代后期巴菲特和伯克希尔将房地美全部卖出的同时，他开始卖出：

幸运的是，我并没有（一直持有房地美）。格林奈尔最终收获了几亿美元，如果将那些股票一直持有到现在，它们将一文不值。我们并没有将所有股票一次性都卖出，因为我不想错过一大堆上涨的机会。我们间歇性地卖出不同部分的股票，以降低投资组合中的集中度风险。

格林奈尔总共从2500万美元的房地美股份中获利1.3亿美元，并在21世纪10年代中期房地美陷入危机前退出了。

戈登的专长在于私募股权投资，他为格林奈尔进行了几项私募股权投资。格林奈尔已经在买入电视台的投资中打破了捐款基金的投资惯例，戈登还一直在寻找其他直接私募股权投资的机会。格林奈尔从创建弗莱明公司（Flemings Company）的家庭手中买入了它，这是得梅因一个从事表演生意的公司。与典型的通过举债融资的私募股权交易相异，格林奈尔公司在直接私募股权投资中很少借债。他还为格林奈尔寻找其他不寻常的投资：

> 我甚至会做一些首次公开发行（IPO），并在第二天就把它抛出。我是通过我和承销商的联系来做IPO的，我们也做了几起IPO，包括堪萨斯城南部公司（Kansas City Southern）的分拆公司、财务分拆公司、DSL、道尼储蓄贷款公司（Downey Savings and Loan）。从以上这些到富国银行以及摩根士丹利，我们无所不做。我们曾在15美元时买入摩根士丹利，然后在100美元时卖出。我们把任何东西都考虑成价值游戏，如果它能以一个小的倍数进行买卖。
>
> 我们曾经做过这样一件事，任何时候高盛推荐一只股票，我们就卖出这只股票，而每次他们建议卖出某只股票，我们就买入它。我知道如果他们公开说要卖，他们其实希望价格能降下来，这样他们就能买入，而一旦他们推荐买入，价格就会下降，因为他们其实想卖出。这总能奏效。而人们却为这种服务支付费用。

在罗森菲尔德和戈登的任期内，格林奈尔只有一个长期的外部经理——红杉基金。在戈登的任期内，格林奈尔考虑过其他资金管理方，甚至还向他们中的一部分投资过，但从未达到向红杉基金投资的程度。其中一位是科技投资者，戈登评价说：

他声名鹊起的原因是，他是最初发现微软的投资者。他在自己的主要基金中加了杠杆，而我们有一个没加杠杆的专门托管账户。我们将投资的股票限制在20种以内，而他的主要基金可能投资了40种股票。我们的投资组合远比他的主要基金集中，显然杠杆也小。他显然是个活跃的基金管理人。他为我们做的工作很好，尽管最终他的基金爆仓了。我们在爆仓前退出了。

除了持有红杉基金以及和一位科技投资者的简短关系，格林奈尔也直接持有8到10只其他股票，但很少持有现金和固定收益证券。罗森菲尔德和戈登有意缩小格林奈尔在固定收益证券上的头寸：

我们并不真正喜欢固定收益证券。我们的哲学是现金和拥有足够多的好标的是相反的关系。我们没有资产配置，没有顾问。如果我们有足够多的好点子，我们就不会持有现金。

然而，董事会希望戈登持有更多的固定收益证券，这样捐款基金就不用靠卖股票来支付学校的运营费用了。董事会说："你这样是在侵占捐款基金"：

如果我们将钱全部投资出去的话，董事会会说，"你要卖出股票来支付我们的5%（的费用）"。而我会说，"你从债券组合中获得3%的收益，而我们从股票组合中获得10%的收益。比起3%的利息，卖出一些持有会让你的境地好很多。"但董事会很难理解这一点。

我在那儿的时候董事会有90%的成员是律师。对此我感觉非常惊奇。

戈登说他们常常难以想到好主意，总是倾向于持有比理想状况下更多的现金：

现金和好主意是相反的关系。所以，如果我们持有现金，这意味着我们缺少好主意。这不是因为资产配置的需要。有时我们没有任何现金，需要用资本利得来应付学校每年对基金4.75%的提取。

罗森菲尔德和戈登让格林奈尔的投资费用持续削减。格林奈尔没有投资职员，没有顾问，也没有首席投资官。戈登说：

我负责选股票，我们没有职员。零职员，所以零费用。当我退休时，我们在1年、3年、5年和10年记录中都是第一名，这非常好。但是若论考虑费用后的净额，没有人比得上我们，包括哈佛捐款基金办公室和杜克捐款基金。

捐款基金的快速增长导致了基金自身的一些问题。随着投资资本从1.5亿美元膨胀到11亿美元，学校为运营费用而每年提取的4.75%的款项也成比例地增长。学校开始依赖于这些收入。戈登说：

总体上来说，人们变懒了。发展办公室不再带来新的捐赠金，食品服务商也不提出有竞争性的报价等。他们全都变懒了。

例如，他们开始建设这栋新建筑。他们没有获得有竞争力的报价，也没有筹集资金来建造它。我认为他们接受的报价高得离谱。为此我说，"你必须获得一个有竞争力的报价。"而学校校长说，"我没有时间去获得有竞争力的报价。如果大楼不在明年秋天前建好，所有的科学教授都将罢工。"我常说，这像是一群犯人在管理着监狱。

戈登希望学校努力保持效率。他担心如果股票市场衰退，经营预算也会相应下降，这可能会影响到学校的运营：

我们向他们展示了这样一种可能的情况，如果市场像20世纪70年代那样下跌，学校最终会破产。这就像药物一样。他们不仅日益依赖于这个资金来源，而且所需数目年年增加。我们必须有点节制，为困难时期积蓄资金。

戈登的解决方案是改变学校每年提取过去12个季度平均资产价值4.75%的运营费用的做法，取而代之的是每个部门每年提取的数额由上一年度提取数加上教育的居民消费价格指数（CPI）决定。戈登回忆道，那时教育CPI等于CPI加1：

如果你去年得到了2000万美元，通货膨胀率是1%，那么你能得到2000万美元加上（它的）2%。剩余部分进入一个特设基金，基金设立的目的是让格林奈尔成为这个国家最好的学校之一。

　　戈登把他在2000年为格林奈尔所做的对汽车地带和ESL投资的投资称为"离别礼物"，因为这正好发生在他离开捐款基金前。他把对汽车地带的投资归类为一次私募股权投资，因为尽管它是上市公司，它却是单一股权的特殊目的载体，因此像私有股权。当戈登的朋友，掌管ESL投资公司的对冲基金经理埃迪·兰伯特（Eddie Lampert）开始在20美元的低位买入这只股票时，他立刻察觉到了机会。兰伯特和戈登经常讨论他们买入的股票，戈登喜欢兰伯特对汽车地带的计划。当兰伯特邀请格林奈尔以双轮马车的方式——由一位投资者掌管另一位投资者资本的投资目的和方式——投资于汽车地带，并且费用减半时，戈登欣然接受了这个机会。"那是一个好主意，我们一定要这样做。所以，我们以20多块的价格买入了数量可观的汽车地带。之后，它涨到400到500美元。"投资过程并非波澜不惊。兰伯特的基金通常有5年的锁定期，在此期间资本不能取出。当戈登从董事会和捐款基金委员会退休时，新的投资委员会主席和兰伯特提出在锁定期到期前退出，那时股价是200美元。兰伯特拒绝了。

　　　　我知道他们甚至找了一些律师，埃迪却说，"不，你们不能打破规定。"不久后股票就又涨了200美元。这是目前为止格林奈尔赚得最多的一笔钱，是他们和沃伦一起投资电视台所赚的好几倍。

　　就像格言说的那样，没有好事是免受责罚的（no good deed goes unpunished），戈登说他也因将资金锁定在朋友那里而被批评，尽管这次锁定"把他们从自己手里救了出来"：

每个人都抱怨钱被锁住了，但正是这种锁定把他们从自己手里救了出来。然后他们就继续赚钱。但我当时认为埃迪可能最终让他们跳出锁定将基金中的钱取出来。那个时候我已经走了，所以我不知道，但不管怎样这是一笔好的交易。

故事结局很好。当格林奈尔退出汽车地带的投资时，学校又投资了兰伯特的基金，而这个基金仍然持有汽车地带股票。

2000年时，戈登决定从得梅因搬到芝加哥，并抓住机会从董事会和投资委员会中退了出来。

这是很好的退出时机，因为我们在2000年持有了很多大盘股。事实证明这个时机很好。从20世纪90年代早期进入到2000年退出大盘股，时机把握得很好。

戈登在2000年正式从格林奈尔投资委员会辞职。戈登走时，已经在9年内将格林奈尔捐款基金从1.5亿美元增长到11亿美元，这是一项伟大的成就，如果再将学校每年提取的4.75%的管理费用考虑在内的话，这就更加让人印象深刻了。每年，捐款基金都向学校支付数额为过去12个季度平均资产价值4.75%的运营费用以帮助学校的运营：

在我任职期间他们没有任何新进捐款。当我把基金交还给他们时，基金规模大约是11亿美元。所以，如果你用每年为运营学校所提供的数额作为费用支出，那大约是5%的支出费率。

尽管此后戈登没有再关注格林奈尔的投资情况，戈登说他仍在董事会有一些朋友，并且和他们保持联系。戈登明显非常想念罗森菲尔德：

当乔还在时，情况明显好得多，因为我能和他一起工作。那之后情况就有些不正常了。

贾森·茨威格将罗森菲尔德的投资原则提炼为三条：

一、将少数事做好。罗森菲尔德构建百万美元规模的投资组合时，不是将一点点钱投入所有看起来好的东西，而是将很多钱投入少数看起来伟大的东西。同理，如果你发现你对少数投资项目理解得很好，那就满仓买入它们。

二、坐稳。耐心——不是用年来衡量而是用数十年来衡量——是一个投资者唯一最有力的武器。看看罗森菲尔德的坚持：1990年，就在他买入房地美之后，股票下降了27%——格林奈尔的全部捐款基金缩水了三分之一。还有，尽管红杉基金从1979年到1998年累计跑赢标准普尔500指数，但是基金仍有8年，或者说40%的时间，表现不如指数……罗森菲尔德从来不感到恐慌。

三、为投资找个原因。财富是达成目的的一种工具，而不是目的本身，罗森菲尔德就是活生生的例子。他唯一的孩子在1962年死去，他的妻子也在1977年去世。他把生命中大部分的精力和所有的财富都献给了格林奈尔学院。

■ 捐款基金近况

尽管戈登在2000年从格林奈尔投资委员会的辞职断开了委员会和罗森菲尔德最后的直接联系，格林奈尔仍然按照罗森菲尔德的观念管理着。格林奈尔目前的投资经理是斯科特·威尔逊（Scott Wilson），一位38岁的格林奈尔校友。他2010年入职成为投资主管，现在是首席投资官。威尔逊的投资哲学听起来和罗森菲尔德的非常相似，例如其主张"只关注少量项目的亲身实践方法"。威尔逊的小团队希望"每年发现一或两个好的投资项目"：

> 那是非常可行的策略。如果他们想在一年内发现100个好的投资，那是不可能的。

格林奈尔的投资团队继续雇用外界投资经理，他们现在管理着基金80%的资本，比戈登时期的60%还高。格林奈尔的资产有45%配置在股票上，45%配置在可替代的投资上，还有10%配置在现金和固定收益证券上。最大的变化是现在格林奈尔重点关注学校持有的投资中现金和固定收益的部分，而让外界基金经理负责股票组合。格林奈尔仍有一些直接由捐款基金管理的私有投资。威尔逊避开在大局上下赌注的"宏观"基金经理，而更偏向于能够重复好的表现的经理。正如威尔逊形容的，他偏爱依靠分析的经理，而不是依靠本能或"直觉"的经理。

另一显著变化是对于国际投资的关注。格林奈尔在非洲有私募股权投资，威尔逊说这是因为这个地区有强劲的增长、有吸引力的估值和相对稳定的政府，特别是在撒哈拉以南地区的非洲：

> 现在要谈论我们在非洲的大部分投资的效果还为时尚早，但我们认为它们会非常亮眼。

威尔逊的方法看起来很有用。在他任职期内，捐款基金从13亿美元增长到18亿美元。他说：

> 我们有非常好的1年、3年、5年和15年回报。我们的10年回报相对来说不太好，但我们的策略和同行相异，因为我们的投资组合更集中。

2014年，学校18亿美元的捐款基金公布其回报率为20.4% ——最大的100所美国学校中一年表现最好的一个。这让小小的格林奈尔学院领先于像哈佛和耶鲁这样的常春藤联盟的捐款基金。

C ONCENTRATED
INVESTING

第 8 章

格伦·格林伯格：

偶像破坏者

> 作为一名集中投资者，你"最好真正知道自己在说什么"。
>
> ——格伦·格林伯格

2008年1月14日，因为受够了一系列对股东来说是"零回报"的并购，格伦·格林伯格（Glenn Greenberg）和他在酋长资本管理公司（Chieftain Capital Management）纽约总部的同事们写了一封信给康卡斯特（Comcast）公司董事会的首席主管 J. 迈克尔·库克（J. Michael Cook）。酋长资本的员工们将康卡斯特股价45%的大跌称作"康卡斯特灾难"，要求董事会罢免现任首席执行官布莱恩·罗伯茨（Brian Roberts），换一个能"为股东专注于最大化康卡斯特市值"的"非常合格的CEO"。

我们想要并且应该得到康卡斯特董事会所能找到的最好的CEO，而根据布莱恩·罗伯茨的表现，他不是理想人选。

在由总经理约翰·夏普洛（John Shapiro）和托马斯·斯特恩（Thomas Stern）共同署名的信中，酋长资本提出了一系列抱怨。

> 投入资本回报率的表现很贫乏，高价并购被证明是浪费资本，（资本支出）膨胀，自由现金相应降低。虽然通过管理使康卡斯特的经营现金流在过去十年里增长了10倍（主要是通过并购），但这并没有为股东带来任何回报。

酋长资本提出的解决方法是公司对管理层制定更严格的财务制度，并且更严格地管理公司的资本支出。从实践上说，这意味着限制罗伯茨在并购以及其他"低回报投资"上的支出。酋长资本指出，康卡斯特公司"在过去十年中花费了800亿美元用于并购，并定期为有线电视和媒体财产支付超出经营现金流20倍的费用"。

> 其结果是每股现金流和资本回报率的稀释，考虑到康卡斯特所有资产现在的市场估值仅为预期经营现金流的5.5倍，结果对其价值也有着难以置信的破坏。

酋长资本要求公司发放"有意义的股息"，并把债务提高到"合适的水平"。康卡斯特董事会刚刚批准了一项70亿美元的股票回购计划。酋长资本认为单有这个行动还不够，因为回购需要好几年时间才能完成。

对于酋长资本来说，这封信是一次不寻常的公开行为，因为众所周知，酋长资本并不是一个激进的公司。它在和康卡斯特董事会的代理权之争中胜出的概率看来不大。康卡斯特公司是由首席执行官的父亲拉尔夫（Ralph）于1963年创立的，罗伯茨家族通过双层股权投票结构控制着公司。罗伯茨家族的超级投票股可以使罗伯茨获得三分之一的投票，尽管其在经济利益上只等价于公司发行在外的30亿股票的百分之一。酋长资本强烈要求公司废除这个双层股权投票结构，认为罗伯茨家族的投票地位"和21世纪的公司治理相悖"。

对于管理层来说，股东价值的最大化是后考虑的事情。因为受到超级投票股的保护，管理层完全可以忽略股东的利益。

罗伯特家族不太可能会自毁双层股权使自己失去对公司的控制。酋长资本唯一的希望就是公共舆论和康卡斯特糟糕的股价表现使得罗伯特家族开始关心公共持股者的利益。《纽约邮报》中的一封匿名信暗示酋长资本写的信更多地与自己基金的表现有关，而不是康卡斯特公司的表现。信中说酋长资本对康卡斯特公司的大量持股，"可能被认为是对一个公司的持股权重太大"。

酋长资本持有的康卡斯特股票是格林伯格和公司在投资组合中有史以来最大的单个头寸。基金持有6020万股康卡斯特股票，这仅是康卡斯特公司发行在外股票的2%，却大约是酋长资本50亿资本的30%。早在6年前的2002年，在20世纪90年代末，技术、传媒和通信行业经历突然高涨和大跌之后，公司就投资康卡斯特了。格林伯格之前已经成功投资了几个有线公司，并且有自信在康卡斯特上的投资会同样成功。康卡斯特股票在2006年表现一流，全年差不多上涨66%，格林伯格将大部分原因归功于市场认识到公司的低估值，而不是强劲的潜在商业表现。酋长资本抓住了开始卖出的机会。之后，基于错误的新的预期模型，合伙人改变了主意并且相信康卡斯特"涨了66%后更值得买入"。格林伯格说："太相信财务模型是一个严重的错误"。

2007年对公司来说是糟糕的一年。模型中的很多假设都没能成为现实。股票表现不好，我们度过了一个糟糕的2007年。我们好像不是在根据新信息来建仓。

康卡斯特向酋长基金证明了高度集中的投资组合的危害。康卡斯特持续下跌到2008年，全年给酋长资本的客户带来34%的损失。毫无疑问，这导致了关系紧张，并最终导致了格林伯格和其他合伙人一年后在2009年的决裂。在他的行动公开化之后，康卡斯特静静地发生了很多变化。一位新的首席财务官，迈克尔·安琪拉基斯（Michael Angelakis），加入了公司并为资本支出、运营预算和并购制定了规则。本来全部基于未计利息、税项、折旧及摊销前利润计算的报酬被扩展为包括更合适的业绩衡量尺度。股票回购和股息增长变得有规律且可预测了，虽然还是很贫乏。自由现金流首次成为公司表现中的可圈可点之处。

虽然康卡斯特产生大量的自由现金流，但他们并不返回其中的大部分。他们只是逐渐缓慢提高股息并回购股票。与有线行业中的其他公司和康卡斯特过去相比，公司杠杆水平很低。他们想为买入东西积蓄火力。他们有意建造帝国大厦。

格林伯格在2014年早些时候辞职，在此之前康卡斯特提议收购时代华纳有线。他认为这笔交易是一个战略性错误，因为它会吸引越来越多的监管。格林伯格说宣布这笔收购会重新引起奥巴马当局在"网络中立"名义下对有线电视进行监管的兴趣：

> 康卡斯特已经占有20%的家庭有线电视市场了。从这笔收购中不会再有任何更大的效益了，并且他们已经在能够提供宽频服务的地区覆盖了50%的家庭。他们不悄悄地执行基于使用的定价策略，反而提出个大议题要扩大公司，将重点放在覆盖70%—80%的家庭用户上。他们突然就暴露出自己的一个缺点，他们将被重新监管，因为每个人都会意识到他们控制了太多宽频用户并能够通过定价剥削用户。我认为他们这是自作自受。

■ 洞察家族生意

一开始格林伯格并没有立志成为一名投资者。离开安多弗（Andover）的高中后，他到耶鲁学习英语。他选了一门数学课，但在第一学期末就退课了，因为他实在学得太烂。他说耶鲁的英语系很好。他在越南战争期间毕业，之后在纽约当了三年老师。他不知道自己想做什么，但他知道自己不想永远做个老师。一次偶然的机会，他所在学校的校长建议他去商学院深造。格林伯格家族通过他的母亲控制着金贝尔兄弟（Gimbel Brothers），一家1887年成立1922年上市的美国百货公司。金贝尔在1923年买下了萨克斯百货公司（Saks & Co.），并开张了标志性的萨克斯第五大道精品百货店（Saks Fifth Avenue）。其从1920年开始感恩节游行的传统被梅西百货（Macy's）在1924年抄了过去。20世纪30年代，如果按收入来计算，金贝尔百货是世界上最大的连锁百货公司，而格林伯格家族控制着将近20%的股份。金贝尔公司的股票在1971—1973年表现很差，从50美元一股跌到了10美元以下。家族希望在商学院学习的格林伯格能在毕业后进入家族企业。不幸的是，格林伯格"对零售业的兴趣小于零"。

在商学院的课程中，格林伯格被要求写一份商业计划流程书。他找到管理金贝尔百货的叔叔，问他自己能不能写一写自己的家族公司。他的叔叔欣然同意了。格林伯格会见了公司的市场营销、推销和财务各部门主管。他对公司的情况非常不满，并写了一份"措辞严厉的控诉书"。格林伯格认为金贝尔百货"管理得很糟糕"。

> 他们错过了进军郊区的全过程。然后当他们进入郊区时，却选择了像布里奇波特（Bridgeport）、康涅狄克（Connecticut）这些没有很多可支配收入的地区。他们在曼哈顿（Manhattan）的86大街开了一家店，事后被证明是个错误的选择。
>
> 他们的应收账款体系不能正常运行，所以他们只能勾销大量的应收账款。而股价基本上在熊市中崩溃了。

他的叔叔读了这份报告，并"感谢"格林伯格"提及了任何一个他能想到的人名"。这终结了所有让格林伯格进入家族企业工作的声音。

不久之后，投资者劳伦斯·拉里·蒂施（Laurence Larry Tisch）出现在大量持有这家公司股票的人员之列，他是白手起家的百万富翁，以在股价低潮时买入衰落的家庭企业股票然后将其转变为估值高出许多的赚钱企业而闻名，蒂施之后还扮演了哥伦比亚广播公司（CBS）救星的角色。他试图成为这家连锁百货公司的蓄意收购者和资产清算人。他想收购公司，并对公司在纽约的被低估的地产进行清算。格林伯格说蒂施的逼近让他的家庭"心惊胆战"。他们雇请投资银行家来提出战略选择上的建议，并认定布朗威廉逊烟草公司（Brown & Williamson Tobacco）是潜在的救星。布朗威廉逊公司在1973年买下了公司，支付每股23美元的价格，并买下了格林伯格家族在公司的全部股份。格林伯格为之前没有迫于家族压力成为商人而感到庆幸，否则他刚工作6个月就要失业了。

布朗威廉逊公司对金贝尔公司的收购事后被证明是一笔灾难性的投资。他们被迫关闭了所有的金贝尔门店，因为他们找不到一个买家。萨克斯品牌的商店仍然存在着，尽管从那以后它们换了一个又一个所有者。

■ 成为资金混管经理

金贝尔公司的被收购让格林伯格得以解放，并开始思考自己到底想做什么。在商学院期间他上过萨缪尔·斯图尔特（Samuel Stewart）博士教的金融学导论。萨缪尔·斯图尔特创立了瓦萨奇咨询（Wasatch Advisors），这是一家成功的总部位于犹他州的共同基金，格林伯格还和斯图尔特成了亲密的朋友。在课上，斯图尔特要求学生在几周内做一些证券分析。格林伯格分析了环球航空公司（Trans World Airlines）的股票，当时这是美国四大国内航空公司之一。斯图尔特让全班写报告说明为什么要或者不要投资，格林伯格发现这"很有趣"：

基本上只要看一看企业然后决定你想不想持有股票。这很舒服。这对我来说很容易。

根据这次经历，他决定在银行投资部门找一个工作。他申请了花旗银行和摩根担保信托。两个公司都向他提供了职位。他接受了摩根担保信托的工作，从1973年开始在它们的投资研究部门工作，职位是传媒行业分析师，正好是传媒公司于20世纪60年代后期上市之后。格林伯格的研究范围囊括了广告代理商，像美国广播公司（ABC）、哥伦比亚广播公司（CBS）和大都会美国广播公司（Capital Cities）这样的电视运营商，像邓白氏（Dun & Bradstreet）、尼尔森（Nielsen）和商业清算出版集团（Commerce Clearing House）这样的信息公司以及像甘尼特（Gannett）这样的连锁报商。他指出，尽管这些都是"相当好的企业"，但他们对公众来说很新，因此会被误解。格林伯格是少数几个能看出这些公司能从高进入壁垒中获益的人之一。

在他第一次向信托委员会做展示时，他的小组领导在他即将开始展示时走到他身边，问他准备说些什么。格林伯格回复："我准备说这个行业很好，这些垄断报商的未来很明亮。"

他的上司说，"你不能这么说，你要包装好自己的语言，要保守一点。"

格林伯格回答说，"好吧，谢谢你现在告诉我这些，在我面对信托委员会展示前两分钟。"这位26岁的年轻人已经对在会议上进行展示感到很紧张了，要改变内容已经太晚了，所以他只能按原计划进行展示。委员会对他的展示一定印象深刻，因为加入公司一年之内他就被调去研究林木产品、造纸和建筑材料行业，据他说这在当时是个大行业。这些公司的股价已在1973到1974年的衰退中大跌，而格林伯格对它们的前景很乐观。当经济强劲反弹时，他推荐的股票"好得难以置信"。

由于格林伯格的出色表现，摩根担保信托任命他为"资金混管经理（money mis-manager）"，这是格林伯格对自己职位的戏称。他加入了退休金投资部门，受命管理一个由许多账户资产混合在一起组成的混合基金。他还被委任负责打理一些大的退休金账户。他的第一项任务是陪同部门主管向退休金基金的投资者们解释为什么摩根担保信托因为持有"漂亮50"（Nifty Fifty）股票而损失了半数资金。顺便提一下，现在是这位"年轻少尉"管理你的账户。"漂亮50"是指60年代和70年代间机构投资者持有的50只最受欢迎的大市值股票。这些股票的特点是价格相对盈利极度偏高，而对它们的普遍看法是它们是可以买入并一直持有下去的"一次决定"股票，因为它们的业务一定会长期增长。在1974年的股灾中，这些股票跌得尤其惨。格林伯格和他的老板一起飞到各地去见客户。通常来说，基金经理是和每个公司的退休金管理员见面的，但这次股灾对公司的退休金资产影响太大，以至于问题上升到董事会层面。格林伯格回忆道，每个公司都非常担心，因为他们必须支付一大笔钱以达到退休金义务的规定。这样的行动将对它们的财务报告产生不利影响，而当时股票市场的情况已经很萧条了。飞遍全国去会见这些董事会主席们，听部门主管一次次试图解释为什么"漂亮50"股票仍值得持有，为什么在这些股票上亏了这么多钱，这对格林伯格造成了很大的影响。被迫面对这些使他损失了很多钱的人对他而言是一次对成长影响很大的经历。

格林伯格发现摩根的研究部门分析师和基金经理的关系也很紧张。研究员访问公司，和管理层会面，然后构建财务模型。他们认为基金经理们应该听他们的。而基金经理可以从很多经纪人那里获得研究报告，或者让银行的推销人员打电话告诉他们。结果，他们经常忽视内部研究人员提出的建议。分析师们感到不为投资经理所尊重，这造成了双方在相处时的紧张气氛。

有人认为，如果基金经理们自己开会讨论他们持有最多的股票而不让研究员参与，这会是一个好的主意。他们这样见面了。第一个被讨论的是IBM，被持有最多的股票。没有任何人对此发言。那一刻，格林伯格意识到这些管理了基金10到15年的基金经理们对他们所持有的公司一无所知。他们一点也不关注公司。他们甚至不知道公司的业务。所以没有任何可以讨论的东西。他想，如果他被问及任何造纸业公司，这个他作为研究员刚刚关注过的行业，他能对是否应该持有这个问题发表长篇大论。这次经历给他留下了深刻印象，那就是一个投资者应该既是分析师又是基金经理。两个角色都是投资过程中的重要方面。如果没有分析师发现的事实，没有分析师从与管理层会面上得到的印象，没有对两者的紧密研究，基金经理就无法做出好的投资决定。这个经历告诉了格林伯格自己想成为什么类型的基金经理。

■ 亚瑟·罗斯的网球鞋

在摩根担保信托工作5年后，格林伯格发现自己留在公司再也学不到如何管理资金了。他想为值得自己学习的人工作。他加入了中央国立戈特斯曼（Central National-Gottesman）的家族办公室，它的总部在纽约，由一位不太出名的基金经理亚瑟·罗斯（Arthur Ross）管理。格林伯格认为罗斯是一位"杰出的投资者"。

没人因为他管理着私募资金而听说过他，他没有被写进书里或被报纸引言，但他确实是位非凡的投资者。有一个故事讲的是，有一天，一位戈特斯曼家族的成员来到罗斯的办公室问，"亚瑟，你成功的秘诀是什么？"罗斯说，"网球鞋。现在离开我的办公室。"然后这个人就离开了办公室，并说，"网球鞋？我没有明白。"所以他走下大厅来到罗斯的一位分析师的办公室说起，"亚瑟跟我说他成功的秘诀是网球鞋。"其实他想说的是，10只股（ten issues和tennis shoes发音相近）。他持有10只股票，仅仅10只。

从前格林伯格只专攻一个行业——传媒或者造纸——现在他要成为一个通才。即使如此，罗斯非常需要了解一个企业，他称之为企业的"血与肉"。罗斯欢迎他的分析师发现自己的投资机会，但罗斯在分发任务时是根据自己感兴趣的事。他喜欢把分析师喊到自己的办公室，然后一个接一个地对分析师所负责的行业进行提问。分析师不能带任何笔记进来。他会一直提问直到分析师答不上来。一旦发生这种情况，他会狂怒不已。他问的问题很好，并且坚持精细到不可思议的程度。罗斯教格林伯格成为一位"非常、非常认真和有思想的分析师"。格林伯格会思考一切罗斯可能想知道的事，并且相信这最终让他成为一位更好的投资者。最重要的是，他学会鉴别使投资概念成立或不成立的关键因素。格林伯格在罗斯身边待了5年。在那里时，他也为自己做投资，但所有与家族有关的投资都是罗斯做的。除了罗斯外没有人为家族做一笔交易。罗斯的投资组合换手率极低。"他几乎不交易。"格林伯格说，"他是位真正的投资者。"

> 他创造的纪录是非凡的，我仍然把它当成对自己的一个激励。
> 没有卖空也没有对冲或其他东西。他就是一位机敏到不可思议的
> 投资者。

工作10年后——5年与罗斯工作，5年在摩根担保信托工作——格林伯格认为自己可以开公司了。

格林伯格和约翰·夏普洛在1984年创立酋长资本管理公司。公司一开始就管理着4300万美元，其中3000万是金贝尔家族的钱，这在格林伯格还在为罗斯工作时就由他管理着，另外1300万美元是一位父亲和两个儿子的，他们是由格林伯格的哥哥介绍给他的。这位父亲和他的两个儿子刚刚卖掉了给加利福尼亚州学校午餐提供肉馅的绞肉生意，每人突然拥有了400多万美金。他们从1984年开始时就和格林伯格一起投资。市场很快掉头向下。酋长资本亏得很少，但仍是亏了。每个月，这位父亲都会打电话向格林伯格询问下个月他的账户会怎样。格林伯格努力解释投资不是这样来的。三四个月后，这位父亲取出了他的资金，然后两周后大儿子也同样做了。酋长资本在头五个月里就失去20%的资金，三分之二的外部资金。小儿子联系到格林伯格，说他会给格林伯格一年的时间，因为仅凭几个月的表现就断定格林伯格的能力是不公平的。

在开头的下跌后，酋长资本的第一年最终表现强劲。（告诉格林伯格他将观察一年的小儿子从那时起就一直是客户，并且"拥有很大的账户"。）随着客户们向他们的朋友们介绍这家公司，资金开始涌入公司。尽

管如此，在最开始的8年里，酋长资本只为拥有高资本净值的个人管理资金。1990年，格林伯格和其他年轻校友一道被邀请回耶鲁参加"回到课堂"周末活动。管理耶鲁捐款基金的大卫·史文森（David Swensen）讲了捐款基金的投资策略。史文森已经掌管捐款基金多年，将基金的四分之一投入股指基金。格林伯格认为这不合理。他认为，"就算绑住手脚我也能打败市场。"格林伯格举手发言，"耶鲁一直是卓越的代名词。我不相信他竟然乐意于只得到市场回报。你可以做得远比这好。"会谈结束后，史文森走近格林伯格并安排和他一起午餐。经历一年半内一系列午餐后，史文森最终请求格林伯格管理一些耶鲁的资金。格林伯格说，结果最终是一段"很棒的关系。我很荣幸能成为耶鲁捐款基金管理层的一员"。酋长资本的记录和耶鲁的背书让它很容易筹得资本，但重点总是在投资表现上——而不是资本集中。

在创造总共26年里扣除费用前18%的年度回报率的业绩纪录后，格林伯格和其他合伙人在2009年分道扬镳。夏普洛离开后成立了一家新公司，并命名为酋长资本（Chieftain Capital），而格林伯格则留在原公司，并把公司名称改为勇士咨询（Brave Warrior Advisors）。格林伯格说两家公司的持仓"非常不同"。勇士寻求拥有高出平均水平增长率的优势企业。他解释道，投资权益的基本原理在于资本增长，"我不认为买入一个勉强过得去的公司能让资本增长得比市场还快。"

和夏普洛及酋长公司分开后，格林伯格的投资组合向更多各类的企业开放了，包括科技类公司。他说差别不是出于哲学的改变，而是工作环境的改变。

现在和我一起工作的是将近30岁和30多岁的人们，他们处在人生中享受努力工作的阶段。他们渴望创立一番事业。他们涉及面很广。我们有很严格的审查程序。他们也懂得科技，并且帮助我了解像谷歌（Google）、远景打印（Vistaprint）、万事达（MasterCard）及威朗（Valeant）这样飞速增长的公司。

我发现不必和合伙人讨论决策使工作更容易。从1992年到2008年我们一直持有20%的现金，这影响了我们的投资表现，也反映出不同自我间的冲突和判断上的差异。

■ 格林伯格的价值理论

当被问及如何从投资者的角度形容自己时，格林伯格说，如果"纯"价值投资意味着机械地关注一些像市净率或市销率这样武断的指标，那么他不是一个"纯"价值投资者。他不会去找"烟蒂股"或者去看公司的清算价值或破产价值。少数几次他偏离自己的思想买入了一些看起来清算价值真正便宜的股票，但都表现不好。他倾向于买盈利可能持续增长的成长股，一旦对这些股票业绩成长预期有正的变化，其股价就会翻倍。

如果一个公司增长了1到2个百分点，你怎么知道它不会再跌1到2个百分点？这个误差幅度并不大。当你谈到一个很少上涨的没价值的股票，问一句，"它会上涨吗？"你怎么知道它不会开始下跌？

乐观者说，"如果它不是上涨两个百分点而是四个，而税前利润由1%变为2%，怎么办？"但它也有可能向相反情况发展。这是风险更大的赌博。我寻找这样一种情况，如果事情继续按现状发展而事情变得更坏的风险很小，如果事情向好的方向发展而能赚很多钱。换句话说，这是一个很有利的风险/回报平衡。

他提了一个他所偏爱的投资种类的例子，这是他在20世纪80年代早期最大的头寸之一：戈塔斯—拉森海运（Gotaas-Larsen Shipping）。格林伯格说这个公司给人的感觉是一家油轮公司，但实际上它是一家液态天然气船舶租赁公司。它通过和对方签订取走或支付合约——顾客使用轮船或支付一定罚金给出租人——将轮船出租20年给AAA评级石油公司来将天然气从印度尼西亚运到日本。格林伯格说这个公司的价值可能通过将租金折现来确定，因为租金是公司现金流的主要部分，并且受到保障。（公司还拥有皇家加勒比巡航线三分之一的所有权，事实证明这很有价值，不过当时其价值还没被证明。）格林伯格说他认为这个租赁能带给股东15%的收益率，他问自己，"我还要知道其他东西吗？"他说这个投资非常赚钱。

格林伯格还提到另一个例子：房地美在1989年的上市。（房利美已经上市了。）这个行业的基本模式是两个竞争者，房利美和房地美，买下抵押贷款然后发行抵押贷款支持证券。他们会收到抵押贷款面值0.23%的费用作为保证贷款信誉的补偿。格林伯格回忆道，房地美的经常性费用"大约是5个基点"—— 0.05% ——而他们在抵押贷款上的损失在1到5个基点之间，视所处商业周期而定。这样公司就有23个基点的收入和6到10个基点的损失，余下的部分就是利润。鉴于只有两个竞争者和一个处于增长的市场，这看起来是不会输钱的生意。之后房地美取得发售可赎回债券的资格，并通过持有抵押贷款加大了资产负债表的杠杆。这使它有机会用现金流进行收益率大约为20%的再投资。"再投资收益为20%的生意可不多"，格林伯格说。

　　情况令人难以置信。他们将全部的现金流投资用于买入抵押贷款和卖出可赎回债券。

　　格林伯格说房地美被认为是一只利率敏感型股票，"它从未卖过高几倍的价钱，它随利率的上下交易。如果利率上升，股价对盈利的倍数就下降。"他画出房地美和可口可乐公司过去10年的盈利图表，时间从1989年到1999年。他将图表给别人看并问，"哪一个是可口可乐，哪一个是房地美？"他说没人可以说出它们的不同，但是可口可乐的价格是盈利的很多倍，而房地美的倍数相对不高。"房地美是一个被严重曲解的企业，"他说。格林伯格说酋长资本在房地美"真正大涨"前持有了将近9年。

　　他说戈塔斯—拉森海运和房地美代表了他偏好这种情况的理念：可能增长而不太可能出错的企业。

　　当然，你必须仔细盯着它，但这就是我对价值投资者的看法，这与传统的格雷厄姆和多特不同，他们的故事都发生在20世纪30年代。这完全不同，几乎毫不相关。在别人请我为与权益投资有关的一章写序之前，我从未读过格雷厄姆和多特的《证券分析》。你能说一些套话，"这很有意义，这是一种好的思想。"但这真的跟我无关。

格林伯格采用电子搜寻似的策略来寻找自己想买的企业。他读报纸，翻阅许多志趣相投的投资者的13F文档——关于投资经理持仓的季度文档。他也看衰落和被淘汰的产业。当石油和天然气价格在2014年后期崩溃时，他开始搜索石油天然气相关公司。（他指出这个不是他最爱的行业，因为这个行业是资本集中、周期性的，并且受价格左右的行业。）他也保存了一个以前考查过的公司名单，这些公司是他认为具有卓越管理层的一流公司，只不过目前价格太高。

当他发现一个喜欢的公司时，格林伯格就开始对公司的业务进行分析。他会让他的团队开始构建财务模型。其中一位分析师负责整理历史数据，要"将数据尽可能地清洗干净，使它们不对未来有暗示，而只是帮助大家更好地理解公司"。他喜欢将数字手写在一个黄色记事簿上，而不是输入电脑数据表里。

约翰（夏普洛）和我都是使用黄色记事簿的人。我们经常在黄色记事簿上做分析。这让你对事物的大致正确性很敏感，而多变量、600行的模型则相反，它们恰恰让每件事都出错。模型一代的年轻人认为如果模型包含了所有假设那它一定是对的。我认为建模会分散解决管理层面对的战略问题的精力。

他也会看年报和许多季度盈余公告和业务陈述的抄录本。

　　我喜欢阅读抄录本。通过阅读一年有价值的抄录本，我对管理层和商业潮流都有了很好的把握。

格林伯格试图将财务、报告和业务陈述精简为一篇论文。

　　这是一个有优势的企业吗？它面临多少竞争？可以提价吗？在现在的价格水平上是否可以获得有吸引力的收益率而不用承担太多风险损失？我们判断的第一件事是这是否是个好企业。如果不是，我们就放弃它。

他会检阅团队的模型，这会让他找到问题从而让他更好地理解公司。例如，他会问，"为什么2008年的利润会保持得这么好？"或者"为什么这家公司增长速度下降这么多？"或者"为什么他们在这家公司能获得如此高的资本收益？"他希望自己的团队能思考企业的关键问题，而不是纠结于模型的细节。他希望他们理解使公司获得高收益的因素，以及这些因素是否能长期存在。

　　这是思考问题然后得出正确结论的过程。很多时候这最终导致了对人的判断。我相信管理公司的人是诚实可信的吗？或者我是否认为他们是上进的？或者我是否认为他们是脱离实际的？或者我是否认为他们试图筹钱以使生意火热起来？

就像他的导师亚瑟·罗斯一样，他不喜欢团队在回答问题时靠猜测。

他很看重将细节做对。

尽管我认为大致弄对就是我们要做的，但我仍然坚持要他们弄清细节并小心处理数字。我不希望他们回答问题时说"我认为……""我感觉……"或者"我猜……"。不，我们不会根据你的猜测投资大笔资金。我希望你们真正了解，并且整理出最新的公开数据。不要用过时的数据。

如果格林伯格和团队仍然对机会感到兴奋，他的一个分析师就会给公司以前的雇员、主管、竞争者、私有公司、监管者以及行业专家打电话。

我们自己动手。我们和很多人交流，我们希望这些人没有其他居心而只会告诉我们公司的真实情况。"竞争动态是什么？CEO会关心股东吗？"不管关键问题是什么，我们努力想从知识丰富的局外人那里了解更多信息。通常他们都已经退休并乐意聊天。我们已经对行业进行了研究并且问了很多好的基本问题，所以他们看起来很享受教育我们的快乐。我们有很多次这样的交谈，这越来越成为我们业务过程中的关键因素。

然后他自己和公司谈。如果他对公司非常热心，他会想尽快见到管理层。他可能在有机会见面前就买入股票，不过通常他会等待。会面会产生一份完整的财务分析和一个包含和管理层谈话的模型。

格林伯格不需要庞大复杂的模型。他提出他的假设，然后由团队建模。

他希望在看到输出的模型时能知道什么被包括进去以及什么被省去了。

有多少现金流是用股票与其他东西产生的？我们怎么对那个新药做假设？我们假定数据正确还是不正确？所以我不做模型，但我要确认所有的输入都是我认为合适的。

在检查完公司、人员，以及与没有偏见的人员通过电话以后，就是判断了。

有正面信息，有负面信息。我怎么权衡它们？我是否认为负面信息让我望而却步？我是否认为价格太吸引人了以至于尽管有一两个负面消息我仍然应该买进？这是最最重要的问题。这是最难办的事。你不能把它记在一本指导手册或备忘录上留待他人来解答，就像我不能通过听毕加索的演讲或买一本刻板的指导书就学会像毕加索那样画画。

格林伯格不把自己限制在某一类估值标准中，但他经常会看自由现金流收益。

格林伯格认为公司如何使用自由现金流是一件关键的值得考虑的事。他指出，一个市盈率倍数很高的好公司，比方说市价为40倍盈利，如果疯狂地回购股票，那就是在烧钱。另外，另一个生意兴隆的公司如果把现金都堆积在资产负债表中或者为并购支付过高价格，那也不是在为股东利益着想。

　　不存在真正的公式。一方面是要理解企业到底干些什么，一方面是要理解机会在哪里，还有一方面是要理解管理层可能会做什么。

　　他对收益率的长期要求并不严格。"这要视市场情况而定。"格林伯格说。他用的一个估值方法是寻找那些在第二年自由现金流收益率能达到10%左右，同时潜在增长率只要达到5%的企业。他发现万事达就是这样一个机会，尽管它的增长率更高。万事达股票在2010年大跌，而当时杜宾修正案——多德－弗兰克金融改革法案的一部分——通过了。杜宾修正案要求银行限制处理借记卡时的刷卡费，这是对零售商征收的一点费用。他立即意识到万事达是一个非凡的企业。他知道世界范围内仍有85%的交易是通过现金发生的，并认为世界将不可避免地进入"刷卡"时代，这将产生一条很长的增长之路。研究点在于杜宾修正案将在多大程度上影响到万事达的业绩。更具体地说，万事达从借记卡交易中赚得多少？还有杜宾修正案将减少多少它的收入？

　　格林伯格意识到市场对借记卡交易费率降低的影响估计错了。零售商支付给万事达和银行大约借记卡交易面值1%的金额。万事达处理借记卡交易，然后将大部分收费汇给银行。要知道它们会放弃多少扣减并不是件容易的事。市场认为交易费率由1%降到0.2%、0.3%意味着万事达将变得"一塌糊涂"。格林伯格接了很多市场参与者的电话，"这是万事达的末日。"情况并不明显，但万事达只收取交易费用的很小一部分，大部分给了银行。格林伯格相信银行并没有办法让网络分担费用降低的损失。

　　仔细研究这家公司后，格林伯格还发现万事达事实上可能从监管变化中获益。借记卡只是它业务的一小部分，却是维萨（Visa）卡更大的业务。对主要竞争者不利的东西对万事达可能就是有利的。虽然万事达的利润比维萨低得多，但利润会随着业务的增长而增长。格林伯格计算出杜宾修正案的变化会导致盈利增长中断六个月。在重新加速到15%的增长率之前，万事达将会以7%的增长率增长一年。这是格林伯格千载难逢的机会：一个"两年自由现金流收益率为10%的真正伟大的增长型企业"。

格林伯格在2010年发现了另一个这样的机会。这看起来跟他平时的作风相偏离——一只以广告为基础经营网络业务的科技股——但他不能忽视这只股票看起来有多廉价。它的交易价格是500美元，而每股现金就有100美元，每股还有30美元的盈利，而每年的增长率为20%。这只股票就是谷歌，一家网络搜索公司。格林伯格知道网络已经占有了人们三分之一的闲暇时间，却只获得了15%的广告支出。他的逻辑是，广告费用会跟随人们的眼球移动，而拥有大部分搜索收入和一半数码广告收入的谷歌将成为主要受益者。"很明显它们将飞速成长。"格林伯格说。他承认像谷歌所属的这类正经历高增长和高收益的行业通常会引来竞争，但他相信谷歌有无与伦比的竞争优势。

你要仔细研究搜索行业然后问，"我是否相信谷歌的搜索业务是一项伟大的特许经营业务，并可能持续很长很长时间？它是否有必应（Bing）和雅虎（Yahoo!）所不具备的优势？"事实上，雅虎现在甚至没有自己的搜索业务。

这就像房地美和房利美组成的双头垄断市场。谁不喜欢竞争对手少、业务特别突出并且有足够理由相信收入能增加，且具有别人所无法比拟的优势的企业？

　　格林伯格对这个机会的估值是用500美元的股价减去每股100美元的现金，相当于用400美元的有效价格买入每股30美元的盈利和每年20%的盈利增长。结果是：在两年时间内谷歌的市价可能为盈利的大约10倍。

　　格林伯格在谷歌上建仓后，股价就飞快上涨，然后他卖出了一大部分。之后股价又开始下跌，他的公司刚好在另一次上涨之前又重新买入，然后格林伯格在这次高点时全部卖出。此后的几年，股价一直震荡，直到2015年早期格林伯格才看到新的机会。格林伯格说公司从2010年来市值翻了一倍，但一分为二的股票拆分使得每股价格几乎和2010年的一样。每股价格500美元，和2010年他买入股票时的价格基本相同。每股盈利重回30美元，每股有现金75美元。谷歌股价震荡的原因，根据格林伯格的分析，是公司没有使用现金做任何事情，所以尽管收入快速增长，但利润却缩小了。他指出，尽管从每股数据的角度看股票的前景非常相似，却存在质量上的差别，使得谷歌的增长机会变少。

　　我们的网络广告收入继续增加——我们的收入加倍——所以网络收入占全部广告收入的比例高了很多。这一比例长期增长的可能性正变得越来越小。尽管说得很多，但没有其他特别的业务能真正起作用。

　　格林伯格说谷歌的关键问题在于管理层。

　　我从没见过这样一个公司，公司的收入每年增长18%或20%，费用每年增长25%到30%，而公司还认为自己具有很大的优势。5年过去了，他们的所有收入仍然从搜索业务中获得。我甚至无法想像如果公司是由商业人士来经营的话能赚到多少钱。他们少赚了太多钱。

　　他对谷歌管理层的主要担忧在于其对资本分配的立场。

　　他们在期权价格处于底部时重新定价。他们分割股票以使自己在卖出股票后仍然保持控制权。他们支出资金却不告诉股东们为什么支出或者他们的战略是什么。他们在收入快速增长时稀释了利润，而不是增加经营杠杆。他们的资产负债表是负杠杆的，这对权益回报有坏处。拥有20%投资价值的现金却不用来赚任何钱，这对回报实在是有坏处的。

　　他谈到了谷歌目前的机会，"你会花多少钱买这样一个被锁住的箱子，灭火器在往里面倒钱，但你却不能阻止。谷歌就是这样。"

■ 与巴菲特共进早餐

　　1997年，格林伯格的朋友卢·辛普森安排格林伯格和沃伦·巴菲特一起吃早餐，以庆祝格林伯格的50岁生日。他刚刚对三个有线电视公司进行了大笔投资，想和巴菲特讨论这个行业。格伦伯格在得克萨斯州乡下发现了第一个有线电视公司——TCA有线。他认为这家公司的地理位置很好，因此建了仓。当一位客户听说格林伯格持有这家公司后，又联系上他并告诉他另一家有线电视公司——美国西部传媒集团（US West Media Group），这位客户曾是那里的一个主管。格林伯格和他的团队研究了这家公司，然后买入了大头寸。最后，格林伯格把目光转向了加拿大并发现了肖氏通讯（Shaw Communications）——一家经营良好的有线电视运营商。这三个有线电视总共占了公司40%的资本。当时《商业周刊》的封面故事是"有线之死（The Death of Cable）"，配有一张卫星天线坐在有线电视盒上的图片。格林伯格说，由于卫星运营商为视频分配行业带来的新竞争，有线电视股票"便宜得难以置信"。他的团队认为有线电缆有许多不同于卫星的优点。他们认为未来是高速网络服务的。

那时卫星天线有一些严重的问题。房子里的每个电视都要调到相同的频道，而且不能收到无线电台。暂时还有很多问题限制了卫星的渗透。但使我们感到兴奋的主要还是宽带包含的机会。

每个在家里使用网络的人都会拨号，很明显每个人有朝一日都会使用高速数据服务。比起电话公司提供的DSL服务，有线电缆是一个好得多的服务平台。宽带提供了非常好的机会。这是我们对这个行业信心的基础。

这个见解使得格林伯格和他的团队在这三个有线电缆公司上建立了大量头寸。他知道巴菲特是《华盛顿邮报》的股东和董事会成员，而《华盛顿邮报》通过第一电缆公司（Cable One）涉足有线电缆行业。早餐后，他抓住机会问起巴菲特对前景的看法。

巴菲特驳斥了这个机会。他担心有线电缆公司不能产生任何自由现金流。他讲了喜诗糖果（See's Candies）的例子，他在1972年为这个公司支付了2700万美元，而公司在接下来的25年里挥霍了超过10亿美元的现金流。他说，"我总是跟钱走。"

格林伯格惊呆了。早餐结束后离开时，他使自己冷静下来，想着，"好吧，那是他的观点。我们的观点是对有线电缆公司的持仓很好。"格林伯格知道这些有线电缆公司需要投入一大笔钱来更新自己的系统，这样才能发送宽频和卫星通讯公司竞争。但是几年后它就会成为"能产生大量自由现金流的好企业"。尽管巴菲特对此表示担忧，格林伯格仍坚持持有这些电缆公司。

格林伯格的观点最终被证明是对的。在大举投资期间有线电缆公司都没有自由现金流，但最终它们扭转了局面。他并没有等待太久，因为他的两个头寸很快就被人以巨大溢价买走了。TCA有线三年后被考克斯公司（Cox）以四倍于格林伯格成本的价格收走，而美国西部传媒集团也被AT&T公司以四倍于格林伯格成本的价格买走。他说肖氏通讯一度曾涨到"6到8倍，但最终还是以4倍的价格卖掉"。很幸运有线电缆公司赶上了90年代后期的通信、传媒、科技泡沫。最终，仅存的几个上市有线电缆公司，像康卡斯特，股价都跌回了地面。

格林伯格说这是一件逸事，说明了一个集中投资者"最好知道自己在谈些什么"。

你最好真的深入研究过东西，因为有时你会听到别人说，"天

哪！你怎么会这样做？这个想法很糟糕。"如果你对自己的分析没有自信，或者你没有把分析做对，要么你会被震出仓，要么会得到昂贵的证明，证明你对公司的了解不足。

对组合中的头寸了解得多，就会让你避开很多噪声。

这就是做一名集中投资者的美好之处。你可以调查所有事情，但你不必对所有事情发表观点。在你说"哇哦，我相信这是一个很好的机会"前，你不必下结论。你不用对自己感到不确定的东西胡乱猜测。

格林伯格偏爱持有高度集中的投资组合。对酋长资本来说，那意味着公司持有不超过10个头寸，有些头寸大小占到投资组合总资本的15%到20%。他指出将投资标的缩减到10个最好的很难。

我会考虑所有的加减和不确定性，最终决定哪10个我看中的股票是我一直认定的和最值得加入投资组合的。

他有一个简单法则来支持自己的安全头寸。

持有集中头寸的诀窍是买一个你不会亏太多，同时你知道自己为什么有可能赚很多的公司。

他说集中投资者应该关注稳定的公司，避免那些变化很快的行业。他记录了一个观察名单，上面的公司满足以下条件：牢固的特许经营；有一些可持续的竞争优势；竞争不太多和以股东回报为导向的杰出管理层。他通常不会投资周期性行业，但有时也有例外。

在受商品价格冲击的周期性行业上下大赌注，对我来说不是安全的投资方式。在我们的观察名单上也有一些周期性公司，像哈利伯顿公司（Halliburton）和约翰·迪尔公司（John Deere），但大部分我们感兴趣的公司是像万事达和谷歌这样非周期性的公司。成功的投资者是想明白了这个问题的人。

与巴菲特似乎永远持有一个公司不同，格林伯格强调一个足够长的时间周期。

我们可能会持有一些公司。但一定是在某个价格上。事情就在于在对的时间、对的价格上找到对的公司。我们不会永远持有它们。我们的时间窗口是两到三年。如果公司持续成长而估值并未上升，那我们可能持有10年。但我们进入一项投资时的思考过程是，"我们考虑未来两到三年，我们能获得可观的回报率"。我们对公司更加了解，然后静观其变。

管理集中投资组合的一个结果就是偶尔盯市或未实现的损失。对于以合理价格出售的企业，对它们建仓后很可能会遇上大跌。格林伯格把这些看作机会。一个例子是他在美国控股实验室公司（Laboratory Corporation of America Holdings）——通常称作实验室公司（LabCorp）的持仓。实验室公司是美国两个国家临床实验室之一，提供对许多种疾病的检验。格林伯格在2002年8月股价为34美元时建仓。几乎马上，实验室公司就公布了令人失望的第三季度财务。到2002年10月，股价几乎跌了一半到18美元。酋长资本开始建了5%的仓位，所以跌到18美元使得仓位降到了投资组合的3%。

如果你买进股票后股价下跌是因为你错误地分析了企业的价值、遗漏了一些细节或新出了一项大大降低企业价值的监管规定，那这就是一个问题。

但如果原因是市场处于慌乱，而你确定你的分析是对的，那这就给了你一个真正赚一笔的机会。

他们重新检查了对实验室公司的研究，发现原因只是市场对一些地区性竞争者开始在当地市场超过实验室公司的消息反应过度了。格林伯格说市场认为实验室公司没有还手之力，所以他们就感到恐慌并卖出股票。他的团队做出结论认为实验室公司仍是一个很好的企业。

那一年它有每股2.3到2.4美元的自由现金流，所以34美元的价格还不错。它的价格大概是盈利的13倍，这比我们以前付的价格要高。它跌到自由现金流收益率为12%到14%。这是一个疯狂的价格。

格林伯格在远低于之前的价格上买入了巨大的头寸。在一年后的季度电话会议上，他淡定地指出作为导致之前的突然下跌主要原因的竞争者甚至连名字都没有被提及。

甚至没人问"光谱实验室（Spectrum Labs）发生了什么？它们还存在吗？"他们关注实验室公司。而现金流持续上升。它完全没受影响。

现在它的股价为116美元，这是团队中的一个大赢家。

最终它被证明一次好的投资。比起只在34美元时买5%，下跌使我们有机会赚了更多的钱。

格林伯格把投资组合中股价的波动看作围绕核心头寸变得便宜或昂贵而不断买入卖出的机会。他不认为集中使他的投资组合更具波动性。他紧密关注大头寸，这让他感觉他对公司正在发生的事很了解，也对应该怎样随时交易更清楚。

让我们以房地美为例。我们发现它的交易价格随利率变化，尽管它的盈利并不受影响。这意味着在利率上升期间，股价会变低，而在利率下降期间，股价会变得相对高。

当股价上升，而上升的原因只是利率下降时，这就给了你调整头寸的机会。然后在利率上升时这又给了你买回的机会。所以我们对我们的组合见机行事。

他指出，尽管许多成功的股票市场投资者是集中的，但许多人在气质上不适合集中投资。集中投资需要对投资过程的自信和随后的判断力。所以一个人必须有耐心，因为投资可能不会在几个月内而是会在许多年后得到回报。在这个过程中，每个头寸都有"专家告诉你为什么你完全错了"。

当我听关于万事达的电话时，所有的支付专家都预言维萨和万事达的末日到了。"这是一个真正大的负面消息，他们不能安然度过危机。"这些就是行业专家。我知道什么？我从没有在这个行业工作过。许多人因为怀疑而苦恼着。而如果你买的东西跌了，突然负面评论就变得更响了。它跌得越多，负面评论就越多，担心和忧虑开始浮上心头折磨着你。你开始感到，"好吧，这是一个信号。有人比我知道得更多并且正在卖出。"

他说当这种情况发生时，很少有人会在本性上想坚持赌下去。

就算你做了很多工作，你知道事情还是可能会出错。你知道一些你不喜欢的趋势。你知道这会有一些风险。最后你还是赌你是对的，同时你也知道你可能是错的。

格林伯格在坚持到底阵营中是坚定的。几乎没有人有自信忽略巴菲特对有线电缆股票上的建议，或支付专家对信用卡交易费用的看法。他的自信源自哪里？

如果你仔细检查了许多公司并说，"好家伙，这种情况真的很特别。我确实知道为什么它的价格如此。我知道它有什么优势。我对管理层的确很有好感。所以与其买入2%的仓位，我要投资10%的资金，而我只要再找9只这样的股票"，你会感到自信很多。

C
ONCENTRATED
INVESTING

第 9 章

结语：

集中投资者的共同性格

> 这里的诀窍是，你所收购的企业要物超所值。道理就是这样简单。
>
> ——查理·芒格

　　本书所刻画的集中投资者是一个稀有的群体。把这个群体从在股票市场中碰运气的投资者中区分出来的唯一特性就是性格。2011年，当被问及对成功的投资家而言，智慧和投资纪律哪个更重要时，巴菲特回答说，性格才是关键：

　　我可以告诉你们一个好消息，想要成为一个伟大的投资家，你不需要极高的智商。如果你的智商达到了160，可以卖给别人30点智商，因为在投资活动中，你不需要那么多。你真正需要的是正确的性情。你需要能够将自己从别人的观点或看法中抽出身来。

你需要能够看清一家企业、一个行业的真实情况，并且能独立评估一家企业，而不被别人的看法所左右。这对大多数人来说都很难。很多人有时候都会产生羊群心理，特定情况下，这种心理将演化成妄想的行动。在互联网泡沫等事件中，你可以看到这一点。

……

具有优势的投资者是那些颇具性格，能看清一家企业、一个行业，不在意身边人群的看法，不在意自己在报纸上读到了什么报道，不在意自己在电视上看到了什么描述，不听那些把"某事就要发生了"挂在嘴边的人说的话。你需要基于存在的事实，得出自己的结论。如果你缺乏足够的事实达成某一结论，那就忘了它。对下一个投资机会重复这种做法。你还需要有能够远离人们眼中简单事情的意志力。很多人不具备这种能力，我不知道为什么会这样。人们问过我很多次，这种能力是你与生俱来的，还是后天习得的。我不确定我是否知道答案。我知道的是，性格很重要。

芒格对巴菲特的观点进行了如下评价：

当然，巴菲特的看法有些偏激；智商在投资中是很有帮助的。但他讲对了一点：一丝不苟的工作，加上机敏睿智的脑瓜，胜过不能清楚认识自己界限的天才大脑。

■ 集中投资者的性格

巴菲特和芒格有同样出名的性格。他们在1957年见面，在此之前巴菲特合伙公司的一位投资者爱德华·戴维斯博士（Dr. Edward "Eddie" Davis）告诉巴菲特，他之所以和巴菲特一起投资，是因为巴菲特让他想起了芒格。在戴维斯的客厅里，巴菲特足足讲了一个小时和他一起投资的规则，而戴维斯坐在角落里一动不动，这让巴菲特感觉他没在听。当巴菲特讲完后，戴维斯对他的妻子多乐西（Dorothy）说，"我们给他10万美元吧。"

巴菲特回答道，"戴维斯博士，你知道，我很高兴能获得这笔投资。但我在讲话时你并没有太注意。为什么你还要投资呢？"

爱德华·戴维斯转向巴菲特说，"因为你让我想起了查理·芒格。"

巴菲特回答说，"好吧，我不知道这个查理·芒格是谁，但我真的喜欢他。"戴维斯的即兴评论导致了这两个人的见面，这两个人成立了最近100年里最持久的合伙企业之一。巴菲特在1977年谈到芒格，"我们的想法太一致了，这太吓人了。"

观察者也注意到辛普森和巴菲特的相同点。巴菲特形容辛普森拥有"罕见的性格与智慧的结合，造就了杰出的长期投资表现"。

芒格说辛普森"正好适合"，因为"他是活的教科书"。芒格进一步解释道，"……好的选股记录是保持在这样的人手中，它们有些怪异并且愿意与人群对赌。卢就有这样的头脑，这让我们印象深刻"：

尽管卢非常聪明，但我要说他的性格才是主要因素。他具备我们所喜欢的投资者身上和我们自己身上的那种性格。

格林伯格和辛普森成为朋友并不是一个巧合，他们的性格相似。格林伯格谈到辛普森说，"他看得比我认识的任何一个人都远。这就像问毕加索为什么他画得这么好，他会解释原因，但你仍然无法在帆布上画出这样的画来。"

巴菲特曾在1991年说凯恩斯"作为现实投资者所具有的才智和他在思想上的才智相匹配"。凯恩斯在他的《通论》中说，成功的投资非常依赖于投资者具有正确的性格：

> 企图开展价值投资的投资者，与那些企图比其他人更准确地猜测人群行为的投资者相比，必须过着更辛劳的日子，承担着更大的风险，并且在其他条件相同的情况下，可能犯下更严重的错误。和"抢跑行为"（指通过猜测人群的行为并提前行动）相比，开展价值投资要求有更出众的智慧，来击败时间以及我们对于未来的忽视。此外，生命并非足够长久——人的本性是渴望速效，对快速赚钱有一种特别的热情，而遥远的收入会被普通人以很高的比率折现。对完全消除赌博本性的人来说，专业投资游戏无聊透顶而又过于严苛；而拥有赌博本性的人又必须为这个习性付出一定代价。

好的性格的表现——能够忽略"投资利润的日常波动，这些波动都是短暂和不显著的特征"，凯恩斯说这些波动易于"对市场造成总体上过度、甚至荒谬的影响"。——在于能够进行长远考虑。

巴菲特说过，他最喜欢的持有期是"永远"：

事实上，当我们持有杰出管理层管理着的好公司时，我们最喜欢的持有期是永远。我们和那些赶着在股票表现好时卖出锁定利润、在股票表现不好时顽固持有的人正相反。彼得·林奇（Peter Lynch）对此有一个适当的比喻：砍掉花朵，浇灌杂草。

克里斯蒂安·西姆把他的长持有期看作他成功的关键：

实业，究其本质来讲，是一种长期活动；而基金管理业务，究其本质而言，是一项短期业务。金融投资者不断进出市场：他们可以在任何一天进行买卖。而实业资本投资家就没有那样的奢侈待遇了。他们不得不进行长期的规划安排。我确确实实地觉得，实业投资的成功是因为那些投资者总是能够想得很远，即使有时类似兼并、收购这样的突发事件会让你短期退出，但在长期投资中，即使发生了这些事情，你也可以把自己视为永久的所有权人，进而做出长期决策。这对实业投资而言是很有裨益的，对于股东也是如此。我想这是我们业务经营的成功之处。

凯恩斯明确表示喜欢长期持有，因为这使他得以忽略短期波动：

应该说，很少有投资者，能比我更早地摒弃了获取资本利得

的企图。我将自己置于争议和讨论之下，因为总的来讲，我开始
尝试看向更远的未来，并且准备忽视短期的波动。

格林伯格通常预期持有在两到三年的时间，但也会随着公司发展重
新估计：

> 我们不是要永远持有。我们的时间范围是两年或三年。如果
> 公司持续增长而估值没有提高，投资最终会达到10年。

如果损失别人钱时还要保持镇静并且要关注长期对你来说那么难，
为什么还要专注？在试图解释自己的投资哲学时，巴菲特引用了一封凯
恩斯在1934年8月15日写给一位公司同事——省级保险公司的主席弗朗西
斯·斯科特的信。巴菲特认为凯恩斯的信"说明了一切"：

> 随着时间的流逝，我越来越坚信，正确的投资之道是将大笔
> 资金投入你认为自己了解，并且对其管理信心十足的企业中。认
> 为一个人可以通过在许多自己不了解而又没有特别自信的公司间
> 分散投资来控制风险，这种想法是错误的……一个人的知识和经
> 历毫无疑问是有限的，我很少能一次在超过两到三个的企业上同
> 时感到完全自信。

凯恩斯认为投资的另一端——完全多样化——只适合那些没有价值
投资技巧的投资者：

　　将投资分散在尽可能多的领域，这在完全无知的假设上可能是最聪明的计划。很有可能没有比这个更安全的假设了。

　　巴菲特同意凯恩斯的观点，认为一些投资者——那些完全无知的投资者——应该分散化投资：

　　当一个投资者不知道某个行业的经济情况就需要广泛的分散化投资。这位投资者应该持有大量股票同时使自己买的股票种类分开。例如，通过定期投资指数基金，这位一无所知的投资者实际上能比大部分专业投资者做得更好。这多少有些自相矛盾，当"无知"的资金承认自己的能力有限时，反而变得不那么无知了。

　　学者们将投资分散化问题解释为寻求市场平均收益。现代投资组合理论认为，由于除偶然外不可能打败市场，投资者最好的选择就是广泛分散组合，可以是基于市场指数的组合。在构建组合以实现这个目的时，他们试图在持有尽可能少的头寸以最小化交易费和管理费，与持有尽可能多的头寸以分散非系统性风险之间达到平衡，非系统性风险是指单一持仓发生问题的风险。在一篇1977年的论文中，埃尔顿和格鲁伯指出分散投资所带来的收益大部分来自持有20到30只证券。超过30只以上的证券带来的附加收益很小，而买入和管理这些证券的成本可能会超过任何风险降低所带来的收益。

　　芒格持有少量股票的原因更多是基于实际考虑——"要持有一个包含150只证券的流动组合并且超过平均表现，一个人怎么能了解那么多？这是一个相当大的难题。"他只部分相信学术。他相信大部分证券基本上估值正确，但这个想法被放大到了没有根据的极限：

想出有效市场假说的人并没有完全疯掉，但他们想得太过了。这个理论只是大致正确，还有一些例外存在。

当巴菲特在2008年被商科学生问到他对投资组合分散和仓位规模的看法时，他回答说他"对分散投资有两种看法"：

如果你是一名专业的投资人，而且充满自信，那么我主张更多地进行集中投资。对剩下的人群而言，如果你玩不来这个游戏，那就去参与完全分散化的投资。如果你玩得来，那么分散化毫无意义。把钱分散着投进你的20个选择而非你的第一选择实在是荒唐……查理·芒格（伯克希尔公司副主席）和我基本上操作着5只股票。如果我运作着5000万美元、1亿美元或者2亿美元，我会将80%的资金分散投资在5只股票上，并在仓位最重的那只股票身上投进25%的资金。1964年，我发现了一个投资机会，并愿意将配置在其上的资金比重提高到40%。我告诉投资人们，他们可以把自己的钱撤出去，但是没有人这么做。这只股票就是色拉油丑闻事件后的美国运通公司的股份。

巴菲特对投资组合分散化的观点可以看成一个事物的两个端点，一端是市场组合，另一端是集中的、由凯利公式决定大小的组合。有效市场假说认为，由于不可能打败市场，市场组合——用低成本的指数基金代替——是更好的选择。巴菲特得出了相同的结论，但有一些细微差别，他认为低成本的指数对那些没有足够时间研究市场的投资者来说是最好的。而对于那些有时间并且有能力识别出定价错误的证券——这些证券的市场并不有效——的人来说，集中投资更有意义。这样的证券存在吗？注意巴菲特在1988年的致投资者的信中写道：

> 市场经常是有效的，这个观察是正确的。但是，学术界、投资专家和公司经理们进一步认定市场总是有效的，这是错误的。这两个命题的差别就像白天和黑夜一样明显。

不熟练的投资者可以通过控制投资组合的风险来最大化其长期收益。为此他们可以将投资分散为市场组合，并通过投资于追踪市场指数的基金来最小化成本。熟练的投资者可以通过最大化组合中每只股票的安全边际，也就是说通过集中投资于最好的标的，来最大化长期表现。要做到"熟练"，投资者要能识别出哪只股票比其他股票更被低估，然后构建一个只包含最被低估的股票的组合。这样一来，投资者承担了不可预见事件导致单一股票内在价值不可恢复损失的风险，这种风险也许会是财务危机或财务造假。这种内在价值的不可恢复的减少在价值投资文献中被称为资本的永久减值，这是价值投资者最需要考虑的事。价值投资者要区分公司潜在价值的部分或全部缩减和仅仅股价上的下跌，不管下跌得多明显，前者是需要考虑的风险，后者是可以忽略或利用的事件。经历资本永久减值的组合对整个投资组合价值的影响视其在整个组合价值中所占比例而定——持有比例越大，对整个组合的影响就越大。因此一个投资者越是集中，就越需要理解单个持仓。巴菲特如此评论"了解事情"的投资者：

如果你是一位了解事情的投资者，能够理解商业经济并找到5到10只定价合理长期竞争优势的企业，传统的分散投资对你来说毫无意义。它只会影响你的结果并增加你的风险。我不能理解为什么这样的投资者把钱投入他的第二十只喜欢的股票而不是集中投在他最喜欢的股票，他最喜欢的股票就是他理解最多、拥有最低风险和最大盈利潜力的公司。用先知梅·韦斯特的话说："拥有许多的好东西总是不错的。"

凯恩斯可能也会同意：

我的风险理论是持有大量自己相信的股票比分散持有自己不那么确定的股票更好。

芒格用赌马比喻投资，他指出，尽管赛马的结果不可预测，但一些赌徒总是能赢钱：

所有赢得赌马的赌客们的共同点其实很简单。那就是他们赌得很少。上帝没有给予人类总是无所不知的天赋。但上帝给予那些努力工作的人——那些仔细研究，寻找错误定价赌注的人们——

偶尔发现的机会。聪明的人会在这些机会上狠狠下注。他们有胜算把握就下一大笔注。其他时间里他们不下注。就这么简单。

约翰·凯利将芒格"拥有优势时就大笔下注；没有优势时就不下注"的箴言精简为一个简单的数学公式，那就是凯利公式。这个公式可以简化为优势/赔率，当概率有利于投资者时就最大化收益率，否则就避免损失，公式在这两者之间达到平衡。了不起的是，凯利公式从未面临毁灭的风险。按凯利公式确定头寸大小，意味着有利的机会和高成功机率会导致大笔与总投资额成比例的赌注，如果这些赌注没有成功，它的下跌会使投资者承担太多损失。对这些投资者而言，解决办法是"分数凯利下注法"，或者"半数凯利下注法"，它在一半波动率的情况下提供四分之三的收益率。在这种情况下，凯利头寸被看作是最大赌注。超过凯利头寸的部分不会增加可能的收益率，但会增加损失的风险。所有这些凯利公式的性质都和我们对如何下注的直觉相符。凯利通过发明精确的数学公式改进了下注理论。他表明，在相当长的时间里，按凯利规则下注的投资者的总投资额最终会超过任何采用其他策略的投资者的总投资额。

爱德华·索普赌博时第一次应用凯利公式，之后又将之应用于可转换债券的套利。2011年，他检验了凯利公式在价值投资上的应用。他发现价值投资者使用凯利公式时可能会投资过多，因为凯利公式本来是用于序列投资——每次下一次注的，而不是平行投资——每次在一个组合中多次下注的。他指出这种情况是由于价值投资者可能忽视了每个头寸的机会成本。索普举了一个有两个投资机会组合的例子，这里每个机会所要求的本金都超过组合总资本的50%，这样两个头寸的总投资就超过

100%了。但这是不可能的。凯利不会允许两个投资都超过50%，因为这样会有全部损失的风险，这是凯利一惯避免的。在这个情况下最优的本金必须少于总资本的50%。索普认为同样的道理也适用于其他两个或两个以上的投资机会，因此，"我们需要知道组合中当前存在的其他投资、备选的新投资以及他们的总资产，以求得凯利准则下每笔新投资的最优比例和已有投资可能的调整。"索普暗示这是使用凯利公式时最有可能出现的疏忽之一：计算最优本金时不考虑其他可选的投资。

并不一定要使用凯利公式成为"凯利型赌徒"。例如，凯恩斯就拥有这种见识，但尽管如此，如果凯利公式在他那个时代就已存在的话，他也不会尝试如此精确的数学计算，因为"我们现有的知识不足以为计算数学期望提供足够的基础"。凯利公式计算最优头寸大小的精美之处在于他准确衡量了风险。理解了这一点后，许多价值投资者都或明或暗地提倡专注和有限的分散化相平衡，因为即使是买入价格已经在内在价值上打折后的相对安全的投资也有一些下部风险概率。投资者塞思·卡拉曼在他的《安全边际》一书中写道：

> 不可能事件的有害影响可以通过审慎的分散投资得到很好的缓解。但是，为了将投资组合风险降低到可接受水平所需要持有的股票数目也不多，通常情况下，持有10至15只股票就足够了。

本杰明·格雷厄姆提倡有限的分散投资。在《聪明的投资者》一书中，他提倡最小的组合应包括10只，最大的组合应包括30只股票。格雷厄姆的建议和学术研究不谋而合，后者认为最佳持有头寸数量在10到30之间。

卡拉曼，巴菲特和芒格推荐的持股数量更少——巴菲特和芒格推荐5个，卡拉曼推荐10到15个——这都和研究一致。研究结果认为价值投资者能在非常专注的投资组合中获得最好的收益，同时帕特里克·奥沙尼斯发现25个头寸的组合会得到最好的波动率调整后的收益率。

■ 永久性资本

一种与投资组合遭受永久性资本损失的风险相区别的风险是投资组合随组合内证券价格变化而波动的风险，不管是绝对意义上的还是相对于市场来说的。绝对变动，或者说股价涨跌，叫作波动，而与市场表现的偏离被称为追踪误差。例如，凯恩斯的股票组合就有很高的追踪误差和高于可比较的市场组合的波动率。这使得他可以施展技巧超越市场，代价则是一定时期的较差表现和投资组合的波动性。凯恩斯与管理投资组合时，所在机构董事会的两次非常不同的经历很好地说明了外部资本的风险和即使在市场低潮时也不能被取出的永久性资本的好处。这些经历证明了逆势而行的投资者所具有的机会和这样做的危险，以及投资者在任何情况下都要坚持到底的重要性。他是国王学院一项行政安排的受益者，这项安排让他能够长期投资和安全度过市场的各个波动期。他能够自主做出投资决定，在必要时改变投资方法，构建一个高度集中的组合——这些都受益于国王学院的安排。这使他能为组合建立很不寻常的头寸。凯恩斯无竞争的自主的投资权限是他作为一名投资者所具有的最大优势。当国王学院的投资组合在1938年经历了最大下跌后，学院仍允许凯恩斯继续不受干扰地投资。这个投资组合在第二年年底前恢复了，尽管它在1940年又遭受了下跌，但它再也没有跌过1938年的低谷了。从1938年低谷开始，凯恩斯为国王学院的投资组合赚得了13%的年化复合收益率，这是同一时期市场回报率的两倍。

国王学院的氛围对长期回报非常有利，这与凯恩斯在国立共同人寿保险公司负责管理投资同时兼任主席的经历形成鲜明对比。凯恩斯被委派进入国立共同保险的董事会，作为这家保险公司的主席，并帮助管理它的投资组合。这个组合在1937年损失了641000英镑（6100万美元）的巨额资金。保险公司的执行主席F. N. 柯曾要求凯恩斯为这笔损失负责。柯曾和董事会批评凯恩斯在下跌时仍坚持投资自己的"宠物"股票的投资策略。由于世界处于爆发第二次世界大战的边缘，董事会希望凯恩斯卖出股票，将资金转移到像黄金和政府债券这样的"更安全"的资产中。凯恩斯拒绝接受，1938年10月，他在厌恶中辞去了主席职务。

他在省级保险公司（Provincial Insurance Company）的经历和在国王学院时相似，这是一家由弗朗西斯·斯科特管理的小型家族保险公司。他在1923年被任命为主管，并一直工作到1946年去世。通过和斯特科的频繁通信，他得以说服斯科特相信坚持在衰退时投资的好处。1938年5月，凯恩斯将自己的投资方针整理成一份备忘录发给国王学院的财产委员会。国王学院的投资组合刚刚经历了巨大的损失——下跌了令人惊愕的40.1%——有史以来它的最差表现。在信中，凯恩斯精确陈述了长期集中投资的原理。凯恩斯一开始就解释了为什么他不再相信择时交易：

我们无法证实在交易周期的不同阶段，投资者能借助一般系统性波动来买进和卖出普通股。信贷周期理论在实践中意味着：在下跌的市场中卖出市场龙头股，在上升的市场中再买进它们。考虑到交易费用和损失的利息，这种交易策略需要投资者有高超的投资技巧才能赚取大笔利润。

……

有了这些投资经历，我很明白的一点就是，有很多原因都表明，大规模移仓既不可行也不划算。那些认为买进太晚或卖出太晚而且总认为操作太少的投资者们，大多数都承受了沉重的成本，而且变得愈发犹疑不决和胡思乱想。这种情况一旦弥漫开来，就会产生巨大的弊端，加剧波动的程度。

芒格对外部资本风险很敏感。在《对极了》(Damn Right!) 一书中，巴菲特告诉芒格的自传作者詹妮特·洛 (Janet Lowe)，芒格总是比其他价值投资者更加集中，这导致了芒格与此相应的组合波动率：

查理的投资组合集中在"非常少的几只股票"上，因此其收益的波动性更大，但他还是基于"挑选价格低于价值的股票"这一择股方法。查理愿意接受投资业绩的巨幅峰值和深幅低谷，而他恰好又是信奉集中投资的人，这在他的投资业绩中也有所表现。

因为担心投资者会在错误的时机取出资金，芒格最终结束了他的合伙事业，并通过先在蓝筹印花公司最后在伯克希尔·哈撒韦公司的管理，来保住长久性资本。辛普森找到了GEICO的浮存金作为永久性资本，罗森菲尔德则有格林奈尔的捐款基金作为永久资本。只有格林伯格管理着外部资本，但他自己对基金的大量持有使这部分资本是永久的。像巴菲特和芒格一样，西姆的上市公司资产负债表为他提供了永久资本，让他能进行长期投资。

拥有好的性格和对的资本结构使得集中投资于最好的标的并持有直到获利丰厚变得可能。但如何分辨值得持有的股票和应该避免的股票呢?

■ 发现目标

尽管出发点不同，本书提到的投资者们最终都随着经验的积累成为越来越集中的长期投资者。凯恩斯和罗森菲尔德最开始是投机客。巴菲特和芒格更多时候是传统的格雷厄姆型的价值投资者。辛普森和格林伯格是股票分析师，不见得是价值投资者。西姆是经营者。随着他们积累经验，形成了时尚人士称之为"品味"的东西后，他们变得越来越精挑细选并且不乐意卖出。辛普森的职业生涯清晰地描绘了这个现象，他逐步增加GEICO投资组合中股票所占的比例，同时将股票的数量从33降到10。在投资喜诗糖果之前，巴菲特和芒格都在寻找格雷厄姆式的投资机会——那些交易价格在账面或清算价值之下的股票。在三倍于账面价值购买的情况下，巴菲特与芒格对喜诗的投资和他们之前的投资有很大不同。这给芒格上了很重要的一课:

> 这次交易是以超过账面价值的价格成交的，并且确实带来了收益。霍克希尔德·科恩 (Hochschild, Kohn)，一家连锁百货超市，是我们以低于账面价值及清算价值的价格买进的，但是最终并没有赚钱。这两件事合在一起让我们改变了投资思路，转向"愿意

为更好的公司支付更高的价格"的投资理念。

喜诗最终成为一家极好的公司，巴菲特和芒格不得不注意到，经营一家由自己的未分配利润提供资金支持的以高增长率有机增长的企业是多么简单。这个特性使得它在增长的同时能返回现金，使巴菲特和芒格能把注意力专注在其他投资上。在2007年给投资者的信中，巴菲特形容喜诗是"理想企业的典范"。那一年它为伯克希尔·哈撒韦带来了8200万美元的利润，而其本金只有4000万美元，收益率为离奇的195%。从500万到8200万这16位的盈利增长只需要投资资本5倍的增长。这让喜诗将其从1972年到2007年获得的所有收入——13.5亿美元——减去喜诗有机增长所需的3200万美元，全部返回给伯克希尔·哈撒韦。巴菲特和芒格可以将喜诗超额盈利的大部分用于购买其他高质量的公司，而伯克希尔·哈撒韦因此成了一个金融重地。这让芒格意识到，一些企业"值得为长期优势多投入一点"：

> 这里的诀窍是，你所收购的企业要物超所值。道理就是这样简单。

通过喜诗，芒格认识到，高质量的公司比按清算价值折扣价买入的股票能够提供更多的安全边际。它们对持有者的关心和运作需要得更少。以清算价值折扣价格交易的股票通常经营糟糕。低质量股票需要花费时间和精力来复正，而且它们通常没救。喜诗的情况正好相反。它的增长不仅不需要吸收资本，而且还释放现金。然而他们怎样才能识别出这样的机会呢?

巴菲特利用了菲利普·费雪(Philip Fisher)在成长投资者的圣经《怎样选择成长投》一书中提到的闲聊方法。费雪提倡通过收集闲话来识别出一些能带给投资者对某一项投资独创见解的定性因素。这些从竞争者、顾客、供应商处收集的定性事项可能包含关于管理层的信息、研发或技术的使用情况、公司的服务能力或顾客导向,或市场营销的效率。费雪利用这些通过闲聊得来的信息判断公司的增长能力和通过技术优势、卓绝的服务或消费者"特许经营"来对抗竞争者保护市场的能力。巴菲特将费雪的理念和格雷厄姆的理念合二为一。格雷厄姆已经将价值投资的理念著书立传:与价格有别的内在价值和安全边际的重要性。费雪提出安全边际包含于公司的质量中,而公司质量可以使公司有机地增长。1989年,巴菲特将他从格雷厄姆、费雪和喜诗中学到的投资知识精简为一句话,"以合理的价格买入一个极好的公司比以极好的价格买入一个一般的公司要好得多"。这句话成为经常被提起的老调。巴菲特承认芒格对他的"好公司合理价格"投资方法的影响。他在1989年说,"查理很早就知道这一点。我学得很慢。但现在,在买公司或股票时,我们只要那些有一流管理层的一流公司。"

巴菲特、芒格、辛普森、格林伯格和罗森菲尔德偏爱那些价格合理的好公司,而凯恩斯和西姆更偏爱周期性的、高风险目标。西姆直接投资于某个行业的资产或经营中的公司。和书中其他投资者不同,他的关注点在于买入价格远低于内在价值或重置价值的资产,然后要么卖掉它们,要么用它们产生额外的自由现金流。格林伯格是抓住好公司的代表,总是在找强势的特许经营商。他也寻找增长中的企业,这些企业不仅盈利和价值持续增长，而且增长的预期会提高市盈率。

> 我喜欢确定的事情。有一些事情相当确定——但还不是完全
> 确定——但我喜欢尽可能确定的事。比起你对一个糟糕的公司赌
> 一个好消息来说，一个真正好的公司是一个好很多的赌注。

令人惊奇的是巴菲特、芒格、辛普森、格林伯格和罗森菲尔德经常持有相同的股票。巴菲特和芒格的持股经常重叠，辛普森和伯克希尔经常持有相同的证券。伯克希尔、辛普森、格林伯格和罗森菲尔德都持有房地美。这并不一定说他们总是得到相同的结论。例如，格林伯格和巴菲特就在对有线电视的看法上产生了分歧。格林伯格说他通常不会投资于周期性公司，原因是"在周期性公司上投入大笔资金对我来说是一种鲁莽的投资方法，因为这依赖于商品价格"。与此相反，西姆只投资于油气和运输部门，这些也许是这个星球上最具周期性的行业。凯恩斯投资于像金矿采掘这样的商品行业公司，也买科技股，20 世纪 30 年代的科技股是指汽车、飞行器制造、发电、电气工程、化学和制药部门。格林伯格也买过谷歌——这对地道的巴菲特式价值投资者来说是绝对讨厌的股票。凯恩斯不受地理限制：他从不担心在任何管辖权范围内投资，只要能发现便宜的股票。他的投资组合充满了海外公司，在那个连前 100 强公司的股票都被认为是风险投资的年代这是很不寻常的。

巴菲特认为组合集中只在一定情况下才能降低风险，那就是它提高了"投资者在买入前对公司的思考强度和对公司经济特征感到舒适的程度"。本书中的投资者在买入前对股票感到舒服这一点上做到了极致。

除了西姆外，其他投资者都特别避免政治和监管风险，以及财务杠杆风险。无论他们用的方法如何，很明显他们对公司和投资的思考很深。例如，尽管格林伯格和西姆对于公司品质的认同处于两个极端，两个人都对自己选择的公司研究很深。如果格林伯格和他的团队对一个机会感到兴奋，他会和以前的雇员、主管、竞争者、私有公司、监管者和行业专家交流。如果他对公司很有兴趣，他就想尽快和管理层见面。这样的会面将带来全面的财务分析和模型构建。格林伯格说他更倾向于得到一个大致正确的估值，而不是精确但错误的模型。他不会使用庞大的、复杂的模型，而倾向于将数字手写在一个黄色记事簿上，而不是输入电脑数据表里。

　　约翰（夏普洛）和我都是使用黄色记事簿的人。我们经常在黄色记事簿上做分析。这让你对事物的大致正确性很敏感，而多变量、600行的模型则相反，它们恰恰让每件事都出错。模型一代的年轻人认为如果模型包含了所有假设那它一定是对的。我认为建模会分散解决管理层面对的战略问题的精力。

对于格林伯格来说，在检查完公司、人员以及与没有偏见的人员通过电话以后，就可以判断了。

　　有正面信息，有负面信息。我怎么权衡它们？我是否认为负面信息让我望而却步？我是否认为价格太吸引人了以至于尽管有一两个负面消息我仍然应该买进？这是最最重要的问题。这是最难办的事。你不能把它记在一本指导手册或备忘录上留待他人来解答，就像我不能通过听毕加索的演讲或买一本刻板的指导书就学会像毕加索那样画画。

格林伯格指出，每个头寸都有"专家告诉你为什么你完全错了"。

许多人因为怀疑而苦恼着。如果你买的东西跌了，突然负面评论就变得更响了。它跌得越多，负面评论就越多，担心和忧虑开始浮上心头折磨着你。

他说当这种情况发生时，有些人会在本性上想坚持赌下去，而其他人则会恐慌并退出：

就算你做了很多工作，你知道事情还是可能会出错。你知道一些你不喜欢的趋势。你知道这会有一些风险。最后你还是赌你是对的，同时你也知道你可能是错的。

最终，所有问题都回到性格上来。尽管这里提到的所有投资者都绝顶聪明，他们并不会将自己的成功归功于他们的聪明。准确地说，这是不寻常的个人性格的结合。他们富有热情。他们就是简单地喜欢自己所做的，因此在工作时思考如何投资，在休息时也看一大堆年报和交易记录。他们也很克制，能不动投资组合中的股票，在没有好的机会时就持有现金。最后一点，他们看得长远。这些与永久资本相联系的特性为他们创建了杰出的长期回报。

本书的内容可以这样总结："少赌,只有在机会对你特别有利时才去赌,并且要赌得很大,长期持有,并控制下部风险。"正如巴菲特对乔·罗森菲尔德的赞誉所言,这是罕见的"理性战胜传统"。

量价分析：
量价分析创始人威科夫的盘口解读方法

ISBN：978-7-5153-4437-9

作者：〔英〕安娜·库林

定价：49.00元

● 美国亚马逊量价分析主题图书长期排名榜首。
● 威科夫量价分析法至今被华尔街所有投资银行奉为圭臬。
● 杰西·利弗莫尔、J·P·摩根、理查德·奈伊所倡导的盘口解读法。

利弗莫尔的股票交易方法：
量价分析创始人威科夫独家专访股票作手利弗莫尔

ISBN：978-7-5153-4285-6

作者：〔美〕理查德·威科夫　杰西·利弗莫尔

定价：38.00元

● 两位华尔街传奇人物的对话，一部珍宝级的投资宝典。
● 投资大师理查德·威科夫对利弗莫尔的独家专访首次整理成书。
● 从5元本金到身家过亿，缄默的股市传奇终于接受采访！

行为投资学手册：
投资者如何避免成为自己最大的敌人

ISBN：978-7-5153-4549-9

作者：〔美〕詹姆斯·蒙蒂尔

定价：39.00元

● 被评为"华尔街人必读的22本金融佳作"之一。
● 《怪诞行为学》作者丹·艾瑞里倾情推荐。
● 3小时迅速摆脱投资中常见的行为偏差和心理陷阱。

集中投资：
巴菲特和查理·芒格推崇的投资策略

ISBN：978-7-5153-4871-1

作者：〔美〕艾伦·卡尔普·波尼洛
迈克尔·范·比玛　托比亚斯·E.卡莱尔

定价：59.00元

● 巴菲特、芒格、索罗斯等伟大投资者共同的投资风格——集中投资。
● 让资产安全复利增值的投资策略，芒格却称只有2%的投资者属于这个阵营。
● 颠覆传统资产配置智慧，洞见新一代财富缔造者的成功之道。